山东女子学院校级重点学科人才团队经费资助
山东女子学院博士科研启动金资助

围城效应

寿春古镇社会价值观念研究

郭福亮 著

中国社会科学出版社

图书在版编目（CIP）数据

围城效应：寿春古镇社会价值观念研究／郭福亮著 . —北京：中国社会科学出版社，2021.5
ISBN 978 - 7 - 5203 - 8701 - 9

Ⅰ.①围… Ⅱ.①郭… Ⅲ.①乡镇—社会变迁—价值论—研究—寿县 Ⅳ.①K295.44

中国版本图书馆 CIP 数据核字（2021）第 136642 号

出 版 人	赵剑英
责任编辑	田　文
责任校对	张爱华
责任印制	王　超

出　　版	中国社会科学出版社
社　　址	北京鼓楼西大街甲 158 号
邮　　编	100720
网　　址	http://www.csspw.cn
发 行 部	010 - 84083685
门 市 部	010 - 84029450
经　　销	新华书店及其他书店

印　　刷	北京君升印刷有限公司
装　　订	廊坊市广阳区广增装订厂
版　　次	2021 年 5 月第 1 版
印　　次	2021 年 5 月第 1 次印刷

开　　本	710×1000 1/16
印　　张	14.25
插　　页	2
字　　数	206 千字
定　　价	79.00 元

凡购买中国社会科学出版社图书，如有质量问题请与本社营销中心联系调换
电话：010 - 84083683
版权所有　侵权必究

序

我曾在一本书中写道:"一个人的一生,大概最为熟悉的就是自己的家了。家,就像无数个流水作业的车间,伴随着无数个体人的生、老、病、死的全部流程。家,是人类全部感情的起点和归宿。无论是世界的哪一个角落、哪一种肤色、哪一个国家、哪一个民族,对家的感知都如同对自己生命的感知一样珍视。"[①] 这里的家不仅包括个体的家庭,也包括故土难离的家乡。

我的家乡在安徽寿县,寿县古称寿春、寿阳、寿州,是国务院较早公布的历史文化名城。它不仅是具有 3000 年悠久历史的古郡,人杰地灵,而且历代人才辈出,不胜枚举,可谓物华天宝。那里还是著名的豆腐之乡、书法之乡、成语之乡。1964 年底,我出生在寿春镇的一个平民之家,在古镇文化的哺育中长大。1982 年到武汉读书,多年漂泊在外,久居他乡成故土,寿县已成为心头挥之不去的乡愁。我对家乡的思念和牵挂,随着岁月的流逝和年龄的增长愈加不能释怀,每年都会抽出时间回家乡走走看看,一如当地民谚"走千走万,还是寿县"。

近几年,家乡变化很大,城市化进程快速推进,旧貌新颜,令人刮目相看。但在为家乡日新月异无比自豪的同时,也有一种深深的忧虑:古镇几千年积淀的深厚文化底蕴是否风采依然?恰好本书作者郭

[①] 许宪隆:《三代人与三个时代的对话:近现代陕甘宁青回族家族社会研究》,民族出版社 2009 年版,第 1 页。

福亮 2009 年到我名下攻读博士学位，结合他的学习兴趣和专业积累，我考虑让他从文化人类学的角度，考察古城社会发展与居民观念变迁之间的关联。这样既能很好地发挥作者的学术优势，又能完成我的一个"小心愿"。现在呈现在大家面前的这本《围城效应：寿春古镇社会价值观念研究》，就是郭福亮在其博士论文基础上修改、完善的。该书从古城历史入手，分别对如今当地民众的职业价值观念、财产价值观念、消费价值观念、交往价值观念、俗信价值观念、幸福价值观念等进行论述，生动展现了当地居民的心理动态和行为定势。

第二次世界大战后，关于"发展"的研究作品极多，阐述全球化背景下各国、各地区社会与经济发展的历史与现状，尤其是第三世界国家的发展模式、战略和方针，取得了丰硕的成果，形成了现代化理论、依附理论、世界体系理论，其中影响最大的当属现代化理论。"现代化理论"诞生于 20 世纪 50 年代，吸收了涂尔干、韦伯等社会学家关于传统与现代之分的观点，强调在以上两种类型的社会中，发挥作用的规范与价值观也是不同的。如今，发展的观念已经"深入人心"，不同地区和国家的发展被视为同一条直线的不同阶段，现代化不只是经济发展规划，也是被人们广泛认同的文化模型。但现实生活中，"发展"的理论和实践却并未取得预期的效果，传统与现代、文明与落后的二元区分，也越来越受到质疑和反思。社会发展不只是经济发展，还要做到政治、社会、文化发展的有机统一。但受历史传统和现实机遇的影响，寿县的发展和建设，注重物质建设，土地城镇化代替了人口城镇化，重视数量，忽视质量，农业转移人口城乡两栖的"半城镇化"代替了市民化，"人口城镇化"进程较为缓慢，发展呈现出新的多样性和不平衡。

社会发展并不存在一成不变的统一模式，每一个民族、地区、社会都有自己独特的文化，每一个文化都有其存在的必然性、合理性以及核心价值。文化多样性是各民族、各地区在历史长河中形成的价值观念的差别所致，所以我们要想了解各地区的发展或发展过程中遇到的障碍，不仅要考虑"大传统"，也要考虑地方"小传统"，在尊重文化多样性的基础上，反思地区社会发展，一个明显的倾向是地方性的生活方式、观念在地区发展中的影响越来越引起研究者的重视。因此作者在写作博士论文期间，多次前往寿县进行田野调查，积累了丰富的基层社会调查资料，并在文中得到趣味性体现。数据分析则采用定量分析为主、定性分析为辅的方法，以期达到较为客观、全面、科学的描述和分析，既直观又生动地反映了当地人群的价值观念。

一方水土养一方人。生活在一定自然环境、生存空间的人们，其价值观念明显会带有一定的地域特色。在作者写作论文的过程中，我曾经跟他讲过："小镇里世代沿袭的地方文化，不管个体成员喜欢还是不喜欢，总会在自己的身上有所体现。个人在家庭、社会中，将价值观念'传播'或'复制'给他们周边的人或下一代，如果这些人没有机会走出小镇，抑或没有接受高等教育的话，他整个生活的标杆，可能就是他接触到的周围的人，因此价值观念一代代的传播下去。"历史上，寿春镇居民既没有一个可以安居乐业的外部环境（淮河十年九涝），也没有追求物质享受的经济条件（民风重农抑商），在这种背景下，居民形成了"小富即安"和"知足常乐"的心态。现在，处于社会转型期的寿春古镇，传统与现代的经济方式激烈碰撞，又表现出东方价值观念与西方价值观念的冲突。这些都使寿春镇价值观念与其他地域的价值观念表现出一定的"异质性"，成为区别"他者"和认同"自我"的标识。生活其间的平民百姓的价值观念因此具有很强的"同质性"，使得价值观念的社会影响力具有"示范效应"和"催化剂"作用，也使产生于此的价值观念变迁过程表现出很强的"固守性"。

该书大部分内容完成在七年前，写作要旨是剖析影响寿春古镇发展的"小传统"，对当地政府制定发展规划、破解当地发展难题提供了一些重要的理论支撑。当然本书还有一些地方需要商榷，例如对地方文化事象的描述和分析，只能说达到了"入木两分"，但这本书仍是作者学术道路上一个阶段性探索的见证。作者攻读博士学位期间勤奋好学，刻苦上进，为以后的科研之路奠定了基础。毕业后回到山东，先后到聊城大学、山东女子学院工作，虽然教学任务繁重，更有俗事纷扰，但他仍能坚持空闲时间辛苦笔耕，尽力做到"教研相长"，研究对象开始转向山东区域社会，先后申请到多项省部级课题，取得了一些令人满意的成绩。作为他的导师，我衷心祝愿他在以后的学术道路上一帆风顺！

是为序。

许宪隆

2019年10月于塞上凤凰城

目 录

导 言 …………………………………………………………………… (1)
  一 研究缘起与研究意义 ………………………………………… (1)
    （一）研究缘起 …………………………………………………… (1)
    （二）研究意义 …………………………………………………… (2)
  二 国内外研究述评 ……………………………………………… (4)
    （一）价值、价值观、价值观念的概念 ………………………… (4)
    （二）国外价值观念研究综述 …………………………………… (7)
    （三）国内有关价值观念研究综述 …………………………… (12)
    （四）关于寿春镇的研究综述 ………………………………… (16)
  三 研究假设 ……………………………………………………… (18)
  四 主旨内容和创新点 …………………………………………… (19)
    （一）主旨内容 ………………………………………………… (19)
    （二）创新点 …………………………………………………… (21)
  五 借鉴的理论与研究方法 ……………………………………… (22)
    （一）借鉴的理论 ……………………………………………… (22)
    （二）研究方法 ………………………………………………… (23)

第一章 "围城"下的寿春古镇 ……………………………………… (26)
  第一节 寿春古镇简介 …………………………………………… (26)
    一 古镇区位和交通 …………………………………………… (26)
    二 古镇历史沿革 ……………………………………………… (27)
    三 古镇人家 …………………………………………………… (29)
  第二节 城不在高，有年头就行 ………………………………… (34)

一　城墙的修建 ……………………………………………（34）
　　二　城墙的维护 ……………………………………………（36）
　第三节　古镇的基本发展情况 …………………………………（39）
　　一　古镇空间发展的"围城" ……………………………（39）
　　二　古镇经济发展的"围城" ……………………………（42）

第二章　寿春古镇职业价值观念 ………………………………（48）
　第一节　"万家灯火，哪一盏属于我" …………………………（48）
　　一　古镇职业生活回顾 ……………………………………（48）
　　二　"走千走万，还是寿县" ……………………………（51）
　　三　"离乡"与适应 ………………………………………（54）
　第二节　我，可是城里人 ………………………………………（56）
　　一　"身段"与工作 ………………………………………（56）
　　二　"留寿者"与生活 ……………………………………（62）

第三章　寿春古镇居民的财产观念 ……………………………（64）
　第一节　古镇人财产获取观念 …………………………………（64）
　　一　寿州孙拾金不昧 ………………………………………（65）
　　二　廉洁与贪腐 ……………………………………………（66）
　　三　"挖松土" ……………………………………………（75）
　第二节　古镇人财产支配观念 …………………………………（76）
　　一　寿州孙的义举 …………………………………………（76）
　　二　勤俭节约 ………………………………………………（81）
　　三　财产的"延伸" ………………………………………（83）

第四章　寿春古镇居民消费价值观念 …………………………（85）
　第一节　寿春古镇的生存性消费观念 …………………………（85）
　　一　古镇人生活消费简述 …………………………………（85）
　　二　"穷身子富嘴" ………………………………………（87）

三 "有房才有家" …………………………………………（92）

　第二节　寿春古镇的发展性消费观念 …………………（94）

　　一 "俗慕学问" …………………………………………（94）

　　二 "读书无用论" ………………………………………（98）

　第三节　"偷得浮生半日闲" ……………………………（100）

　　一 "不如跳舞" …………………………………………（102）

　　二 "泡一泡，十年少" …………………………………（102）

　　三 "无事小神仙" ………………………………………（104）

第五章　寿春镇居民的交往价值观念 ………………（107）

　第一节　古镇人之间的交往观念 ………………………（107）

　　一　互助与"亲情困境" ………………………………（107）

　　二　"人情"和"层级" …………………………………（109）

　　三　熟人调解与民悍好争斗 ……………………………（110）

　第二节　共生互补：古镇多民族交往观念 ……………（116）

　　一　关帝庙与清真寺的"高度之争" …………………（116）

　　二　"农商皆本"的生存之道 …………………………（124）

第六章　寿春镇居民的俗信价值观念 ………………（127）

　第一节　居民的鬼神观念 ………………………………（129）

　　一　鬼神观念 ……………………………………………（129）

　　二　神仙之说 ……………………………………………（131）

　　三　祖先观念 ……………………………………………（133）

　第二节　"山不在高，灵则有名" ………………………（137）

　　一　四顶山庙会简介 ……………………………………（137）

　　二　"抱娃娃"和"挖仙药" …………………………（142）

第七章　寿春镇居民的幸福价值观念 ………………（151）

　第一节　福禄寿 …………………………………………（151）

一　"多子多福"和"重男轻女" …………………………（151）
　　二　"光宗耀祖"和"碑坚强" ……………………………（153）
　　三　"寿州不寿"到"健康长寿" …………………………（155）
　第二节　知足常乐 ……………………………………………（162）
　　一　人心不足蛇吞象 ………………………………………（162）
　　二　乐天安命 ………………………………………………（163）
　第三节　尚节义 ………………………………………………（165）

第八章　寿春古镇居民价值观念的文化生境和评估 …………（169）
　第一节　寿春古镇价值观念的文化生境 ……………………（169）
　　一　"橘生淮南则为橘，生于淮北则为枳" ……………（169）
　　二　观乎人文，以化成天下 ………………………………（175）
　　三　时变——当前社会转型的背景和古镇居民的
　　　　社会结构 ………………………………………………（178）
　第二节　社会价值观念评估 …………………………………（179）
　　一　主位与客位的彷徨 ……………………………………（179）
　　二　变迁与固守 ……………………………………………（181）

结　论 ……………………………………………………………（185）

参考文献 …………………………………………………………（189）

附录A　寿春镇居民价值观念调查部分问卷 …………………（199）

附录B　寿县清真寺所镶嵌碑刻 ………………………………（201）

后　记 ……………………………………………………………（216）

导　　言

一　研究缘起与研究意义

（一）研究缘起

家乡人类学是指人类学者在自己的家乡或者与自己生活渊源相关的地区进行田野调查，以进行研究的学科。寿春镇属于国家历史文化名城，当地文化璀璨，人杰地灵。我的导师许宪隆教授从小在城内长大，寿春厚重的文化和灵性哺育了他。后外出学习和工作，但导师从未忘记过家乡，长期关注家乡发展，为家乡建设建言献策。因为我本科、硕士都是历史学专业，导师结合我自身的知识背景，更从对家乡的热爱出发，希望我的博士论文能够以寿春镇为田野点进行研究。2009 年 11 月和 2010 年 8 月，在导师的安排下，我两次到寿春镇作田野调查。寿春镇作为我国人口密度最大的乡镇之一，基础设施落后，但面对古镇外可能丰厚的经济收入，很多居民却并不想走出古镇，同时一些走出古镇打工的人，在外打拼一段时间后，又回到了古镇，他们在古镇内的生活在我们看来可能有些清苦，但他们自己却认为很"舒适"。针对田野调查发现的此类现象，我向导师汇报后，导师敏锐地指出"这种现象是由当地社会价值观念影响造成的"。所以说一个地区在发展过程中，除了受当地环境影响外，深层次的原因是当地人们的价值观念。现阶段，寿春镇深入推进当地的新型城镇化建设，大力实施精准扶贫，打造古镇旅游文化开发，城镇整改拆迁，棚户区改造，但开发了旅游是不是能够促进当地经济的发展，值得期待和研究。寿春镇居民多为明朝山东济宁移民后裔，而我的家乡则为山东济宁，我来自山东农村，熟悉小城镇生活，在寿春镇的所见所闻，可以产生共鸣，使我对"家乡人"的价值观念有一定的"文化自觉"。所以本书选取了寿春镇社会价值观念进行研究。

（二）研究意义
1. 现实意义

价值观念作为社会意识的一种，对人类行为有重要的影响，这些影响既有积极的也有消极的，因而价值观念研究的现实意义体现在：（1）"我们生活在一个新旧交替的时代，生活有如一个巨大的旋转舞台，把昨天和今天，古老的和新鲜的，传统的和现代的……不由分说地糅合在一起，一股脑地展示在我们面前。新与旧的更替与重叠，使人们的头脑中充满了太多的困惑与焦灼。我们背负着一个十字架，传统与现代的十字架。"[①] 当下东西方价值观念激烈碰撞，各种价值观念交融，引起人们观念上的混乱，社会浮躁，拜金主义、享乐风气盛行，人与人之间信任度下降，幸福指数下降，只有全面了解价值观念的结构和发挥作用的路径，相关部门才能正确引导社会价值观念，推动社会和谐发展。寿春古镇是一个拥挤、喧闹、繁华的小城，作为转型期的一个标本，一道城墙将人们围在城内，在传统与现代的交汇时期，有的人冲出小城成功了，有的人冲出小城却怀念小城，又回到小城，城内生活的人们既充实又惆怅，充满"矛盾"。因此，揭示他们的内心世界、价值观念，对协调当地社会和谐发展具有推动意义。（2）寿春古镇是一个多民族的社区，其中回族 1 万多人，他们和汉族互相交融，价值观念中既体现了"共性"，又有一定的"个性"；同时，寿春古镇还是一个多元文化共生的社区，古镇内有孔庙、基督教堂、清真寺、东岳庙、报恩寺等。因此，研究多元文化背景下，价值观念如何影响当地居民生活，对于研究散杂居地区具有典型意义。（3）当前社会环境下，寿春镇政府为促进当地发展，加大力度招商引

---

① 陆人：《在传统与现代的十字架前》，西安交通大学出版社 1988 年版，第 1 页。

资，完善基础设施建设，发展旅游，但效果却不明显，甚至一些项目开发商本有意投资，但实地考察后又"望而却步"。其他一些促进地区发展的措施，实施过程中，也常常遇到阻力，令一些人感到困惑。探讨当地居民价值观念的影响，有利于当地政府政策的出台和实施，促进当地发展。

2. 理论意义

（1）"橘生淮南则为橘，生于淮北则为枳"，南北文化的差异客观存在。唐宋时代，淮河被公认为南北文化的界线；到了明代，官方科举取士则以长江为界，长江成为官方规定的南北界线。现代地理学兴起后，秦岭—淮河成为公认的南北自然地理的分界线，实际上也是人文地理的分界线。但南北文化并不因秦岭—淮河的分割而具有"绝对"异质性，"秦岭—淮河以南和长江以北"地区，成为文化互动的"前沿"，南北文化在此交流碰撞、互动变迁，形成了具有过渡性、多元性、融合性的"文化走廊"。因此，研究此文化走廊居民价值观念的结构，推进此文化走廊的文化生态建设，为我们研究"南北"两个文化圈提供了新的视角。（2）价值观念研究的小传统。美国人类学家罗伯特·雷德菲尔德（Robert Redfield），将复杂文化分为两种不同的层次——大传统和小传统，大传统指国家层面的、城市的、社会上层的文化；小传统指民间的、乡土社会的、普通老百姓的文化。现阶段，爱国、敬业、诚信、友善的社会主义核心价值体系建设深入开展，社会主义核心价值观的引导力、主流思想舆论不断壮大，此为我国价值观大传统的建构和论述。那么，老百姓小传统的价值观念是什么呢？它们如何影响人们的行为、生活？小传统的价值观念在社会发展中起到什么作用？这是本选题意义之一。（3）价值观念的反思和自觉。马克斯·韦伯在其《新教伦理与资本主义精神》一书中，指出克己、勤俭、守时、天职观念和新教禁欲主义是资本主义产生和发展的动力。20世纪早期，面对西方列强的入侵，严复、梁启超、蔡元培、潘光旦、胡适、鲁迅、梁漱溟、林语堂等人，发表大量的文章对中国文化和国民性进行探讨，尤其是鲁迅先生对国民劣根性的批判，将此次讨论推向了高潮。这次国民性讨论达成一个共识："国民劣根性"是中国不能及时实现现代化的主要障碍。近年来，我国解放思想、改革开放，经济高速发展，与此同时，中西方思想观念、传统与现代思想观念交融碰撞，造成社会转型期人们的信仰危机和认同危机。反思大众价值观念的优缺点，探讨符合我国实际的价值观念，树立人们对我国价值观念的信心，凝聚社会共识，意义重大。

二　国内外研究述评

（一）价值、价值观、价值观念的概念

"价值"是价值理论的最基本概念，是对价值本质和内容的认识，是构成价值观的理论基础，是价值观念形成的认识前提。价值，英语翻译为"value"，但是"value"并不能完全包含中国学术界讨论的价值概念。因为不同的学科研究的视角和学科属性各异，所以赋予了"价值"不同的内容和含义。

有关价值观的研究兴起于 20 世纪 80 年代，经过 30 多年的研究，取得了丰硕成果。但学术界有关价值观的定义还不一致。目前关于价值观的论述，主要有以下三种观点：第一，它是关于价值的基本观点，与历史观、自然观、人生观相对应。第二，它以价值为标准或规范，主张价值观是社会成员所具有的关于事物的一般信念，它是一个社会或一群人用来衡量事物和行为的标准，是判断是非曲直、真善美与假恶丑的价值标准[1]，代表研究机构为北京师范大学价值与文化研究中心。第三，认为价值观即为价值观念，进而把价值作为一种互补性的概念或观念，其拥有满足人类需求的外在能力与追求满足该需求的主观认识，且当这两者发生互补关系时，

---

[1] 赵孟营总执笔：《跨入现代之门：当代中国的社会价值观报告》，北京师范大学出版社 2008 年版，第 6 页。

价值观念就会产生。

　　观念是人们在长期的生产和生活实践过程中形成的各种认识的集合体，一般指客观存在于人的头脑中的反映，属于思想的东西，其满足了人类需求的外在能力与追求的需求。所以，价值观念是人们在一定环境中有关动机、目的、需要和情感意志的综合体现。从其产生的过程来看，价值观念是人们对价值的认识和评价的内化，是人们对价值关系、价值物的长期经验的理性积淀，是价值认识在主体意识中的积累；从价值观念的结构和功能特征来看，它是主体的价值意向、情感意志、思想观点、行为取向的凝聚，这种综合性的观念结构往往渗透于主体的思维或行为过程中，影响主体的认识指向和行为逻辑。价值观念带有浓厚的经验色彩，具有潜意识的特点，与日常生活和大众行为分不开，常常通过非自觉性的、"不言自明"的内在心理和行为习惯起作用，因而价值观念容易为大多数社会成员所共有，成为普遍的社会意识，广泛地影响和控制广大群众。[①] 价值观念包括经过政治家、思想家加工定型的、为统治者所倡导的、作为社会主流的价值观念和不定型的、作为潜意识而在民间流行的社会心理和风俗习惯。[②] 价值观念的内容是多元的、丰富的，包括政治价值观念、经济价值观念、文化价值观念、生活价值观念。

　　有关价值观与价值观念的区别与联系，一些学者习惯从"价值观"的狭义含义去解释，认为价值观念就是狭义的价值观，从而把"价值观"和"价值观念"等同起来，而不加区分。也有学者指出："二者如果等同使用，用价值观表示价值观念，似乎没有太大的困难，但如果用价值观念来表示价值观，则存在一些问题。例如，探讨儒家的价值观，则指儒家有关价值的根本观点；假如讨论儒家的价值观念，则不是指其根本观点，而是指'学而优则仕''君子谋道不谋

---

　　① 参见杜齐才《价值与价值观念》，广东人民出版社1987年版，第102—103页。
　　② 参见戴茂堂、江畅《传统价值观念与当代中国》，湖北人民出版社2001年版，第13页。

食'等对读书、财富的观念而言，两者明显存在差异。"① 所以，价值观念和价值观，虽一字之差，但是两者之间存在一定的差异。

因此，在使用过程中，要注意区分价值观与价值观念，避免理论上的混乱。首先，二者是一般与特殊、抽象与具体的关系。价值观念是对现实生活中价值关系的具体化、形象化，价值观由价值观念提升而来，是各类事物的一般信念。也就是说，价值观是价值观念的理论基础，价值观决定价值观念，"价值观指导价值观念，价值观念体现了价值观"②。其次，价值观和价值观念具有宏观和微观上的区别。价值观是人们世界观、人生观的组成部分，具体形态上表现为信仰、信念和理想，"价值观念"则是"人们关于好坏、得失、善恶、美丑等具体价值的立场、看法、态度和选择"③。最后，与价值观相比，价值观念具有易变性，价值观则不同，具有相对稳定性。因为价值观念是对某一类价值关系的认识，当这一价值关系发生变化时，价值观念就会随之变化④，而价值观不一定发生变化。

在价值观念的研究中，有必要概述一下国民性和价值观念的区别与联系。国民性、民族性、民族性格的含义具有相似性。国民性是指一个民族或族群在长期的历史发展过程中形成的，表现在民族共同文化特点上的习惯、态度、情感等比较稳定、持久的心理状态和精神特征。具体来讲，它是同一民族或族群，在共同地域、共同语言、共同经济组织形式和政治组织形式以及在共同的文化熏陶下而形成的一些共同的心理素质，而价值观念则是与日常生活和大众行为相联系的社会心理和风俗习惯，异质性的价值观念构成了不同的文化模式，不同的文化模式塑造了不同的国民性，所以说价值观念是国民性的具体表

---

① 王玉樑：《价值哲学新探》，陕西人民教育出版社1993年版，第413页。转引自陈章龙、周莉《价值观研究》，南京师范大学出版社2004年版，第6页。
② 王玉樑：《论理想、信念、信仰和价值观》，《东岳论丛》2001年第4期。
③ 马俊峰、孙伟平、杨学功：《关于价值观问题的调研报告》（2010年6月8日），见中国社会科学院哲学研究所网站（www.cass.net.cn）。转引自陈章龙、周莉《价值观研究》，南京师范大学出版社2004年版，第5—6页。
④ 参见陈章龙、周莉《价值观研究》，南京师范大学出版社2004年版，第6—7页。

现形式，价值观念的研究在一定程度上也是对国民性的研究。

（二）国外价值观念研究综述

1. 欧美相关研究综述

价值观念的研究是一个多学科关注的课题。哲学研究价值观念所反映的是主体和客体之间的关系；伦理学研究它对人类行为的规范；心理学则探讨价值观念的心理结构、过程、功能及其测量；文化人类学研究社会价值观念所表达的文化特征，探讨文化本身所蕴涵的价值观念结构以及文化对价值观念的影响。不同学科的研究相互补充和拓展，取得了丰硕成果。因此，单纯从文化人类学的角度来审视前人的研究，是不够全面的。所以，本书总结了前人的研究成果，并收录了对本书有借鉴意义的其他学科的研究成果。

欧美文化与人格学派的研究。最早关注价值观念的是文化与人格学派，他们开始主要研究未开化的民族和部落。美国人类学家博厄斯（F. Boas）认为，人类之所以有各种不同的行为模式，不是由其生物特性决定的，而是由各自独特的文化背景决定的，使文化与人格研究结合起来。之后他的学生玛格丽特·米德（Carburet Mead）和鲁思·本尼迪克特（Rush Benedict）继续进行文化与人格的研究，形成了著名的文化心理学派。米德出版了《萨摩亚人的成年：为西方文明所作的原始人类的青年心理研究》[1]（1918）、《三个原始部落的性别与气质》[2]（1935）二书，阐述了文化塑造人格的思想。本尼迪克特《文化模式》[3]一书出版于20世纪30年代，书中指出文化也即民族性，它在各个民族（部落、族群）的形成过程中都有其自身的发展脉络和历史背景，它表现为一定的文化形态及行为。第二次世界大战期间，

---

[1]［美］玛格丽特·米德：《萨摩亚人的成年：为西方文明所作的原始人类的青年心理研究》，周晓虹、李姚军、刘婧译，商务印书馆2008年版。

[2]［美］玛格丽特·米德：《三个原始部落的性别与气质》，宋践等译，浙江人民出版社1988年版。

[3]［美］鲁思·本尼迪克特：《文化模式》，何锡章译，华夏出版社1987年版。

本尼迪克特主要从事对日本、荷兰、罗马尼亚、泰国、德国等国民族性的研究，而以对日本的研究《菊与刀：日本文化的类型》[①] 一书成就最大，该书重点研究了日本文化的双重性，尚礼而好斗、爱美而黩武、服从而不驯、喜新而顽固的矛盾性格，该书出版后，在一定程度上影响了美国战后的对日政策。以上文化心理学的研究，或多或少涉猎了价值观念的研究领域。比如：国民性研究主要探讨不同的国家、民族由于自然环境、历史发展、伦理道德等方面的差异，造成国民价值体系的内在差异，这些内在的差异通过日常生活的言语、行为等转化为可展现的外在差异，从而使各国国民之间的文化表现出一定的不同，而这些日常生活的言语、行为则为价值观念的展演。20世纪40年代以后，社会学家塔尔科特·帕森斯（Talcott Parsons），在论述社会行动的子系统——文化系统时，指出"文化系统由规范、价值观念、信仰及其他一些与行动相联系的观念构成，是一个具有符号性质的意义模式系统"[②]，进而将价值观念作为某一文化类型的特征加以研究。这些学者有关价值观念的相关研究，取得了很多成果，但还处于分散的状态，没有出现一个可操作的价值观念的研究模式。

直到20世纪50年代，克莱德·克拉克洪（Clyde Kluckhohn）主张将精神病学的原理运用于民族学，借鉴弗洛伊德精神分析学说研究人类文化与个性，提出了分析文化差异的六个维度：文化与环境的关系、时间取向、人的本质、活动取向、责任中心和空间概念，进而将价值观念界定为"复杂而有限的模塑原则，而这个原则由认知、感情和导向三要素的相互作用而形成，能够使人确定其解决问题的想法和行动"[③]。克拉克洪的研究，从操作层面对价值观念的各种定义进行了

---

① ［美］鲁思·本尼迪克特：《菊与刀：日本文化的类型》，吕万和、熊达云、王智新译，商务印书馆1990年版。
② ［美］T. 帕森斯：《社会行动的结构》，张明德、夏翼南、彭刚译，译林出版社2003年版。
③ ［美］克莱德·克拉克洪等：《行动理论中的价值和价值取向——界定和分类方面的探索》，载苏国勋、刘小枫主编：《二十世纪西方社会理论文选Ⅰ：社会理论的开端和终结》，生活·读书·新知三联书店2005年版，第676—697页。

整合。1953年，许烺光（Francis L. K. Hsu）出版了《美国人与中国人：两种生活方式比较》[①]一书，作者在序言中讲到自己"作为一个典型的文化'边际人'，在一个民族文化中受了教育，内化或社会化了这种文化的价值观念、行为规范和生活方式等，随后又来到另一种民族文化中求生存，为了适应新的生存环境，又渐渐接受了后一种文化的主导价值、规范和生活方式，一身具有两种（或多种）文化经验"，因此作者从主位和客位的角度，把握中美两国的小说、戏剧、谚语、民俗资料，将其中不引人注目的平凡琐事投射在全民族的屏幕上，汇聚成为一个综合的模式，进而论述了婚姻观念、政府观念、经济生活观念，更可贵的是许先生对中国人的弱点进行了归纳，凸显了中美两种不同的文化与人格。20世纪70年代，罗克茨（Rokeach）把价值观念理解为一般的信念，认为价值观念具有动机功能、评价性、规范性和禁止性，是人们判断各种政治、社会、意识形态及宗教信仰的标准，是维护和提高自我观念的依据。[②]罗克茨在价值观念方面的研究，最大的贡献是将价值观念分为两大类：一类是现实存在的理想、愿景的价值观念，称作终极价值观念；另一类是实现这些终极目标的行为方式，称为工具性价值观念。罗克茨将两种价值观念分为十八个价值信念进行考察，使价值观念的研究开始有了研究维度，改变了过去仅从内容上对价值观念进行的分析和测量，进一步深化了价值观念的研究。

　　20世纪中期，以帕森斯为代表的结构功能主义学派在学术界长期占据统治地位。该学派强调社会一体化和社会和谐一致，并将价值冲突理解为社会组织的一种病态模式。20世纪五六十年代，东西方两大阵营争夺霸权，造成西方世界政治动荡，社会冲突激烈。于是，一些社会学家重新提倡冲突理论，并吸取了马克思和德国社会学家G.齐美尔（1858—1918）的某些思想，批评结构功能主义在政治上的保守

---

　　① [美]许烺光：《美国人与中国人：两种生活方式比较》，彭凯平、刘文静等译，华夏出版社1989年版。
　　② 韩秀兰：《深圳青年的价值观念透视——与瑞士青年比较研究》，《深圳大学学报》2000年第6期。

性。一些学者在研究价值问题和价值观念时，也借鉴冲突理论，反思西方文明发展过程中的危机，试图重构价值体系以摆脱危机。目前国内翻译过来的作品主要有丹尼尔·贝尔（Daniel Bell）的《资本主义文化矛盾》①（1976），书中探讨了当代西方社会的内部结构脱节与断裂问题，作者在书中试图解决社会价值观念的冲突，注重无拘欲望条件下管理复杂政治机构的难题。宾克莱在《理想的冲突——西方社会中变化着的价值观念》②一书中，回顾了20世纪前期，相对主义和实用主义对西方社会道德观点的影响，着重阐述了70年代以前对西方世界有较大影响的马克思主义、人本主义、存在主义、人道主义和新基督教神学等哲学、社会思潮，以及这些学派的代表人物如马克思、弗洛伊德、尼采、萨特、卡尔·巴尔特、保罗·蒂利希等人的基本思想和伦理观点，并结合西方社会中变化着的价值观念研究，分析了资本主义世界人生理想的冲突。

近年来，随着后现代主义的兴起，价值观念研究进入反思阶段。英格尔哈特认为，当社会从工业化时代过渡到后工业化时代，一系列影响民主政治建立和运行的价值观开始出现，他最初将这些后现代价值观称为"幸福"（well-being）价值，后来改称为"自我表达价值"。自我表达价值强调自由独立和个人解放以及对非主流甚至反主流人群的生活方式（如同性恋行为）的包容等。自我表达价值的上升是一种世界现象，社会进步带来不同国家和地区民众自我表达价值的出现以及政治开放和民主深化的要求。③

2. 日本有关的价值观念研究

20世纪30年代，日本学者加大了对中国的研究，其中内山完造的《活中国的姿态》、渡边秀方的《中国国民性论》和原惣兵卫

---

① ［美］丹尼尔·贝尔：《资本主义文化矛盾》，赵一凡、蒲隆、任晓晋译，生活·读书·新知三联书店1989年版，第10页。
② ［美］L. J. 宾克莱：《理想的冲突——西方社会中变化着的价值观念》，马元德等译，商务印书馆1986年版，第232页。
③ 潘维、廉思主编：《中国社会价值观念变迁30年（1978—2008）》，中国社会科学出版社2008年版，第224页。

的《中国民族性论》①，三位作者根据自己在华的生活经历和扎实的学识，深入剖析中国文化、中国人的国民性和民族心理，由于作者所在的阶级不同，三个作品分别代表当时日本左、中、右三种立场，他们对中国国民性既有同情，也有批判，甚至还有很多诋毁和攻击，是当时日本人了解中国的重要作品，对20世纪30年代日本侵略中国提供了重要参考。之后，日本女人类学家中根千枝在《纵向社会的人际关系》《未开的脸与文明的脸》中，论述了日本社会系统的主要特点，"场所"观念和序列观念比较强，日本人的纵向关系并不与权利发生关系，仅仅是一种地位的排序而已，日本人做每件事都是根据这种排序来做的。②"纵向社会"深化了对日本社会的特点、日本人际关系等的认识和理解，也奠定了中根千枝在日本人类学界的地位，中根千枝的研究对研究中国传统社会的社会结构有一定的借鉴意义。

日本学者千石保关于价值观念的研究主要集中在青少年上，他在《日本的高中生》③一书中对高中生的家庭教育、人际关系、规范意识与生活价值观、金钱观和劳动观、违法犯罪等进行了论述，提出青少年规范意识淡薄，犯罪增多，逃离家庭，拒绝上学，失去自我控制等观念。源了圆的《日本文化与日本人性格的形成》④从广义文化学的视角出发，透彻地分析了日本人的性格形成与发展，指出了日本人的性格中不合时代潮流及消极的东西，论述了日本的文化模式和民族心理，对我们深入研究日本文化及其民族心理、国民性有所帮助。

---

① ［日］内山完造、渡边秀方、原惣兵卫：《中国人的劣根和优根：日本人眼中的近代中国》，尤炳圻、高明、吴藻溪译，江西人民出版社2009年版。
② ［日］中根千枝：《未开的脸与文明的脸》，麻国庆、张辉黎译，山东画报出版社2001年版，第259页。
③ ［日］千石保：《日本的高中生》，海豚出版社2001年版。
④ ［日］源了圆：《日本文化与日本人性格的形成》，郭连友、漆红译，北京出版社1992年版。

(三) 国内有关价值观念研究综述

1. 港澳台价值观念研究综述

1991年5月23日至26日，中国台湾汉学研究中心举办了一次科技学术研讨会，探讨的主题是"中国人的价值观"。研讨会对价值观、价值观念的认识达成了共识：价值观是对特定事物、行为、状态或目标的一种持久性的偏好，此种偏好在性质上是一套兼含情感、认知及意向三类成分的信念。价值观不是指人的行为或事物本身，而是指判断行为好坏或对错的依据，或是选择事物的指涉架构。价值观所涉及的事物、行为、状态或目标，可能属于不同的生活范畴，但不论属于生活的哪一方面，如果价值偏好经长久发展会成为一类影响重大的广泛信念，便可称为价值取向。如果价值信念或价值取向，能组成一套相互关联的系统，组成价值体系，价值信念、价值取向及价值体系，就统称为价值观念。[①] 参会论文杨国枢《传统价值观与现代价值观能否同时并存》、侯家驹《中国人经济价值观的演变》、刘翠溶《中国人的财富观念》、文崇一《道德与富贵：中国人的价值冲突》等，对本书的写作有很大的启发意义。

港台地区从事价值观念研究的学者主要有杨国枢和杨中芳。杨国枢长期致力于研究中国人的国民性和中国的现代化问题，出版的成果主要有：《中国人的性格》《中国人的现代化》《现代化与民族主义》《现代社会的心理适应》《现代化与中国化论丛》。杨中芳长期从事社会心理学、社会学研究工作，特别是研究中国人的自我及人际关系，出版了《如何研究中国人：心理学研究本土化论文集》《如何理解中国人：文化与个人论文集》以及《中国人的人际关系、情感及信任——一个人际交往的观点》等，发表了数十篇论文，近年，她潜心探索中国传统文化的核心部分，即"中庸"的思想对中国人心理与行为的影响。她的论文《香港社会价值变迁与送礼行为》（上、下），

---

① 杨国枢主编：《中国人的价值观——社会科学观点》，台北桂冠图书股份有限公司1994年版。

对人类学研究的"礼物馈赠"进行了梳理,特别是对中国传统送礼行为进行了论述,指出送礼行为产生的原因,送礼行为造成的"困境"等,并针对香港地区当前背景下的送礼行为进行了讨论,指出香港地区年轻人可以突破旧有的观念,不以礼物的金钱价值来衡量礼物贵贱,而以个人对受礼者的心意作为衡量标准。这种送礼不看重礼物金钱价值的现象体现的是一种比较西方化的观念。港澳台人类学家有关价值观念的研究,还有许多,此处就不一一列举。

2. 大陆国民性、价值观念研究综述

鸦片战争后,在西方列强的入侵下,中华民族面临亡国灭种的危机,一些民族精英分子,开始关注中华民族的整体文化和精神特征。严复、梁启超、潘光旦、李大钊、陈独秀、胡适、钱玄同、蔡元培、鲁迅、梁漱溟、林语堂等人,充当了国民性研究的主力军,他们发表了大量的文章对中国文化和国民性进行探讨。潘光旦先生从优生学的视角,针对明恩傅所著《中国人的特性》提出自己的反驳与思考,指出中国人有哪些民族特性,其中包括哪些不健全的特性,这些特性是如何形成的,我们民族的出路在哪里等问题,潘光旦指出:"一个民族先得有比较稳固的生物基础或种族基础,而后坚强的意志、丰满的物质生活、繁变与醇厚的文化事业,才有发展的张本。"[1] 在此次国民性大讨论中,鲁迅先生担任了"急先锋",他将国民劣根性的批判引入高潮,他通过自己的作品,刻画了华老栓、华小栓、七斤、九斤老太、闰土、阿Q、吴妈、祥林嫂等具有典型性的"国人"形象。在他的研究推动下,20世纪初大家对国民性的研究达成一个共识——"国民劣根性"是中国不能及时实现现代化的主要障碍。如:晏阳初将国人的弱点归结为愚、穷、弱、私;胡适提出五鬼乱中华:"贫穷、疾病、愚昧、贪污、扰乱"。新中国成立后,"国民性"研究一度中断。20世纪80年代,国民性研究重新升温。这一时期,温元凯、倪端的《改革与国民性改造》一书最具代表性,书中对中国国民性的优

---

[1] 潘光旦:《民族特性与民族卫生》,北京大学出版社2010年版,第20页。

秀传统、劣根性内容和产生原因进行了论述，提出要从改革、哲学、文艺、教育、开放等方面进行国民性改造，从而使我国国民性具有创新、冒险、竞争、民主、自由、多元的特点，作者的研究对建构国民性的价值目标具有借鉴意义。沙莲香主编的《中国民族性》（一）①将历史上有关研究中国人的主要著作及其主要观点按照年代顺序制成"历史量表"，共有 71 位作者，500 多种观点，对我们研究国民性具有很大的启发；《中国民族性》（二）② 主要对中国人民族性格的结构进行了考察和探讨。20 世纪 90 年代以来，国民性研究成果增多。俞祖华《深沉的民族反省——中国近代改造国民性思潮研究》、袁洪亮《人的现代化——中国近代国民性改造思想研究》、任剑涛《从自在到自觉——中国国民性探讨》、王德复《民族复兴新论：国民性重铸与改革》、翟学伟《中国人的脸面观：形式主义的心理动因与社会表征》等作品陆续出版，丰富了国民性研究的内容。上述国民性研究多侧重在宏观层面对国民性与国家命运、民族复兴的关系进行研究，也涉及与日常生活和大众行为相联系的价值观念的研究。

近年来，我国有关价值观念的研究，成果丰硕。如：《城市人的理性化与现代化——一项关于城市人行为与观念变迁的实证比较研究》③，该书以人的理性化和现代化为主体线索，以人的行为与观念变迁、人的理性化和现代化这三者的互动关系为基础建构理论框架，以南京人和上海人为实证研究样本，深入研究了城市人理性化和现代化的态势、模式和动因，并就性别、年龄等个人先赋性因素和教育、职业等自致性因素，以及城市、文化等社会因素对个人变迁的影响进行定量和定性的分析。2007 年夏，北京大学中国与世界研究中心举办了一次回顾价值观变迁三十年的大型研讨会，来自海内外三十余所科研机构和高校的五十多位学者参加了研讨会，参加会议提交的论文，会

---

① 沙莲香主编：《中国民族性》（一），中国人民大学出版社 1989 年版。
② 沙莲香主编：《中国民族性》（二），中国人民大学出版社 1990 年版。
③ 闵学勤：《城市人的理性化与现代化——一项关于城市人行为与观念变迁的实证比较研究》，南京大学出版社 2004 年版。

后由中国社会科学出版社编辑出版《中国社会价值观变迁 30 年（1978—2008）》[①]，论文集中的很多文章是对我国价值观念的论述，具有真知灼见，很有启发性。

社会转型期有关价值观念的研究，成果相对丰硕。兰久富的《社会转型时期的价值观念》[②]一书，立足于社会转型时期的社会变迁和社会冲突，从方向性和解释性说明价值观念的独特之处，揭示了价值观念冲突的四个层次，阐述价值观念发生变迁的必然性和合理性，同时对价值方向、价值解释、价值标准、价值竞争等问题做出深入的分析，对价值选择、价值背景、价值根源、价值合理等问题进行讨论，内容涉及终极价值、价值循环、价值危机、信仰危机等价值现象，最后从价值本位、价值归宿、道德"滑坡"、劳动价值等方面，对中国当前社会价值观念状况做出最新的概括和总结。张强的《当代中国社会转型期的价值观念冲突》[③]一文将社会转型引起价值观念的变革与冲突作为切入点，在借鉴国内外有关社会冲突、文化变迁的理论研究基础上，对价值观念冲突问题进行了多方面的研究，试图引导人们对价值观念冲突进行正确把握，为当前社会转型期的价值观研究提供理论基础。《我国社会转型期人的价值观重塑》[④]一文分为三部分：第一部分作者对我国传统价值观的核心内容及其影响进行了分析；第二部分对我国社会转型期的价值观现状进行了分析；第三部分作者指出从营造良好的社会公平环境、价值观的正确引导、强化道德奖惩、重建道德价值观文化体系、净化社会环境等五个方面来构建新型价值观。

关于社会转型背景下价值观念的探讨还有很多，也有学者写过相

[①] 潘维、廉思主编：《中国社会价值观变迁 30 年（1978—2008）》，中国社会科学出版社 2008 年版。
[②] 兰久富：《社会转型时期的价值观念》，北京师范大学出版社 1999 年版。
[③] 张强：《当代中国社会转型期的价值观念冲突》，硕士学位论文，西安建筑科技大学，2006 年。
[④] 孙安忠：《我国社会转型期人的价值观重塑》，硕士学位论文，山东师范大学，2007 年。

关综述①。总体上看，国内外有关国民性或价值观念的研究，取得了丰硕成果，开始关注社会转型期价值观念的变迁趋势，但这些研究仍存在一些不足，尚需要进一步探讨。第一，从价值观念研究角度上来讲，大多数学者关于价值观念的研究偏重于意识形态的讨论，尤其对转型期核心价值观念、主流价值观念讨论较多，且多停留在宏观层面，而对价值观念结构缺少系统的考察，往往通过罗列一些简单的案例，则冠以中国的价值观念"什么样"，有"扣帽子"之嫌。第二，许多学者关注社会转型期价值观念的变迁，但大多只注意到了价值观念的变迁，而对于固守的观念关注较少，即使有关注，也多是对其"劣根性"的批判，较少关注价值观念"固守"的自身逻辑性，研究不够客观。第三，价值观念研究是一个众说纷纭的问题，从而忽略了单一价值观领域的深入分析，即使有作者试图通过单一研究进行描述和分析，也往往因为抽取样本太少，深入不够。第四，多数学者对价值观念的研究还集中在心理学、哲学的探讨领域，把价值观念作为价值论的原则之一，不能实现价值观念的跨学科研究。第五，研究方法上，价值观念的测量主要借用西方的测量指标体系和量表，而忽视了中国人价值观念的特色和历史延续性。

（四）关于寿春镇的研究综述

1. 通识类研究

关于寿春古镇的研究，部分是伴随着寿县的研究进行的。

地方志：明代《嘉靖寿州志》、清代《乾隆寿州志》、清代《道光寿州志》、清代《光绪寿州志》、寿县地方志编纂委员会编《寿县志》②，是研究寿县历史的史料，也是研究寿县历史的首选材料。近年来，寿县政府加大了地方志史料的整理力度。如：1986年编辑的

---

① 黄涛、钟晓媚：《社会转型中的价值观念研究述评》，《理论与实践》2003年第1期。

② 寿县地方志编纂委员会编：《寿县志》，黄山书社1992年版。

《寿县文史资料》①，对寿春镇的名胜古迹、社会名流、文化教育、风土人情等情况进行了详细的记载。《安徽省寿县地名录》②对寿春古镇各个街道的名称来历，进行了详细的记载，为我们了解寿春古镇各个街道的历史变革提供了线索。《文史辑存》③这本书总结了部分学者有关寿春的研究，主要集中在楚文化方面，特别是在该书的开篇，对我国史籍中有关寿春的资料进行了综述，为后学研究寿春楚文化提供了便利。《风俗风情》④对存在于寿县地区的风俗人情进行了从历史到现状的分析，更对当今存在于寿春镇的文化遗产传承进行了详解。还有一些著作如孟塈的《古寿春漫话》⑤和《寿州故事传说》⑥，这些研究多是通俗类读物，学术性不强，此处不一一展开。

2. 专题类研究

专题类研究包括楚文化研究、古镇文物保护研究等。关于古镇楚文化研究的重点主要集中在周边出土文物的研究方面，其中以唐兰的《寿县所出铜器考略》⑦（1934）为最早。后有李景聃的《寿县楚墓调查报告》⑧、刘节的《寿县所出楚器考释》⑨、李学勤的《论汉淮间的春秋青铜器》⑩、刘和惠的《寿县朱家集李三古堆大墓墓主的再认识》⑪、卢茂村的《浅析安徽寿县楚王墓出土的生产工具》⑫。有关寿县楚文化研究的集大成者是陈得时的《寿春楚文化》⑬。《寿县古城墙

---

① 中国人民政治协商会议寿县委员会文史资料研究委员会编：《寿县文史资料》，三辑，内部发行，1986年。
② 寿县地名办公室编：《安徽省寿县地名录》，内部资料，1991年。
③ 苏希圣编：《文史辑存》，安徽人民出版社2009年版。
④ 方敦寿编：《风俗风情》，安徽人民出版社2009年版。
⑤ 孟塈：《古寿春漫话》，黄山书社1989年版。
⑥ 孟塈：《寿州故事传说》，黄山书社1991年版。
⑦ 唐兰：《寿县所出铜器考略》，《北京大学国学季刊》1934年第4卷。
⑧ 李景聃：《寿县楚墓调查报告》，载《田野考古报告》（第一册），商务印书馆1936年版。
⑨ 刘节：《寿县所出楚器考释》，《古史考存》，太平书局1963年版。
⑩ 李学勤：《论汉淮间的春秋青铜器》，《文物》1980年第1期。
⑪ 刘和惠：《寿县朱家集李三古堆大墓墓主的再认识》，《东南文化》1991年第2期。
⑫ 卢茂村：《浅析安徽寿县楚王墓出土的生产工具》，《农业考古》2000年第3期。
⑬ 陈得时：《寿春楚文化》，黄山书社2000年版。

的加固与维修》①对古城墙近年来的加固和维修进行了论证,指出其存在的问题,并提出了相应的建议。有关寿春历史文化的研究,还有很多,但是我们通过以上的论述可以发现,有关寿春的研究,大多数集中在对楚文化的研究方面,并且研究者大多数为当地政府工作者,有时不免带有浓厚的个人感情,有一些观点和叙述还值得商榷。

3. 有关寿县和寿春发展规划

寿县作为一个农业大县,整体上讲,关于经济发展的研究,大多数集中在农业研究、病虫灾害、防洪抗旱等方面。近年来,随着古镇社会经济的发展,利用当地丰富的旅游资源,招商引资,开展旅游活动,成为当地发展规划的重点。关于此方面的研究多为规划院、设计机构、政府出台的发展规划等政策性或前瞻性的内部资料,此处不再赘述。

三 研究假设

价值观念是一个异质性的系统。不同的时间、不同的地域、不同的族群,价值观念不尽相同,即使是同一族群,价值观念也会因族群个体的年龄、成长经历、社会体验、受教育程度的不同,而呈现细微的个体性差异,因此,价值观念是个异质性的系统。与此同时,我们认为价值观念也带有很强的同质性,一个地域内的同一族群,价值观念往往具有高度同质性,正是这些"同质性"使他们与其他地域、其他族群区别开来,具有自己的特殊性,形成自己的文化模式和文化类型。因此,研究一个地域的价值观念而将价值观念假设为一个同质性很高的系统,这也是本书的基本假设之一。

本书探讨的价值观念,是一个复杂、庞大的系统,包括政治价值观念、经济价值观念、文化价值观念、生活价值观念等子系统,每个子系统又可以分为若干个次子系统,子系统之间、次子系统之间和子

---

① 尹谊、谢永生:《寿县古城墙的加固与维修》,《治淮》1994年第11期。

系统与次子系统之间相互交叉、相互整合、相互作用，使价值观念对居民的日常生活发挥重要影响。但在各级系统中，各系统发挥的作用大小不同，有的子价值观念系统处于价值观念系统的中心地位。在当前政治稳定、经济大发展的背景下，我们假设在人们的日常生活中，生活价值观念发挥着重要的作用，处于中心地位。因为生活价值观念又分为职业价值观念、财产价值观念、消费价值观念、交往价值观念、俗信价值观念、幸福价值观念等六个次子系统，它们与政治价值观念、经济价值观念、文化价值观念又有密切的联系，通过论证这六个次子系统，从而理解地区价值观念的结构和文化模式。

四　主旨内容和创新点

（一）主旨内容

全书共分八章。第一章从寿春古镇的区位和历史沿革入手，对古镇人家以及古镇"围城"的来源进行陈述，为下文论述价值观念作铺垫。第二章主要通过问卷调查和个案访谈，从当地居民职业选择、职业等级、自我认同、人口迁移的流出和流入的"推拉"等几个维度，描述寿春古镇居民的职业价值观念，指出古镇居民在职业选择中"有些人渴望出去，而出去的人渴望回到古镇"的围城效应，以及作为小镇居民面对下岗再就业这个时代问题而表现出的深层次价值观念。第三章对古镇居民财产观念分为财产的获取和财产的支配两个层次进行长时段的考察，尤其对"当面锣对面鼓""时苗留犊""挖松土"等人们熟知的典故进行详述，对当下居民的财产观念进行评估。第四章对当地居民的生存性消费、发展性消费、享乐性消费观念，尤其对"穷身子富嘴""浮生偷得日日闲"等具有地域特色的价值观念进行解析，指出当前居民消费力上升，消费欲望被激发，但实际收入下降带来的困惑和价值观念上的冲突。第五章按照空间将居民分为城内和城外居民，城内居民按照不同民族分为回汉两个民族，然后对城内同一民族和不同民族居民、城内与城外居民的交往观念进行交互研究，揭示了传说背后的历史心性和历史记忆。第六章通过梳理寿春镇多元宗教文化，结合当地居民的信仰状况，剖析了贯穿居民生活的俗信，尤其对当地三月十五日四顶山庙会的抱娃娃习俗和挖仙药等进行详述，对民俗中存在的所谓"迷信"进行合理性解释，试图寻找到当地居民生活和俗信的内在逻辑。第七章是对居民幸福观念的论述，涉及"福禄寿"观念、"光宗耀祖"观念和"知足常乐"观念、"尚节义"观念。第八章对产生寿春古镇价值观念的文化生境进行描述，指出价值观念是自然环境、文化积累、文化儒化的结果，并对当地价值观念进行评估。本书关于价值观念结构的分类，基本参照马斯洛的需求层次理论进行设计，因为"人生可以说是一种适应的历程，在这个漫长的历程中，每一个人都想尽了种种办法与手段，来应付外界的要求与满足内在的需要"①，需要是人的本性，人的需要是支配人的行为的内在动因，涉及一定的心理行为取向或心理动态和行为定势。因此，本书从职业价值观念、财产价值观念、消费价值观念、交往价值观念、俗信价值观念、幸福价值观念等几个方面进行论述。马斯洛的需求层次理论指出，当人的某一级需要得到最低限度的满足后，才会追求高一级的需要，如此逐级上升，成为推动继续努力的内在动力。但本书中并不是说职业价值观念是最低层次的观念，其他价值观念也并不是在有了职业价值观念后才产生的，它们是同时存在的。同时，各价值观念的分类并没有完全按照"需求层次"理论进行分类，因为有的观念包含多种需要，有的需要也可能体现在多项价值观念中，人类的需要是有差异的，人类的价值观念也是有差异的，但并不是说人类无普遍的价值观念。所以，本书主要考察寿春镇居民普遍和最能反映居民需要的价值观念。比如，在第七章幸福价值观念的论述中，马斯洛作为人本心理学的奠基人，强调人的幸福是社会、经济发展的目的，在社会发展的过程中，必须从人的本性出发，来协调经济、社会的发

---

① 杨国枢：《中国国民性与现代生活的适应》，载叶英坤、曾文星主编《现代生活与心理卫生》，水牛出版社 1972 年版，第 102 页。

展，所以本书将幸福价值观念归为自我实现的需要，而不是分为归属和爱的需要。有学者指出马斯洛"需求层次理论"中缺少"神性需求"，书中探讨的寿春的俗信观念，从现代宗教学的角度来讲，是一种近似宗教信仰的民俗，它没有教义、教典、宗教领袖和宗教团体，是人们的生活禁忌、传说、神话的规范，满足了乡土社会人们的心理需求和精神上的寄托，因此书中将俗信宗教观念归入自我实现需要。

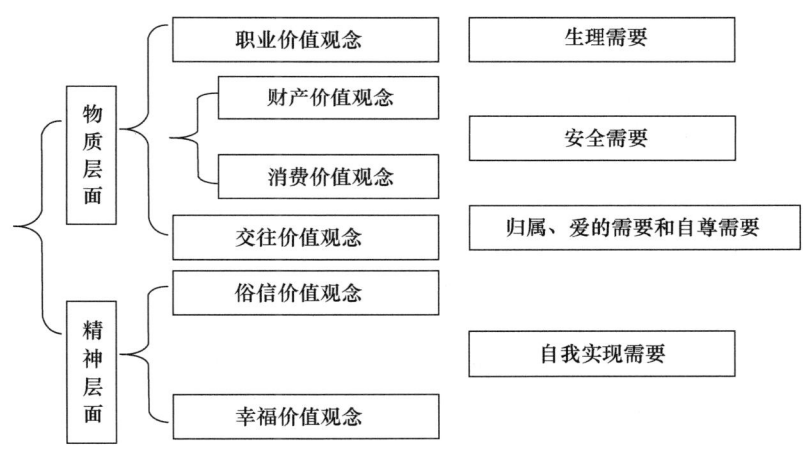

（二）创新点

本书有以下几点创新：第一，研究中提出了"围城效应"。围城效应分为三个层次：古镇作为一座"围城"的物理空间含义；围城对当地价值观念的影响；价值观念对当地居民行为产生的影响。本书通过对社会生活中六个价值观念的解构，观照传统观念与现代观念、城市观念与乡土观念、本地观念与外来观念等的交融碰撞，进而形成寿春古镇现有的民风民俗和当地发展的道路。第二，学术界关于流动人口的研究多集中在农民工群体，而对流动人口中下岗职工的研究较少，即使关注也多将他们归为"农民工"群体，缺少专门关注，本书将寿春镇"流动下岗职工"作为一个单独的研究对象，对学术界关于人口流动的"候鸟"现象或"钟摆效应"提出了质疑，指出寿春镇居民，尤其是下岗职工外出打工、流动多呈现"栖息"或"摆停模式"。在区域史研究方面有所创新，比如：有关当地一些村庄叫"郢"的来源，在书中进行了考证。

五　借鉴的理论与研究方法

（一）借鉴的理论

1. 文化积淀

文化积淀，是文化发展的一个过程，新文化的增加和旧文化的保存，促进了文化的积累和传播，它包括内容上的多元包容和形式上的结构严密程度。"文化积淀在量上表现为积累和传播下来的文化的总量，保留下来的总量越多，表示文化积淀层越深，越具有文化优势；表现在质上是文化禀性的优劣。"① 20世纪40年代后期，美国人类学家怀特的新进化论和克鲁伯的历史批判意识，指出文化累积不仅包括单纯的文化元素或特质的增加，而且还包含质的突变过程。人类学家穆尔在《累积和文化过程》（1954）一文中，更明确地将文化累积分为三类："一是进步的累积，即因新的文化元素或特质的加入，使较单纯的文化模式发展成为较复杂的文化模式；二是凝集的累积，指在保持文化的原有复杂性基础上，引进新的文化元素或新的文化选择物，使原有文化的元素或特质总量增加；三是累积变成取代，指在具有增长性的文化变迁中，文化的累积导致一种文化特征实际上取代了另一种文化特征，但并不改变该文化的复杂性程度。"② 文化积淀，既包括主模式的积淀，也包括次级模式的变迁过程。文化积淀对居民价值观念不仅提供社会环境，而且提供精神源泉，使价值观念凝聚在社会中，影响着一代代人。文化积淀作为社会尺度，规范约束人们的社

---

① 沙莲香主编：《中国民族性》（二），中国人民大学出版社1990年版，第9页。
② 王森洋、张华金主编：《当代西方思潮词典》，华东师范大学出版社1995年版，第425页。

会行为，作为一种深层的力量，进而内化为价值观念。所以，运用文化积累的相关理论，对价值观念进行探讨，可以全面、深层次地理解价值观念。

2. 本土方法论

本土方法论，又称民俗方法论或日常生活方法论，是美国社会学家、人类学家哈罗德·加芬克尔在 G. H. 米德的角色理论、A. 舒茨的现象社会学和 E. 胡塞尔的现象学基础上创立的。本土方法论认为，"一个群体中所有成员之间的各种社会互动，都受着某些'民间'的规则所支配，群体中的成员都具有某种对现实世界的共同的认识和理解，这种认识和理解构成了'民间'规则的基础"①。所以，研究这些民间"规则"，必须对社会成员如何建构和解释他们所处的社会进行详细考察。由于强调社会成员对社会现实的主观解释，本土方法论常常被视为一种现象学研究。价值观念作为支配居民生活的"规则"，人们依据其在社会互动中得到不断的延续和变迁并对社会情境施加影响，参与创造新的或强化已有的价值观念。

（二）研究方法

在写作过程中，笔者尝试利用民族学、人类学、社会学等多学科的方法，主位与客位研究相结合的方法，以及定性与定量分析相结合的方法。文中大量使用田野调查访谈材料，对于一些利用问卷调查更能反映问题的价值观念，则采取问卷调查和访谈相结合的方法，然后对问卷进行 SPSS 分析。本书研究范围是寿春古镇，因此在研究过程中参考了一些与当地有关的文史资料和学者们的研究成果。

1. 问卷调查样本选择

在田野调查过程中，选择民主社区进行问卷调查和访谈，主要是因为民主社区属于回汉杂居的社区，对于研究散杂居地区的价值观念

---

① 风笑天主编：《社会学导论》，华中科技大学出版社 2008 年版，第 143 页。

具有典型意义。民主社区为寿春镇下辖社区之一,位于寿春镇西南部,成立于2004年5月,辖区面积1.08平方公里,辖17个县,总户数3022户,总人口12171人,其中少数民族4800人,辖午门、定湖、留犊祠、清真寺和寿春苑5个管理小区,该社区为回、汉民族杂居地区。①

2. 样本结构分析

2011年1月上旬至2月中旬,笔者对年满18周岁的古镇常住居民进行了随机抽样调查,此次调查方法采取了问卷调查与个案访谈相结合的方式,观察和参与观察等田野调查方法,数据分析则采用定量分析为主、定性分析为辅的方法,以期达到较为客观、全面、科学的描述和分析。本次共发放问卷200份,回收问卷192份,其中98份由男性填写,94份由女性填写,问卷有效率达96%。

在问卷设计中,样本的性别、年龄和教育水平作为影响价值观念的重要变量应该加以准确把握。首先,就性别和年龄变量来说,必须"确保样本的性别构成和年龄构成与社会总体的性别构成和年龄构成接近,这样,才能够保证样本的性别构成和年龄构成与社会总体具有参照意义,也能够保证样本的差异性结论对于总体也具有参照意义"②。寿春镇2009年人口为126690人,男性65434人,女性61256人,男女比例为51.6∶48.4,而本次调查的样本中,男女比例为51.0∶49.0,总体与样本的性别比基本一致。

价值观念的形成是一个历史过程,不同年龄阶段的人所反映的价值观念是有差别的。从某种意义上讲,年长者更能代表一个地区的价值观念,所以笔者在选取样本时,大于30岁的样本占总数的80.3%,这样可以分析古镇传统与现代的价值观念;小于30岁的样本占总数的19.7%,为探讨价值观念的未来走向提供一些线索。

---

① 寿春镇人民政府网:《提升管理水平,争创示范社区》(http://www.ahsc.gov.cn/News_Show.php?ID=293)。

② 赵孟营总执笔:《跨入现代之门:当代中国的社会价值观报告》,北京师范大学出版社2008年版,第12页。

表0-1　　　　　被调查者年龄段统计表（N=192）

年龄段	人数	占比（%）
20岁以下	12	6.2
20—29岁	26	13.5
30—39岁	36	18.8
40—49岁	41	21.4
50—59岁	49	25.5
60岁以上	28	14.6
总计	192	100.0

受教育水平对价值观念影响比较大，所以在设置问卷时，关注到教育水平。

表0-2　　　　　被调查者文化程度统计表（N=192）

文化程度	人数	占比（%）
小学及以下	48	25.0
初中	80	41.7
高中、中专或技校	45	23.4
大专或本科	17	8.9
硕士及以上	2	1.0
总计	192	100.0

第一章 "围城"下的寿春古镇

第一节 寿春古镇简介

一 古镇区位和交通

寿春镇位于安徽省淮南市寿县境内,坐落在淮河中游南岸。寿春镇为寿县县委、县政府所在地,是寿县的政治、经济、文化中心,属于第二批国家历史文化名城,和江南古镇木渎、"上海威尼斯"朱家角、齐鲁第一古村朱家峪、贵阳青岩古镇、湖南"小张家界"德夯等十个小镇一起,被称为"乡土中国一生不可错过的十座小城"。寿春镇地理坐标为东经116°27′—116°48′,北纬32°34′—32°37′之间,海拔17—28米;平均气温14.8℃—14.9℃,1月均温0.7℃,7月均温27.8℃,属亚热带半湿润气候,年降水量906mm,无霜期213天。[1] 据《光绪寿州志》记载:寿春"控扼淮颍,襟带江沱,为西北至要枢,东南之屏蔽……东连三吴之富,南引荆汝之利,北接梁宋,平途不过七百,西援陈许,水路不出千里,外有江湖之阻,内有淮肥之固,龙泉之陂,良田万顷"[2],商业发达,地理位置重要,自古为兵家必争之地。现在寿六(安)路、合(肥)阜(阳)路、寿淮(南)路、寿霍(丘)路等高级公路穿境而过,合淮阜高速公路更是连结安徽省道S203、S310与寿春古镇的重要道路,它将寿春古镇与合肥、六安、上海、苏州、南京、武汉、徐州、蚌埠等大中城市连在一起。

---

[1] 寿县地方志编纂委员会编:《寿县志》,黄山书社1996年版,第9页。
[2] (清)曾道唯修,葛荫南纂:《光绪寿州志》,江苏古籍出版社1998年版,第32页。

二 古镇历史沿革

寿春，古称寿阳、寿州，至今古镇内仍有一些宾馆沿用"寿阳""寿州"字号，如：坐落于东大街的"寿州宾馆"，为六安市第一家三星级宾馆，也是古镇内至今唯一一家三星级宾馆；"寿州土菜馆"，位于寿县博物馆附近。寿春古镇古属淮夷部落，夏商周时属于扬州之地。公元前493年，楚昭王攻打蔡国，蔡国向吴国求救，为便于驰援，蔡昭侯在吴王的建议下，迁都于吴地州来（今凤台县），州来遂为蔡侯重镇，后改州来为下蔡。公元前447年，楚惠王趁吴越争霸，无暇帮助蔡国之机，起兵灭蔡，寿地复属楚，随后楚国占据了整个江淮地区。楚考烈王二十二年（前241年），楚国攻打秦国失败后，将都城迁到寿春。《史记·楚世家》记载："楚东徙都寿春，命曰郢。"[1]即史书中所称"寿郢"[2]，这是史书第一次出现"寿春"的名称。后楚国在寿春经历考烈王、哀王、幽王、负刍等四代，十八年后楚为秦灭，因此古镇人习称寿春镇为"楚尾"。

秦始皇统一六国后，划全国为三十六郡，置寿春县，属九江郡，郡治设寿春。汉初，项羽、刘邦争霸，英布叛楚归汉，刘邦封英布为淮南王，都寿春。汉高祖十一年（前196年）春，淮南王英布反，不久，叛乱被平息，英布被处死。后汉高祖立幼子刘长为淮南王，统辖英布故地，凡四郡，仍都寿春。后刘长死，汉文帝前元八年（前172年），文帝怜悯淮南王，淮南王有子四人，皆七八岁，乃封刘长的儿子刘安为阜陵侯，刘勃为安阳侯，刘赐为阳周侯，刘良为东成侯。汉武帝元狩元年（前122年）实行推恩令，废除淮南国，寿春属九江郡。元封五年（前106年），置十三州刺史部，寿春属扬州部。东汉，

---

[1] 司马迁：《史记》，中华书局1959年版，第5册，第1736页。
[2] 据湖北省社会科学院楚史研究专家刘玉堂教授讲："郢指王住在城里，字是专用，特指楚国都城，楚国定都哪儿，哪儿就叫郢。如：'鄢郢'（楚大都，今宜城市南）、'南郢'（今江陵一带）、'郢'（纪南城，今荆州市）、'陈郢'（安徽淮阳）、'寿郢'（今寿春）。"

属扬州九江郡，辖寿春、下蔡两县。扬州刺史袁术治所设寿春。公元197年，袁术占据江淮大地，以寿春为都，国号仲家，史称"仲家皇帝"。

三国时，曹操击败袁术，设寿春县，寿春属魏国扬州淮南郡。东晋初，因避郑皇后阿春名讳，改寿春为寿阳。南北朝时期，宋、齐、梁侨置郡县，淮南地区侨置豫州、梁郡等其他州郡。隋文帝时，先在寿春置淮南行台省，后撤销，置寿州总管府，置南郡于寿春。唐时，属淮南道，武德三年（620）改为寿州，州治设在寿春。五代吴沿袭唐建置以寿州为忠正军。南唐时称清淮军。后周显德四年（957）三月，周世宗攻克南唐寿州，政和六年（1116）以后，寿春镇同时为寿春府治和安丰军治。北宋时，寿春属淮南西路，寿春郡忠正军节度治所设在寿春。南宋时，寿州隶安丰军安丰府，后迁安丰军于寿春。当时，下蔡（今凤台）属金国统治，为寿州属南京路，出现了南北两寿州。元朝时，寿春属安丰路总管府治所。明朝初年，置寿春府，属江南行省，不久改为寿州，属南京凤阳府。清初，为凤阳府寿州，初隶江南等处承宣布政使司，后隶江南、安徽等处承宣布政使司。雍正十年（1732），两江总督伊继善因寿州"周围千里，民俗刁顽，命盗频闻，私铸、赌博，叠经发觉，知州一员难以肆应"①，请求朝廷分设一县、设知县一名，分疆治理。雍正十一年（1733），"分设凤台县，划城之东北隅属凤台，由东门之右，历南门西门至北门之西属寿州"②。

民国元年（1912）废道、府，改寿州为寿县，属安徽省管辖。1932年划属安徽省第四行政督察区，专员公署和保安司令部均设在寿春镇内。1938年改属第七行政督察区，同年7月，寿春镇被日军侵占。1945年抗日战争胜利，县政府搬回寿春镇。1949年1月，寿县和平解放，寿春镇为县政府所在地，当时寿春镇被称为"城关区，下辖菱角、黑龙、九龙、九里、兴隆等五个乡，城一、城二、城三等三

---

① （清）李兆洛：《光绪凤台县志》，江苏古籍出版社1998年版，第21页。
② （清）曾道唯修，葛荫南纂：《光绪寿州志》，江苏古籍出版社1998年版，第55页。

个镇；1950年，城关区下辖北外、八公、廿店等三个乡，新民、新生、文明、劳动、清真、棋盘、治安、钟楼、真理、南大、南关等十一个街。1954年城关区下辖新民、民主、治安、和平、建设等五个镇和水上港。1956年城关镇辖治安、和平、建设、新民四个街道办事处。1960年开始撤区并公社，到1961年城关区分为八公、东津、城关三个公社"[1]。后改为寿春镇辖建设社区、红星社区、新民社区、民主社区、南关社区等五个城市社区，永青社区、东津社区等两个农村社区，花园村、周寨村、兴隆村、湖光村、陡涧村、古城村、九龙村、寿滨村、南关村等九个行政村。现在仍有许多居民习惯称寿春镇为城关镇。

寿春镇辖区面积69.5平方公里，有常住人口48938户，共12.6万人，辖区单位122家，其中机关企事业单位87个，非公有制经济组织60个，新社会组织15个，个体商业网点837家。全镇总面积140平方公里，总人口13.2万人。本书研究过程中主要考察古城墙内3.6平方公里的地区，偶有触及新开发的南城门外部分地区。因为在古镇人心目中，"寿春镇"为城墙内的地区。

三 古镇人家

寿春镇所在县——寿县现有姓氏347个，据《寿县志》之寿县姓氏谱载：

> 户有族，姓氏分；依笔划，次序成：丁乜刁，卜千门。千万马，卫习云。王尤贝，方卞文。孔亓仇，仇支仁。尹水乌，毛韦木。牛车巴，戈邓毋。井叶白，申邝乐。历帅司，龙石左。甘皮冉，包史田。冯卢闪，永宁边。丘平古，朱毕安。刘伍吉，任向权。齐印池，孙成年。华同占，阮江全。乔邬巩，师尹闫。许庄纪，牟曲关。米祁达，邢闵吴。沈宋应，李杜余。陈束狄，陆把

---

[1] 寿县地方志编纂委员会编：《寿县县志》，内部资料，1962年，第47—57页。

巫。邱麦赤，连张苏。佟芈芮，轩余芐。肖何邸，时来匡。沙汤冷，花谷汪。邹邵邰，严率房。金於范，国明昌。岳呼武，周尚庞。杨罗屈，郁单杭。孟茅易，林侍郎。郑苗审，卓季宗。承闻彦，胡费封。俞项哈，祝段钟。姜姚骆，贺荆洪。柯查相，郝祖荣。宣欧荀，娄胥官。邰郗侯，冒柳柏。赵钮施，禹晁铁。夏殷晋，耿倘桓。柴桑贾，唐席栾。涂秦桂，高顾班。聂晏宰，陶翁钱。凌郭浦，党奚谈。徐袁倪，诸崔阎。姬续盛，官戚黄。屠鄂寇，崇梅章。康梁尉，常庚商。龚曹扈，谢彭储。湛喜斯，曾童傅。程焦惠，隗景舒。游温董，葛韩鲁。幾散鄢，赖满楚。窦甄简，靳蒯蒲。鲍路雷，詹解褚。新虞蒋，求缪蒙。藏管翟，谭蔚熊。蔡蔺廖，裴阚端。颜黎饶，樊腾潘。薛操霍，穆薄瞿。鞠戴魏，单姓俱；又司徒，与轩辕，两复姓，并列焉。计姓目，三四七，有世居，有迁入。或几家，或多族。纂三言，实初录。①

以上姓氏大多为明朝初年迁到寿春，土著多以熊氏、楚氏为代表，但是甚少。原因是历史上寿春镇长期为战场，造成大量群众死亡和流离失所。曹操在其汉乐府诗《蒿里行》："关东有义士，兴兵讨群凶；初期会盟津，乃心在咸阳；军合力不齐，踌躇而雁行；势利使人争，嗣还自相戕；淮南弟称号，刻玺于北方；铠甲生虮虱，万姓以死亡；白骨露于野，千里无鸡鸣；生民百遗一，念之断人肠。"文中"淮南弟"指袁术，"称号"指袁术在寿春称"仲家皇帝"，"铠甲生虮虱，万姓以死亡；白骨露于野，千里无鸡鸣；生民百遗一，念之断人肠"则指东汉末年寿春镇战乱后的景象。明朝初年徐贲（曾任河南左布政使）曾有《舟行经寿州》载："问知古寿春，地经百战后；群孽当倡乱，受祸此为首；彼时土产民，十无一二有；田野满蒿莱，无复识田亩。"朱元璋建都南京后，为充实中都临濠府所属州县，即组织大规模移民。《明史·食货一》载："太祖时徙民最多，其间有以

---

① 寿县地方志编纂委员会编：《寿县志》，黄山书社 1996 年版，第 104 页。

罪徙者。"《明史·食货一》载："其移徙者，明初，当徙苏、松、嘉、湖、杭民之无田者四千余户，往耕临濠，给牛、种、车、粮，以资遣之，三年不征其税。"① 《明史·太祖本纪》曰：洪武三年（1370）六月"辛巳，徙苏州、松江、嘉兴、湖州、杭州民无业者田临濠，给资粮牛种，复三年"②。洪武八年（1375）二月甲午，"宥杂犯死罪以下及官犯私罪者，谪凤阳输作屯种赎罪"③。洪武九年（1376）十一月，"徙山西及真定民无产者田凤阳"④，洪武二十二年（1389）"徙江南民田淮南，赐钞备农具，复三年"⑤。除上述移民外，自明代尚有多次调卫屯田，并有一些灾民是自己逃到此地的。《明史·彭勖传》：正统元年（1436），"真定、保定、山东民逃凤阳、颍州以万计，皆守令匿灾暴敛所致，乞厚轸恤"⑥。

在古镇做调查，经常会听到有关"孙半城"和"朱半城"的故事。孙氏，为当地大族之一，宗支繁多，主要有寿州孙、坝上孙（堰口集西）、隐贤孙、瓦埠孙等。"孙半城"主要指"寿州孙"。史料记载，明朝洪武初年，孙鉴、孙铠兄弟二人自山东济宁州老官塘迁到寿州，到乾隆朝，"寿州孙"后代枝繁叶茂，为了防止出现脉络混乱、长幼无序的现象，孙士谦、孙蟠兄弟二人牵头修撰了《孙氏家谱》，以孙鉴、孙铠为开始，并订字立辈："士克祖家传，多方以自全，同心仰化日，守土享长年。"近年来，孙氏族人又续修字辈："富贵怀仁德，荣华念礼廉，忠良来厚福，敬业胜前贤。"孙家素有十四房之说："孙士谦的五个儿子克任、克依、克俊、克伟、克仪；孙蟠的七个儿子克仁、克佺、炳图、克佐、克保、克仿、克修，按照年龄排为十四房：大房克任，二房克仁，三房、四房空缺，五房克依，六房克俊，七房克伟，八房克仪，九房克佺，十房炳图，十一房克佐，十二房克

---

① （清）张廷玉等：《明史》卷77，中华书局1974年版，第1877页。
② （清）张廷玉等：《明史》卷2，中华书局1974年版，第24页。
③ （清）张廷玉等：《明史》卷2，中华书局1974年版，第30页。
④ （清）张廷玉等：《明史》卷2，中华书局1974年版，第32页。
⑤ （清）张廷玉等：《明史》卷2，中华书局1974年版，第46页。
⑥ （清）张廷玉等：《明史》卷161，中华书局1974年版，第4384页。

保，十三房克仿，十四房克修。"① 其中三房、四房空缺，至于为何空缺，王继林②认为"这两房是女孩子，所以没有传下来"。但"孙家十四房"繁衍不断，可见寿州孙氏人口之多。另外，古镇内孙氏族人，步入官场者众多，享有高官厚禄者不乏其人。孙蟠（1727—1804）曾任广西南宁府知府加一级，累赠荣禄大夫，二品顶戴，浙江按察使司，按察使加二级，颁给"盛世醇良"匾额，恩赏大缎二匹。清朝末年，更是出了帝师："孙家鼐（1827—1909），字燮臣，咸丰九年（1859）一甲一名进士，授修撰，历侍读，入直上书房，光绪四年（1878），命在毓庆宫行走，与尚书翁同龢授上读，累迁内阁学士，擢工部侍郎。"③ 光绪三十四年（1908）二月，赏太子太傅，在寿县城北街建太傅第（今中共寿县县委党校址），供其回乡省亲时居住。当时孙家鼐兄弟五人，其中四人参加了科举，大哥家泽（1814—1846），字伯涛，道光十八年（1838）进士，曾任内阁中书国史馆分校、礼部祠祭司主事；二哥家铎（1815—1871），字振之，道光二十一年（1841）进士，曾任山西河口镇同知、瑞州府知府；三哥家怿（1821—1890），咸丰二年（1852）举人，曾任刑部员外郎、奉天司行走，赏戴花翎；四哥家丞（1825—1878），字石筠，优廪生，曾任浙江省乐清县知县，补用直隶州知州。寿春古镇至今流传着当时过年时孙家在大门上贴的对联"一门三进士，五子四登科"。孙家泽的三子传栻（1840—1905），咸丰十一年（1861）拔贡，曾任太湖县教谕、知县、直隶赵州知州、山东候补道；孙家泽五子传枢（1844—1878），曾任湖北候补道通判；孙家铎次子传樾（1838—1886）为太学生，因军功获江苏候补道、赏二品顶戴，后娶李鸿章的侄女，两广总督李翰章之女为妻。孙传樾的儿子孙多森、孙多鑫，在上海开办阜丰面粉公司，在北京、天津创办实业和银行。孙家鼐二哥家铎之孙孙多玢也是进士及第。孙家鼐的曾孙女孙琪方嫁给了"衍圣公"孔德

---

① 余音：《孙家鼐创办京师大学堂风云》，人民出版社 2008 年版，第 57 页。
② 王继林，寿县三中教师。
③ 赵尔巽等：《清史稿》卷 230，中华书局 1977 年版，第 12439 页。

成。孙氏族内，也是人才济济。孙家良（1800—1861），道光十六年（1836）进士，曾任山东沂州府知府、福建汀州府知府。孙家醇（1815—1862），道光二十七年（1847）进士。孙家泰（1817—1861），曾任刑部广西司，得到皇上赏识，后回寿州办团练，其团练骁勇善战。孙家谷（1823—1888），咸丰六年（1856）进士，曾任总署总办、中外交涉事务大臣、浙江布政使等职。孙家势力可见一斑。西大街孔庙内许多建筑为孙氏后人捐资所建，魁星楼是为了纪念孙家鼐高中状元而修[1]，现中共寿县县委党校原为"太傅第"故址，南大街有"孙家粮库"；南过驿巷原有"石舟当铺"；从棋盘街到照壁巷，其中的状元街，其间的一些老房子，以前都是孙家的，城外周边几十里的土地也属于孙氏宗族。

据李家景[2]讲："我家祖上是经营米店生意的，名字叫'合盛公米行'，当时租用孙家房子，不用先交房租，等赚了钱再付房租，或者过年的时候拿点礼品，如果生意不照，也不用送礼，没关系的，孙家有的是钱。"走在古镇的大街上，可以说到处都有孙家的影子。

寿春镇自古以来就是一个多民族杂居的地区。据传唐朝开元年间，有波斯商人沿淮河经商，来到安徽，后定居不还，随着波斯人的定居，伊斯兰教在淮河两岸开始传播。寿春镇回民代代相传，先祖在北宋时开始迁入寿春。先寿春镇"城北有紫顺街……宋时有回民200户、千余人，并在西北隅建有清真寺"[3]。13世纪初，成吉思汗西征，大批色目人加入蒙古军队随军打仗，后散居淮河两岸，一些兵丁开始落户寿春。明朝初年，寿春受战乱破坏，地广人稀，朱元璋为充实中都临濠，乃移

---

[1] 魁星楼，又名奎光阁，位于寿县城关西街中段、孔庙东侧。原文昌宫的重要建筑。清康熙五十年（1711）训导丁济美于文昌祠后建义学三间，后改为奎神殿。乾隆四十二年（1777）知州张佩芳在奎神殿旧基上建楼三间，以"文昌与奎星皆世之人所谓文章司命"之意，匾其楼曰"奎光"。道光元年（1821），知州龚式毂感于建楼"四十余年，木石倾欹，黝垩剥落，岌岌乎旦夕不能保"，乃于奎光楼旧基上改建为奎光阁。[详情参看（清）曾道唯修，葛荫南纂：《光绪寿州志》，江苏古籍出版社1998年版，第106—107页。]

[2] 李家景，寿县财政局工作人员，寿县文史爱好者。

[3] 安徽省地方志编纂委员会编：《安徽省志·民族宗教志》，方志出版社1997年版，第2页。

民垦荒、驻军屯田。洪武二年（1369），回民边、梅、赵、朱、王、张六姓从山东济宁老鹳巷移民到寿春。回民六姓在寿春繁衍生息，至今已有 600 多年。寿春镇现有回民 1.2 万余人，占全镇少数民族人口的 99.8％，寿州旧时民谣"穷东头，富南头，小摊小贩街西头"，反映了当地回民多居住在城内西街的南小长街、卫生巷、大卫巷、程觉巷、曹家巷、营房巷、清真寺巷、许家巷、留犊巷、莎菓巷、楼巷等街巷。

"朱半城"是指城中朱姓回族。寿春古镇回族以朱姓居多。"寿春古镇朱氏与孙氏均为望族。朱姓系出轩辕，至周世而受封于邾，其后因以朱为氏，以故唐宋元明，历代明贤间出，史不绝书。"据传朱姓祖上在明代立有军功，朱元璋赐国姓。查寿县《朱氏宗谱》："得官职者，分别为：成公、鸾公、秀公、嘉昭、含英、遇麟、怀先、永全、怀瑾、永福、怀亮、永万、永邦、天培、天详、本忠、本诚、本支、天禄、本勋、本礼、本体、本中、开勿、天庆、本植、本真、天顺、本立、天诰、本鹏、本章、本凌、本魁、天鼎、本藻、天勤、本迩、开阳、天声、天盖、本方、本程、天德、本瑞、天学、永清，共计 47 人。"[①] 其中，朱天庆在《清实录》中有记载，曾组织人员编写明德堂《朱氏谱》，谱序中曾署名"赏换花翎，尽先即补协镇安抚左营守府、果勇巴图鲁、加七级，纪录七次裔孙天庆"。正是因为朱姓在朝为官者众多，在当地形成了谚语"朱家翎子用斗量，梅家阿訇排成行"，讲的是古镇朱姓回族在朝当官者，有皇上赏赐的顶戴花翎可以用斗装，梅家的阿訇多的可以称为一个行业，由此可知梅家阿訇数量的庞大。

第二节　城不在高，有年头就行

一　城墙的修建

很久以前，附近河里住着一条黑龙，经常发大水危害人民，有一

[①] 安徽回族研究者王顼提供。王顼，1983 年出生于淮南，现居合肥。"80 后"诗人，自由撰稿人，合肥市作家协会会员。

个叫柴郎的年轻人，决定为民除害。一天，柴郎梦到一个白胡子老头对他说："柴郎，你要想打败黑龙，必须要有一把神斧，凤凰山有一个山洞，里面有一把神斧。"醒来后，柴郎半信半疑地来到凤凰山下，发现一个山洞，历经千辛万苦拿到了神斧，斧子锋利无比，柴郎拿着神斧，就去寻找黑龙，双方你抓我砍，互不相让，斗了三天三夜，双方都累得筋疲力尽，黑龙被柴郎砍掉了一只爪子，穿出河面，飞到寿春地界掉下来，身子化作了城墙。从此，当地便有了城墙。①

"柴郎斗黑龙，黑龙化城墙"虽然只是个传说，但生动形象地揭示了古城墙的修建与洪水的关系。寿春镇位于淮河、淝水交汇处，水灾频发，城墙的功能在于战时防御，和平时主要防水，"城池为淮南扼要之地，自楚人徙都以后，攻者、守者更仆难数矣，今太平日久，民生不见兵戈，而城屡坏于淮水之涨，昔之城御寇也，今之城以御水也"②。寿春城作为全国保存较完整的七大古城之一，2001年被确定为第五批国家重点文物保护单位。寿春镇早在战国时期，即建城池。2012年2月，考古人员在定湖门遗址不仅"发现了清朝城门遗址，而且还发现了明朝城门遗址，在明朝城门遗址的南部，更有战国城门遗址"③。

历史上，寿春城遗址，多有变迁。现存城墙最高处8.33米，夯土为墙，基础砌条石，外壁包砖，开四门，东门宾阳，南门通淝，西门定湖，北门靖淮。城墙在设计时，充分考虑了防洪因素。比如：城门与瓮城城门错开，北门作九十度交角处理，北门外门朝西，东门和其瓮城平行错开4米。如此设计，如果洪水进瓮城后，会随两门位置的交角而改变其冲击方向，由直线冲击转为涡流，冲力减弱，减少洪水对城门的冲击。城墙东西两角修筑两个涵洞，以

---

① 孟堃编：《寿县故事传说》，黄山书社2006年版，第168—169页。
② （清）席芑、张肇扬纂修：《乾隆寿州志》，清乾隆三十二年（1767）刻本，卷二城池九，第64页。
③ 六安市文明办：《六安市寿县：定湖门遗址发掘新发现》（http://ah.wenming.cn/hfwy/201202/t20120214_501882.shtml）。

疏导城内积水，为了防水，一为"金汤巩固"，一为"崇墉障流"。涵洞上方，围筑月坝，涵洞底部放置圆锥形木塞。木塞小头向城内，外水由涵洞入城时，木塞受到水压则塞得更紧；城内水排出时，木塞会自动冲开，可防止倒灌并控制水流。但城墙仍经常遭到洪水冲刷，明永乐七年（1409）至正统元年（1436）间，有历史记载的决城、毁城就达四次。"永乐七年（1409），淮水暴涨，氾河淤塞，潴水成湖，连年为西北城垣之害，城墙几乎随修随毁。正统丁巳（1437）夏五月初，淮河流域阴雨连绵，一月不止，城墙、雉堞仅剩三尺许淹没，地方官员紧急调船将老弱者运到淮山之麓，年轻力壮者搬到东南城垣之高处，才避过洪水。当年六月，当地又有很大的西北风，巨浪冲毁城垣，坍塌七百九十八丈，泊岸六千六百五十余尺，楼橹、木石一时荡尽，官厅、廪宇、营房等类十坏八九，屯乡、军民房屋倾塌无数。"①

新中国成立后到 1987 年，洪涝灾害几乎两年一遇，多发生在春夏交替或夏季，给人民的生命财产带来巨大损失。1991 年，洪水最高水位达 24.46 米，创历史新高。2003 年 7 月 14 日，城墙外的洪水水位几近 1991 年的最高水位。明朝万历年间梁子琦一语道破水灾对当地的危害："寿州昔称富强，顷者国赋亏，军伍缺，文事不张，武备亦渐弛矣，此无他由，水患不息也。"②

二 城墙的维护

城墙对寿春镇的重要性，可以说"治寿其先治城，城不固则水之害人不消"，城墙修好了，可以保地方安宁，所以修筑城墙成为地方官上任时的第一要务，"寿当庐凤之中，军民并处，凡法度所盈，缩利害所兴革，非一端而独以筑城为先务"③。但由于战争和洪水的破坏，历史上多次修补城墙：嘉熙元年（1237），知军杜杲修补楼橹；

---

① （清）曾道唯修，葛荫南纂：《光绪寿州志》，江苏古籍出版社 1998 年版，第 53 页。
② （清）曾道唯修，葛荫南纂：《光绪寿州志》，江苏古籍出版社 1998 年版，第 54 页。
③ （清）曾道唯修，葛荫南纂：《光绪寿州志》，江苏古籍出版社 1998 年版，第 54 页。

淳祐二年（1242），知军王福修筑城壁；淳祐九年（1249），知军邢德修筑城壁。明永乐七年（1409），淮水冲坏城墙，朝廷及时修筑。宣德七年（1432），大雨后，水暴涨坏城二百四十余丈，遂发军民修理城墙。正统元年（1436），大水泛滥，冲坏城墙，地方官发民修建。正德六年（1511），知州吴节继续修城。正德十二年（1517），州同梁谷、袁经修城。嘉靖十七年（1538），知州刘永准修补城墙，未完工，永准致仕去，御史杨瞻率知州钱雍、州同吴邦相、指挥张官、刘庆佑卒其工，并创建护城御水石。嘉靖二十七年（1548），知州栗永禄修城墙西南隅一百一十余丈。嘉靖三十四年（1555），大水浸城，知州郑源彬修建其坍圮处。嘉靖三十八年（1559），知州吕穆感修东北、西北两城角。隆庆四年（1570），知州甘来学重修城墙。万历元年（1573），知州杨涧修涵洞。万历四年（1576），知州郑琉增土修城。万历六年（1578），兵备道朱惟达率属重修城墙，并增筑护城波岸。天启三年（1623），知州李来凤增修北城。清顺治六年（1649），大水围城，不及垛口，尺许城圮者千有余丈，知州王业重修城墙。乾隆二十年（1755），知州刘焕重修城墙，并修涵洞，创建月坝。乾隆二十八年（1763），知州徐延琳募修城墙，工未竟，去任，知州沈丕钦继修完工。乾隆三十三年（1768），知州席芑续修城墙。乾隆四十七年（1782）秋，淮水大涨，损坏护城石岸一百余丈，知州杨有源重修。乾隆五十三年（1788），知州赵霖修城墙。嘉庆十年（1805），淮水复涨，护城堤岸多损；嘉庆十六年（1811），知州陈之揆重修。嘉庆十二年（1807），知州靳天培、知县吴层云重修北门城楼。道光十七年（1837），城东南隅坠数十丈，知州姚元英重修。咸丰三年（1853），东北隅坠数十丈，知州金光箴劝捐重修。同治二年（1863），湘军复城，重修东北隅十余丈；同治四年（1865），知州施照重修东北隅十余丈。同治五年（1866），大水不及垛口者尺许，东北隅、东南隅俱坏一百丈，知州施照重修，并修护城石岸二百余丈。同治十一年（1872），重修沿城石堤及东门桥，同治十三年（1874），竣工。光绪十年（1884），知州陆显勋重修城墙，并修葺涵洞、北门城楼、护城石岸，工竣于光绪十一年（1885）五月。①

抗日战争时期，日军共三次攻陷寿春镇。前两次攻陷后不久，因黄河花园口决堤，古镇沦为黄泛区，占领寿春对日军进军华中失去了战略意义，日军不久撤离。当时国民党军队某师师长陆廷选②，以现代战争"城墙有害无益，敌攻我不易守，敌守我不易攻"为由，下令将城墙全部拆除，于是征集民工数千人实施拆除，后经当地各界代表联合上书，"城墙不仅可以御敌，要者在于防水"，陈述古城墙在历代防洪和战争中起到的特殊作用，城内百姓也冒雨静坐请愿。陆廷选怕触犯众怒，不得不停止拆除城墙，但是部分城墙已经被拆除。到日军第三次攻城时，给守城军民带来了很大的困难。从城内老百姓阻止陆廷选拆除城墙可以看出城内居民对城墙的深厚感情。

新中国成立后，政府根据需要多次对城墙进行改造。1950年至1954年，政府加高了北城墙。20世纪60年代，由于交通不便，限制了居民出行，拆除了南门、西门的瓮城，西门城门改建为水泥砖石结构的现代结构，南门修复成一主两辅仿古式城门。东门、北门仍保留瓮城，维持历史面貌。1955年冬至1956年春，当地政府再次对北城墙进行了大面积的加固维修，墙顶加高至26.5米。1961年，北城墙墙顶加高至27.5米。1988年至1990年，县水利电力局淮河修防所对城墙东北角进行了加固维修。1991年汛期后，政府对东门、北门瓮城和城东北角两侧进行了加固。进入21世纪以来，政府高度重视古城墙的文物价值和旅游价值，为了增加城墙的美观，政府对城墙堤坝统一植草规划。2009年，又开始对护城河进行改造、清淤，截至2011年4月底调查期间，护城河里的船民已被全部安置，同时，对西门、北门到西门段城墙进行改造，西门恢复原来的样式，城墙去除石墙，改为青砖材料，同时建设仿古炮眼，使整个城墙统一形制。

---

① （清）席芑、张肇扬纂修：《乾隆寿州志》，清乾隆三十二年（1767）刻本，卷二城池九，第64—73页。

② 陆廷选（1902—1960），广西永淳人，黄埔二期步科毕业，1938年任第二十一集团军总司令部参谋处少将处长，1949年被解放军俘虏。

第三节　古镇的基本发展情况

一　古镇空间发展的"围城"

我国的城镇化大体上经历了六个阶段：第一阶段（1949—1957），第二阶段（1958—1963），第三阶段（1964—1978），第四阶段（1979—1997），第五阶段（1998—2007），第六阶段（2008—　）是新型城镇化阶段。[①] 而寿县的城镇化是在1992年水灾后，当地政府抓住灾后重建与发展的机遇，以周边农村小集镇建设为突破口，实行综合开发、配套设施建设，初步构筑了以县城为中心，14个建制镇为骨干，以50个小集镇为基础，以中心村为补充的城乡一体化格局。在这一过程中，寿春镇实现了旧城改造、新街建设、第三产业用房和居民住宅等房地产综合开发，初步形成了今天的城镇规模。除了政府有力的推进外，当地居民也自发地投入到建设中，部分居民在原有或购买菜农土地上建设房屋，这批宅基地以40—60平方米居多，多建成上下两层楼房，也有部分瓦房，当地的城镇化建设大大改善了居民的生活状况。

近年来，当地政府积极推动城镇化建设，尤其是新城区建设，一批高档现代化住宅小区，如现代汉城、明珠花园、楚都国际等拔地而起，华润苏果超市、上海华联等大型超市成功入驻；促使行政中心、学校、医院外迁，减少老城内人口流动，缓解城内交通；同时加大老城区改造，出台多项措施积极引导居民出城，完善基础设施，改善民生，为老城区保护和开发提供准备，大致实现了《寿县城市总体规划（2006—2020）》初步目标，确定了"两心、四片、四轴"的发展方向，即老城和新城两个中心，古城片区、新城居住片区、新城城南工业片区、八公山自然风景旅游片区四个功能片区。虽然实现了城镇化

[①] 新玉言：《新型城镇化——模式分析与实践路径》，国家行政学院出版社2013年版，第1—4页。

的初步目标，但是距离将老城区内人口控制在合理的数量内，形成以居住和旅游功能为主的城市片区的目标还很远，并且难度很大。

政府实施新城搬迁工程，计划迁出古城内人口，在南门和西门外，开发了新楼盘。但在建设过程中，出现了一些遗址被破坏、文物被盗卖的情况，令人深思。2010年9月8日，中央电视台一套节目"今日说法"栏目，播出了名为"捡漏的代价"，该节目主要讲述了2009年寿春古镇文物被盗引起的案件：2009年5月，明珠大道侧在建的寿春镇计生办公大楼工程施工时，发现一古墓，被施工人员盗挖，后案件侦破共追回文物250多件，其中国家一级文物4件，二级文物2件，三级文物33件，一般文物220件，后来专家鉴定被毁掉的墓穴应该是东汉时期的王侯大墓。寿春镇发展空间的"围城"，已成为当地发展的重要瓶颈。

寿春古镇面积3.6平方公里，居住人数有12万人之多，人口密度堪比香港。空间小，人口密度大，机动车主导的交通模式与传统街巷空间矛盾重重，不仅十字大街交通压力大，极易造成拥堵，而且街巷交通职能区分不清，交通组织混乱，大多数小街巷路面宽度在3—4米，可勉强进行单向行车，车行能力较弱，多为非机动车、步行通道；每天上下班、学生放学或重大节日期间，城内交通则会瘫痪。许多巷道房子破损严重，缺少维修，一些房屋顶部杂草丛生，有些住家把屋顶去掉，然后用油布盖起来作为屋顶，油布有红色的、白色的，或使用做过广告回收的帆布等，可谓"五颜六色"。古镇内部脏乱差，城市市容和环境卫生可以用当地居民编写的寿春八大怪来概述。第一怪：城内交通拥挤有点怪，自行车比汽车快；第二怪：城内烟囱到处在，晾衣晒被烟灰盖；第三怪：祭祖街口烧纸，哪有真情在；第四怪：马路中央卖青菜，家家路边洗青菜；第五怪：小吃都在店外卖，有钱没钱回家把卤菜带；第六怪：城墙路上狗屎盖；第七怪：北街垃圾中心在，成了人民一道"菜"；第八怪：旅游口号真正响，发展环境太无奈，你说怪不怪？虽然寿春八大怪有些诙谐，但是基本上反映了古镇内部脏乱差的环境。

第一章 "围城"下的寿春古镇　41

　　现在是大开发、大建设时期，寿春镇由于特殊的地理位置，发展空间陷入"围城"。出北门瓮城门洞来到淝水边，河面上有靖淮大桥。《光绪寿州志》载："明正统间建北门石桥……北门桥为州北往来孔道工具，今虽分隶凤台而桥之兴废所关，州与县实共之修理，经费亦州与县士民共任之。"①以后各朝多有修建，新中国成立后，石桥已不能满足居民日常生活的需要，于是修建了靖淮大桥。过了靖淮大桥，则为城北景观保护区，其中，有刘家孤堆、珍珠泉墓葬区、西梁家墓葬区、南山墓葬区、淮南王刘安墓②等，都属于文物保护区。此景观区保护范围北至八公山山脚珍珠泉墓葬一线，南至寿县北城墙外内护城河北岸，西至五里闸，东至护城河转弯处一线，面积为6.37平方公里。古镇东北部地区，为城市湿地，小部分为农田，每年夏季雨水丰沛，内涝严重。城市湿地是实现城市可持续发展的基础条件和生态保障，在其范围内不得设立度假区、开发区，禁止建设污染环境、破坏生态的项目和设施，不得出让土地，严禁出租转让湿地资源。

　　古镇东南部和南部地区则为楚文化遗址，属于国家级文物保护单位。据北京大学考古文传学院、河北省古代建筑保护研究所、安徽省文物考古研究所研究："寿春城遗址的可能范围，今寿县城区域，东南至柏家台南、东至吴家嘴、南至明珠大道、西南至小马庄南、西北至护城河注入淝水处对岸的范围。"

　　古镇西门地区原有"尉升湖今名西湖，在城西门外周六十里，淮水涨，则成巨浸为城患"。后因为湖水减少，出现旱地。新中国成立后，建成西湖农场，但不时仍被洪水侵扰。西北部沿淮河、淠河均为洼地。根据我国文物"保护为主、抢救第一、合理利用、加强管理"的工作方针和保护耕地、保证城市持续发展的方针政策，寿春镇向东、向南皆为文物保护区，向北则为古墓葬区和城市湿地，城市建设

---

　　① （清）曾道唯修，葛荫南纂：《光绪寿州志》，江苏古籍出版社1998年版，第62页。
　　② 刘安墓衣冠冢，俗称刘王墓，在县北三里，今在距离八公山风景区门口500米处。

用地拓展受到限制，造成古镇长期发展空间上的"围城"。

寿春古镇西南部受历史传统与现实机遇、文化传承与社会资本、宗教与社会发展的影响，城镇化建设鲜有动作，成为名副其实的"被遗忘的角落"。建筑年代久远，低矮的房屋，大多属于房产局的公房，由于租户没有产权，居民没有义务和权力维修，大多数已经漏雨，存在安全隐患。2010年以来，为了改变上述情况，当地曾委托中国建筑设计研究院城镇规划设计研究院制定了《安徽省寿县历史城区控制性详细规划》《安徽省寿县历史城区重点地段修建性详细规划》《安徽省寿县留犊祠巷—状元巷历史文化街区修建性详细规划》三个规划：依托清真寺、留犊祠巷、状元巷丰富的传统文化资源，严格保护传统建筑，更新建筑功能，恢复传统商业店铺、客栈等商业活动，保留下店上宅的传统商业空间，同时保留传统的生活环境，居住与商业融合发展，建设清真广场、回民小吃一条街，其中保护及修缮类街区1.5万平方米，整治改善面积5.6万平方米，改造建筑面积7.4万平方米，拆迁建筑面积2.3万平方米，新建建筑面积9470平方米。但是目前大部分还处于规划中，没有实质性进展，形成了一个介于"城中城"与"城中村"的空间。

二　古镇经济发展的"围城"

寿春古镇历史悠久而辉煌，至今已有2000多年的建城史。早在新石器时代就有人类活动，鲁哀公二年（前493年）为蔡都；战国时期，楚国迁都于此；西汉时，古镇为淮南国的国都；建安三年，袁术称帝于此；晋以后，古镇屡为州、府、道、郡的治所，乃水陆辐辏之地，商业发达。明代，古镇四门皆泊商船，常常舟楫无数，护城河波岸十里，悉以石条砌垒，降深以丈计，西北两方尤深（旧时西门外湖水汪洋），巨舟锚泊其下，仅略见桅梢。城内四条大街，满布坐商行庄门市，城西北隅的小长街，客商行栈林立，酒馆茶肆错落，为商家、船户憩息与洽谈生意之处，税课局亦驻其间。

近代以来，淮河水位下降，水运衰落，古镇作为寿县的政治、经济、文化中心没有变。但寿县是贫困县,由于地理位置特殊,自然灾害频繁,导致贫困现象较为严重,虽经多年扶贫开发,到"2005年全县绝对贫困人口仍有3.07万人,低收入人口达6.28万人"①。古镇为县政府所在地,商业发达,但工业较少,即使有一些工业也多为小型工业,吸纳就业人数少。

我国现已进入全面建成小康社会阶段,人民生活水平极大提高,旅游已成为人们生活中的一部分。"十一五"期间,国家实行中部崛起规划,大力促进中部地区发展。2009年开始,政府为提升历史文化名城品位,降低人口密度,减轻人口压力,按照"保护古城,旅游兴县"的设想,积极引导居民出城,计划通过若干年的努力,使老城区人口能有一半出城,然后通过旧城改造和新城建设,促进古镇发展。2010年初,合肥经济圈旅游合作组织成立,同时签订了旅行社合作协议,发行了覆盖圈内25个景点的旅游一卡通,还包括统一编写休闲旅游指南、互报景点天气、圈内旅游大篷车宣传等合作内容,为古镇旅游发展提供了契机。2010年1月,国务院批准成立皖江城市带承接产业转移示范区,作为安徽省首个国家级承接产业转移示范区,主要是针对长江三角洲地区经济建设后花园式的产业转移示范区。寿春镇当地领导高度重视旅游开发,提出"南工北旅"的战略规划,委托同济大学对《寿县历史文化名城保护规划》《寿县县城城镇体系规划》和《寿县旅游发展规划》进行修编,采取旅游项目领导牵头负责制等有效方式,制定实施了《关于加快实施旅游兴县战略的决定》《关于加快乡村旅游发展的意见》等促进旅游开发的政策。政府计划投资10亿元,建设书画一条街、民俗文化一条街、美食一条街、旅游购物一条街、休闲娱乐一条街等34项重点工程,修复一些仿古民居、仿古商铺。

古镇旅游资源丰富,名胜古迹多,可以用"一城一祠一教堂,两

---

① 李栋才、江家伦:《围绕扶贫重点 狠抓一体两翼寿县扶贫开发工作成效显著》(http://fp.shouxian.gov.cn/sxfp/view.php?id=156&Pid=14)。

寺两庙两遗址"概括。"一城"指古城墙,今存古城墙是熙宁年间重筑,南宋嘉定年间（1208—1224）重修,寿春古城墙是我国至今保存较为完好的古城池之一,为国家级文物保护单位。"一祠"指留犊祠又称时公祠,是为了纪念东汉末年寿春县令时苗,据载时苗上任时,带来一辆黄牛车,"居官岁余,牛生一犊",等到他要离开寿春时,坚持把小牛犊留下,并说"犊为淮南所生有也",他两袖清风,"留犊而去",一时传为佳话。"一教堂"是指位于东街照壁巷口的基督教堂,其工程由当时"西差会"传教士孙璧如女士请宁波工人建的,现在大殿维修完好,礼拜活动正常。"两寺"是指报恩寺和清真寺。报恩寺坐落在城内东北角,现为安徽省重点文物保护单位。史书记载,报恩寺始建于唐贞观年间（627—649）,迄今已有1300多年的历史,曾用名崇教禅院、东禅寺,明洪武年间改为今名,其规模在江淮大地上首屈一指。清真寺坐落在城内西南,回民聚居的清真寺巷内,建于清康熙年间,为国家级文物保护单位。"两庙"是指孔庙建筑群和东岳庙。西街的孔庙建筑群,建于元代,包括明伦堂、敷教坊、大成殿、庑廊、乡贤祠、棂星门、泮池、崇圣祠、奎光阁、泮宫三坊、碑林等,规模宏大,气度恢宏。东岳庙位于城内东北,坐北向南,相传建于宋代。《光绪寿州志》载："清顺治十年（1653）,邑人常子应、贝士珍等二十七人曾捐资重修"[①],民国十七年（1928）大修一次。"两遗址"一指国家级文物保护单位楚都遗址;一指淝水之战古战场遗址。

除了以上的历史名胜外,还有"蓄圣表仙"的八公山。1992年经批准建立了八公山森林公园,如今已是国家级森林公园、国家4A级景区。八公山分为涌泉庵、四顶山、八公山、狮子山四个景区,其中四顶山景区为古镇景区,每年农历三月十五日,都有大型庙会,规模达到上百万人。"一人得道,鸡犬升天"的汉淮南王刘安在此炼丹,为人间留下了第一美味"豆腐"。传为千古佳话的"将相和"中的廉

---

① （清）曾道唯修,葛荫南纂:《光绪寿州志》,江苏古籍出版社1998年版,第74页。

颇将军也长眠于此山中。山上种有万亩果园,被称为寿阳八景之第一胜景梨香雪海。

寿春镇巷道文化内涵丰富。古镇人称"巷"或巷的分支叫"拐",所以寿春镇街道有"三街六巷七十二拐头"之称。寿春镇街道多,并且每一条路都有一个美丽的名字,或以巷叙事,或以姓命名,或以巷记史,各具特色。如:棋盘街街巷纵横,犹如棋盘,俗传巷内有一居民家有三十二子,与棋子等数,故名。南过驿巷和北过驿巷,则为明清时期传递书信的邮差、军士歇脚、休息,给马补充饲料的地方。晒场巷是指传说楚国发行一种叫郢爰的货币,后因战乱,金币被废墟掩埋,经几千年的水土流失,暴雨冲刷,雨过天晴后,常有郢爰在阳光的照射下闪闪发光,金币形状薄,手指盖大小,老百姓经常在雨后捡到郢爰,发现郢爰的地方称为"晒金场",巷子被称为"晒金巷",代代相传,沿用至今。卫生巷原名十八茅厕巷,十八茅厕并非是指城内有十八座厕所,而是一座厕所有十八个茅坑。那时寿春城内人口不过几千人,居住地也相对集中,为便于农民进城打粪,把城内最大的厕所盖在这里,叫做十八茅厕巷,后来,此名大概难登大雅之堂,在编写城市规划图时改为卫生巷。通过了解每个巷道,可以感知古镇历史文化。

寿春镇周边乡镇旅游资源丰富。有"中国民间艺术之乡"的正阳关镇;中国古代著名的四大水利工程之一——芍陂,即安丰塘;千年古镇隐贤镇则兴建于春秋时期,三国时曹操在此筑炉、造兵器,故又有"百炉镇"之称。随着这些旅游景区的大规模开发,乡村旅游也持续升温。一些游客选择到正阳关镇、安丰塘镇、八公山乡等特色乡村,欣赏田园风光,体验农家乐,品尝农家菜,乡村旅游与古镇旅游渐渐形成"集群效益"。

但是,随着寿春镇城乡建设的推进,许多名胜古迹,不断被破坏、拆除,一些学者甚至呼吁将寿春镇从全国历史文化名城里面删除,加上寿春镇经济实力较为薄弱,投资力度较小,影响了当地的经济发展。尤其是"北旅"开发中存在旅游资源开发利用率低、管理分散等问题，缺乏强有力的整合，比如古镇城门，由旅游局、林业局、建设局等单位共同管理，售票人员大多是以上单位的职工。因采取自负盈亏政策，收取门票时，实行灵活制度，缺乏统一标准，造成一些混乱，旅游服务质量和服务意识较差。另外，寿春镇内一些景点或旅游设施，由于各种原因，长期被一些居民私人占用，或居住在景点内，或把旅游收入归为个人，破坏了景观整体形象。比如孔庙内的一些住户，将腊肉、内衣晾晒在外面，影响了孔庙的整体风貌，"楚都汉韵千千万，就不知道寿县在哪儿转"。

古镇旅游资源丰富，但资源开发利用率低，没有得到有效规划和开发。比如进入城门后，基本没有看点，游客时常感到失望。四顶山景区，景点相对单一，且多为烧香劝捐之地。而孔庙，由于效益差，承包给个人收取门票，个体户为了最大限度地赚取收入，利用孔庙廊檐，摆设桌椅，供居民打牌，收取场租，其规模每时不下15桌，加上看牌者，人数多达100多人，与孔庙这个读书人神圣的地方格调不一致。清真寺和报恩寺虽都进行了修缮，但基本上只作为宗教活动场所运行，缺乏规划和开发。

近年来，寿春古镇建设了一些大型的宾馆和餐饮中心，但数量有限，档次不一。以每年农历三月十五日的庙会来讲，由于一时游客暴增，许多游客饮食和住宿无法保证，不得不去邻近县市。由于接待能力有限，庙会期间政府也不得不出台一些限制性措施："不举办任何商贸活动，不接待任何外来商贸团体和个人；严禁城区经营业主出店经营和摆摊设点；所有单位和个人不得接纳外来演出团体，或举办任何形式的演出活动。"① 这些措施与当地发展旅游的初衷不一致，因为现在国内外的旅游景点和旅游开发，大多靠演出或商贸活动，带动庙会或旅游的互相发展，发挥旅游的"乘数效应"，促进经济发展。此外，古镇旅游商品开发滞后，缺乏特色。古镇仅博物馆和八公山两个

---

① 六安市人民政府网：《寿县部署农历三月十五古庙会安全管理工作》（http://www.luan.gov.cn/xxgk/11/news_ 81445_ 0.html 2008-04-10）。

景点有纪念品卖，博物馆所卖纪念品大多为青铜器编钟、鼎，看不出寿春楚文化特色，与湖北省博物馆的纪念品风格一致。古镇特色小吃，有"大救驾"、腐乳、银鱼。"大救驾"，有一个美丽的故事，但其为油炸食品，随着现代人健康观念的增强，越来越为人们所摒弃；瓦埠湖银鱼，大多为鲜鱼，要储存在低温状态下，保质期短；腐乳，不便携带。

党的十八大以来，我国的新型城镇化建设加速推进，人口城镇化率和市民化率稳步提升，城镇化布局和形态不断优化，城镇化建设由速度型向质量型转变。现阶段提高城镇化质量，破解城镇化过程中遇到的难点问题，让全体人民共享城镇化发展红利，仍是一段时间内工作的重点。新型城镇化建设过程中，产业是城镇发展的经济前提，是就近就地城镇化的基础，城镇是产业发展的重要载体。寿春古镇的新型城镇化建设取得了很大发展。但是由于寿春镇总体经济发展基础薄弱，新型城镇化建设遇到资金困难、园区建设粗放、产业项目雷同、农村基础设施薄弱、社保医保仍需改进等问题，城乡带动作用不强，对新型城镇化建设的支撑和推动不足，新型城镇化建设道路仍然漫长，古镇城市发展面临经济上的"围城"。

第二章 寿春古镇职业价值观念

第一节 "万家灯火，哪一盏属于我"

一 古镇职业生活回顾

寿春镇坐落在淮河岸边，明清时期，水运发达，许多百姓在船上充当水手或在码头打工，帮助船家搬运货物或在码头摆摊卖些小商品。一些居民或到地主家充当短工，或到河里捕鱼；或到作坊、商店、栈房的账房充当杂工、零工。辛勤劳动，换得一点银两，维持生计；遇到灾荒，多有死亡，甚至出现人吃人的现象。据史料记载："唐肃宗上元二年（761）大饥，人相食；明正德三年（1508）、嘉靖元年（1522），蝗，大饥、人疫，人相食。"[①] 从这一时期到新中国成立前，古镇人为养家糊口，多疲于奔命。

新中国成立初期，全国人民掀起了建设新中国的高潮，古镇人以饱满的热情投入到建设新中国的洪流中，先后组建了农具厂、服装厂、鞋帽厂、木器厂、化工厂、百货厂等；兴办了炼铁厂、炼焦厂、耐火砖厂、玻璃厂、制毯厂、锅厂、磷肥厂、农机厂等，广大人民群众走出家门，走进工厂，为建设新中国做贡献。

"文化大革命"期间，大学停止招生，工厂停止招工，大批城镇初中、高中毕业生既不能上学也无法分配工作。学生们根据毛泽东"知识青年到农村去，接受贫下中农再教育，很有必要"的号召，在全国掀起了"上山下乡"的高潮。"寿县首批500多名中学生插队落

---

① 寿县地方志编纂委员会编：《寿县志》，黄山书社1996年版，第97页。

户，至 1977 年 5 月底，寿县共接受各地下放知青 1.5 万人。"① 同时，一批机关、事业单位干部、知识分子也被下放到农村、干校从事劳动锻炼，接受贫下中农再教育。1972 年开始，国家规定从"上山下乡"的知识青年中，按上级分配的指标名额，择优推荐到全民所有制单位或县以上集体企事业单位就业；另外，适当安排按政策留城的知识青年和社会闲散劳力就业。

1992 年 10 月，党的十四大明确提出我国经济体制改革的目标是建立社会主义市场经济体制，社会主义市场经济体制改革由此开始。此后，党的十四届三中全会提出了"以建立现代企业制度为国有企业改革的主要方向，要求全方位、整体性的配套改革，对企业的运作机制产生了深刻的影响。国有企业体制改革之初，企业内部隐形失业开始显性化，政府鼓励效益尚可的国有企业自行解决企业内的隐性失业人口，不增加下岗的人数；而对于企业效率不佳，尤其是面临破产的国有企业，则让其职工进入下岗人员队伍，而对于下岗人员，政府则通过再就业工程逐步分流安排"②。

20 世纪 90 年代，寿春镇国有企业或集体单位，大多处于设备落后、厂房破旧、效益差、负担重的亏损状态。根据国有体制改革要求，寿春镇部分国有和集体企业进行了改制，船舶修造厂、供销社、船舶运输公司、化工厂、采石厂、水泥厂、农机修造厂、化肥厂、食品厂、糕点厂、酒厂、印刷厂、织布厂、服装厂、鞋帽厂、木器厂、橡胶厂、塑料厂、衡器厂、机具厂、米面厂、油厂、粮食食品厂、麻纺厂、造纸厂等纷纷破产或改制，大批人员下岗，当地基本上每家每户都有下岗工人。居民从"单位人"变成"社会人"，国家再就业工程的安排分流，并没有实质上改变下岗职工的失业或"非正规就业"状态。③ 古镇居民经历着下岗后的茫然和困顿，但仍要过日子，渐渐地，部分"醒来"的下岗工人，开始在路边摆摊卖小吃、零食、杂

---

① 中共寿县县委党史研究室编：《寿县解放五十年党史大事记》，内部资料，2000 年。
② 黄凯锋主编：《当代中国价值观研究新取向》，学林出版社 2007 年版，第 155 页。
③ 非正规就业是指没有取得正式就业身份、地位不稳定的就业。

货；有人开始蹬三轮车载客；有人利用自家院落，建起了商店、饭馆、旅店等；一些下岗女工，去商店、饭馆担任服务员。在清真寺巷，从事小吃生意的下岗家庭多达十多家，从业者30人。下岗职工，除了摆摊做小生意者外，部分人则购买三轮车，蹬车拉客赚钱，一时城内三轮车多达2000多辆，一些车夫为了拉到客人，互相压价，也经常因为争抢客源发生摩擦。2009年，县车管所对脚蹬三轮车进行收费管理，每辆车每月收取8元钱管理费，并将三轮车分为黄、绿、蓝三种颜色，三种颜色轮流在街上跑，今天黄色的上街，明天蓝色的上街，后天就是绿色的上街，三轮车主一个月可以跑10天左右，夏天的时候车夫一个月可以挣1000多元，冬季坐车的人少，一个月可以挣600多元。

由于历史原因，古镇内还有部分"特殊"农民——菜农，新中国成立后，寿春古镇人口多，为了供应城内居民日常生活蔬菜，成立"永青公社"，主要供应城内蔬菜，公社成员为农村户口。"永青公社的社员挣工分吃饭，菜农有粮本子，和城市户口的粮本子定量不一样，只有一半的定量。比如城市户口的粮票，每月供应22斤粮，4两油，他们只有一半：11斤粮，2两油。拿粮本去粮站购米面油什么的，需要粮票的话，要申请，层层批准后，才可以到粮站换粮票，再在粮本上核去粮本上的计划，社员日子可'寒微'。"[①]

人民公社取消后，永青公社也随之取消。家庭联产承包责任制以后，根据1980年永青公社社员土地和人数，每人分得6—7分地，菜农开始种菜、卖菜，自负盈亏。许多分到土地的菜农，在菜地上建起了房子，或卖给需要宅基地的居民，一时耕地锐减。20世纪90年代末，政府出台政策，禁止菜农出卖菜地或挪作他用，只能种菜。但是随着近年来人口的不断增加，菜地周围房屋无序翻盖，影响了菜地采光，加之较多的人口和宠物，菜地破坏比较严重，很多菜地处于抛荒状态，甚至一些菜地成了附近居民的垃圾场和停车场，菜农也离开土

---

① 寒微，当地方言，可怜、艰苦的意思。

地，外出打工或在本地从事其他职业。

二 "走千走万，还是寿县"

寿春镇所在地，属于一个县级城市，是周边的政治、经济、文化中心，城内有12万人，加之周边农民进城办事，流动人口多，汇集了庞大的消费群体，消费能力强，所以古镇内开设的酒店、宾馆较多，他们又吸纳了部分居民就业。据问卷调查显示：一直在城内工作的占53.6%，有过外出打工经历的占41.6%，其中外出工作然后又回到城里工作的占28.1%，长期在外地打工者占13.5%。

表2-1　　　　寿春古镇居民打工经历统计表（N=192）

打工经历	频率	百分比（%）	累计百分比（%）
一直在城内	103	53.6	53.6
出去过，后来又回来了	54	28.1	81.7
长期在外打工	26	13.5	95.2
想出去闯闯，还没有去	9	4.68	100
总计	192	100.0	100.0

当然，随着社会的发展，一些居民也开始去合肥、上海、南京、武汉等地打工。学术界有关流动人口的研究，多集中在"农民工"或"少数民族"，而对城镇居民走进大中城市打工关注相对较少，或将他们与"农民工"混为一谈。城镇居民在身份上与农民工不同，他们的文化素质不同，价值观念也不同。但不管什么原因，历史的车轮将他们抛到"打工者"的队伍中。他们中间，不乏长期在外打工者。

农民工外出打工者，有"离乡不离土""离乡又离土""离土不离乡"三种模式，因此流动呈"候鸟"趋势，农忙或春节期间回乡，闲时或春节过后返回城里，周大鸣教授将这种现象称为"钟摆效应"。需要指出的是，现在部分"农民工"由于各种因素，长期在外打工，出现多年不回家的现象。"候鸟现象"或"钟摆效应"周期拉长，但不管周期多长，大多数农民还会外出，加入到打工的队伍中去。寿春镇被定为"乡土中国"十小镇之一，居民户口多属"城市"户口，但下岗后就没有了"铁饭碗"。另外，大部分下岗职工和菜农，生活甚至不如农民，他们缺少土地，日常消费高，因此很多人只能走出古镇试图寻找出路。但寿春镇部分居民在外出打工的迁移路线上，并不呈现出"候鸟现象"，反而呈现出"反候鸟现象"或"逆时针钟摆效应"，居民在外地打工后，最后又回到古镇内工作。

芝加哥经济学派的代表舒尔茨从人口流动的成本和效益角度来衡量人们的迁移行为，指出人口流动是人们为了追求更大经济效益的行为决策过程。一些打工者在外流动一段时间后，重新回到寿春镇寻找工作，工资下降几乎一半，虽然大城市物价相对高些，但也不至于高出一半的水平，可见经济利益最大化并不能解释寿春镇居民的打工流动。

"推—拉"理论是最早且最广泛应用于解释人口迁移的理论，该理论认为人口的流动是受到迁出地的消极因素（推力）和迁入地的积极因素（拉力）共同影响的，迁移者通过比较迁出地和迁入地的积极因素和消极因素，迁移预期的正负效应来做出迁移决定。李强在分析影响中国城乡流动人口的推力与拉力因素中指出：城市收入高，外出见世面，别人都出来了，受周围人影响，城市生活条件好，想外出多生孩子是城市的"拉力"；农村收入低、缺少挣钱机会，农村生活苦，农村缺乏更好的发展机会、对在家乡从事的职业不满意，农村税费过重，待在家里没事干，家乡学习条件差，受教育机会少，不愿意干农业，家乡封闭保守、思想不解放，村干部作风恶劣等是农村的"推力"。[①] 毋庸置疑，大城市对中小城镇居民的迁移，也存在着上述"拉力"和"推力"。但是对于一些外出打工者，随着时间的推移，迁出地和流入地之间的"推—拉"开始发生转化，迁出地的"拉力"

---

① 李强：《影响中国城乡流动人口的推力与拉力因素分析》，《中国社会科学》2003 年第 1 期。

和迁入地的"推力"造成了部分居民的回流,而此时"推—拉"体现的并不是舒尔茨所讲的经济理性,更多的是居民价值观念中的东西。寿春镇一些人,在外打工几个月后,回到古镇,与大城市节奏快、效率高、时间观念强、高风险、压力大相比,他们更追求节奏慢、舒适安逸,甚至有些懒散的生活。

在上述观念驱动下,一些居民又回到城内,而城内的一些人则整天在街上闲逛,王继林称这种人为具有"城墙根"习性的人,这类人"每天找个小摊吃油馍,吃过了来一句,'好吃还是在寿州呵',然后拎着茶杯东走走,西走走,到孔庙看人打牌,一看就是一个上午,然后又挨过一日,第二天五点多准时又来吃油馍,摊主就切好油馍递上去,反正食量都有准谱的,谈起话来,也只是'今天柴火有些个潮'"。王继林说的有些幽默风趣,但不无道理,与其说这些城墙根习性的人,每天溜溜城墙,不如说他们闲着,他们闲着并不是什么工作都不做,他们也可能是三轮车夫或者卖凉面的,偶或其他工作,但都不能影响他们闲着,享受悠闲带来的幸福,总之,"穷也好,富也好,早上茶馆去迟了你做不到"①。

寿春古镇人习惯于过轻松、安逸、没有压力的生活。因此,他们在选择工作的过程中,不仅仅以收入多少为衡量标准,更多的是以工作环境的清闲与否做判断,以工作纪律的随意性为标准,习惯选择轻松简单的工作,对于那些工作相对较累,工作纪律强的工作,他们多不能胜任或者主观上排斥。在古镇内,他们每个月可能只有1000多元钱,但自己住在家里,当地日常开销比大城市小,维持基本生活并不需要多少花费,每天下班后,又可以串串门、打打牌、吃吃喝喝、逛逛街,何乐而不为。经过现实生活的算计,劳动强度、人际关系、工资高低、生活成本等权衡利弊,外地不足以让其选择进行冒险,古镇人在"合算""合适"之间,留在当地或在外打工者多返乡——回到城内。这与欧洲人对待普通劳动的态度有很大的不同,"工资是他

---

① 当地顺口溜。

们始终视为工作中的最重要的东西。其次是一起工作的同事的素质。占第三和第四位的是欧洲人同样认为很重要的工作安全和劳动兴趣"①。可以看到欧洲人对发挥自己的才能，有所作为，发扬首创精神，进行交往，为社会作出有益贡献，通过工作实现个人的想法等工作的意义有明确认识，而部分寿春古镇居民则对工作的意义认识不足，仍将职业作为谋生的手段，看重眼前利益。

寿春镇居民的这种生活态度，甚至影响到当地政府的招商引资。当地一些外出打拼，取得成功的老板，成功后计划回家乡搞建设，但仍心存顾虑。因为他们知道当地人的脾气、性格，人们追求舒适、清闲，而工厂流水线节奏快、约束多，如果在当地投资建厂后，招工和生产都可能遇到一定的困难。

三 "离乡"与适应

我们在考察古镇人的职业价值观念时，也将在古镇中没有充分就业、需要迁移的人，假设为"迁移者"。对迁移者来讲，适应不仅是居住地点的改变，更是面对全新的社会情境和规范。文化人类学主要从人类的社会制度、文化传统、价值观念、经济状态等方面探讨人类群体在面对特定的环境压力时行为适应性的改变，文化适应可分为物理适应、社会适应、观念适应。

物理适应是从环境中获取生活资料的适应。当今社会物流发达，饮食习惯造成的水土不服现象减少。社会适应指与人交往和沟通建构社会网络。费孝通先生指出乡土中国是一个"熟人社会"，"中国传统社会有一张复杂庞大的关系网"，流动人口面对陌生的城市，复杂的、未知的世界，试图借助关系网进行职业选择。浓厚的乡土意识使寿春镇居民不愿意离开家乡，即使离开家乡与故土，外出打工也多通过熟人介绍工作，在流入地他们按照"亲帮亲、邻帮邻"的模式，依靠亲戚、朋友、

---

① ［法］让·斯托策尔：《当代欧洲人的价值观念》，陆象淦译，社会科学文献出版社1988年版，第99页。

老乡、同学等血缘、人缘、地缘关系，可以很快建立起联系，融入社会，暂时形成一个同质性的"社会"。但在城市的社会关系和就业渠道过多依赖亲缘和地缘，造成这种关系半径小、趋同性强，相对较为封闭，造成了交往网络的内倾性，由于难于在短时间内建立起一个社会网络，不利于外出打工者的城市融入，一些居民最后不得不回到古镇。

所谓文化冲击便是当人们处于一种陌生的文化中时，假如他感到失去方向、不知所措、不适应，甚至害怕，那他可能就正在经历文化震撼，又译为文化冲击，或形象化地译为"文化休克"，最早是由美国人类学家奥博格提出，他把这一概念界定为"由于失去了自己所熟悉的社会交往信号或符号，又不熟悉对方的社会符号，而在心理上产生的深度焦虑症"，这种"深度焦虑症"主要表现为面临完全陌生的环境时所产生的一种迷失、疑惑、排斥甚至恐惧的感觉。[①] 虽然古镇外出打工者可以依靠熟人找到工作，但是迁入地对他们仍有一定的冲击，"两地文化差异程度越大，迁移者所受到的震撼程度越强"。

寿春古镇作为一个县级城市，与一些大中城市存在的差异很明显，当面对新的文化、新的环境时，生活方式、人际关系，包括语言环境，各种文化载体传播的信息不再以寿春镇文化为主流，社会大环境巨大的冲击性会让部分群众不知所措，不知该如何工作、如何适应，有时会表现出无所适从，容易引起心理的恐惧，产生回古镇的"想法"或者一直留在古镇内工作。寿春镇部分居民对外界事物"恐惧"的根源，是在个人现代性的获取过程中表现出的"不适"。

而迁移者的观念适应是指"流动者在流动地产生的认同，从而培育出来的价值观念"。按照适应者的态度可以分为四种不同的类型：融合、分离、同化和边缘化。如果文化适应者既想保持自己原来的文化身份和文化特征，同时想获得所在地的文化特征，试图和主流社会成员建立并保持良好的关系，便属于融合模式。持融合模式的适应者能够积极主动

[①] 马旭：《少数民族流动人口城市适应研究——以武汉市为例》，中央民族大学，博士学位论文，2007年。

调节个人，通过学习和接触主动融入社会。文化适应的分离模式，是指一些人希望保持自己原来的身份和文化，而不想与外在社会建立联系，这种模式的人倾向于留在本地工作，即使发生迁移也会表现出一些不适应，最终会回到迁出地。寿春古镇居民在价值观念上属于此类者较多。如果文化适应者不想保持自己原来的文化身份，而一心想和主流社会成员建立良好的关系，取得主流社会的文化身份，便属于同化的模式，这一模式的适应者，多为有知识、文化水平高者，这些在外工作者，适应性强，基本上是社会的精英，慢慢游离于古镇社会外。"如果文化适应者既不想或不能保持自己原来的文化身份和文化特征，同时也不想或不能和主流社会成员建立联系，便是边缘化模式。"① 这种模式的适应者，主要指随家长外出的孩子，他们对自己原来的文化身份缺少认识，对适应地文化也缺乏了解，往往表现出边缘化。很明显，我们在考察古镇外出迁移者时，不能机械地将某人归结为以上四种模式的某一种，个体间不同的生活经历和生活习惯，也会影响人们作出选择。因为不管在哪里工作，从事什么工作，都是为了过好日子，追求自己"最大"的幸福。一般情况下，受教育程度的高低与社会融入呈正相关。受教育程度高的人，通过教育、培训塑造了自身的世界观、人生观、价值观，开阔了视野，丰富了经历，自身的判断能力和思考能力显著提高，这一群体慢慢成长为有远见卓识、求知欲和适应性都比较强的人，可以很快适应城市，实现城市化。而受教育程度低者社会融入则较为困难，只能从事简单的体力劳动，这也影响了他们的流动。

第二节　我，可是城里人②

一　"身段"与工作

新中国成立初期，政府将户籍属性划分为农业户口和非农业户

---

① 孙进：《文化适应问题研究：西方的理论与模型》，《北京师范大学学报》2010 年第 5 期。
② "可"字，在寿春镇有两层含义：一是是否的意思，如"可照""可对"；二是转折语，可是的意思。

口（城市户口），并以户口性质分配生活资料和供给生产资料，城市与农村有着鲜明的区别，由于城乡二元经济体制与社会资源的分配挂钩，城市居民在社会保险、福利分房、子女入学、医疗保险、就业、养老等方面优于农业户口的人，户籍为非农业户口即是大家口中的"城里人"，农业户口的人为"农村人"。前文提到的菜农，属于农业户口，口粮只有城市户口的一半，因此一段时间内拥有城市户口是一件光荣的事，一些拥有城市户口的人[①]，举手投足都让人感觉"高人一等"。

2005年底，我国开始着手改革户籍制度，相继取消了河北、辽宁、江苏、浙江、福建、山东、湖北、湖南、广西、重庆、四川、陕西、云南等13个省、市、自治区的农业户口和非农业户口性质划分，统称居民户口。尽管国家对户籍制度进行了改革，但城乡二元结构仍然存在，城乡仍存在较大差别，古镇人依然保留着一定的"身份认同"，但这种认同与先前国家层面上的户籍划分有了一定的区别。一些居民将与"城里人"日常生活有关的因素加入"城里人"概念中，认为城市的面貌是"富裕、卫生、高楼大厦林立、基础设施完善"，而城里人的面貌是"文明、礼貌、思想观念开放"；"农村人"则是拥有农业户口或者具有和农民一样价值观念的人，经济上较为贫穷，思想上相对落后。因此古镇人有关"城里人"或"农村人"的自我认同分为四种："既是城市人又是农村人"，持此观念的居民大多为非农业户口，生活在县城，是"城里人"，但是和其他大城市相比，古镇内的生活和农村差不多，卫生差、不富裕；还有一些"农业户口"者，通过自己的奋斗，经济实力雄厚，观念超前，已经过上了城市的生活，但自己仍为农业户口；一些菜农"生活在县城里，在乡下人看来他们是城里人，居住在城里，而从县城人的角度看，他们是农民，靠种菜吃饭"。"既不是农村人也不是城里人"，这部分人觉得自己生

[①] 这些人，与同辈农业户口的人相比，具有退休金、养老保险等，而永青公社的人则没有，这一"不平等"造成永青公社的一些子女，刻苦读书者较多，成就也相对较大。

活在农村人和城里人之间,这其中包括离开土地的菜农、下岗的职工等。寿春镇作为一个县级城市,既传统又现代,思想即保守又开放,与农村比起来发达,与大城市比起来,相当落后。据笔者调查,当地人认为自己是"城里人"者,多年龄较大,他们在年轻时代目睹和经历了作为"城里人"在物质资料分配和择偶方面的优势,则对"城里人"认同比较高。同时,年轻人缺乏作为城市户口的优势经验,所以对城里人的认同比较低,认为自己是农村人的年轻人,年龄越小,越倾向于向外地发展。

表2-2　　　　　　古镇人身份认同表（N=192）

身份认同	频率	百分比（%）	累计百分比（%）
城里人	105	54.7	54.7
农村人	59	30.7	85.4
既不是城里人也不是农村人	19	9.9	95.3
既是城里人也是农村人	9	4.7	100.0
总计	192	100.0	100.0

自我认同为"城里人"的居民,一直在城内工作者比例占71.4%。有过外出打工经历,但最终又回到古镇工作的居民占19.0%,而长期在外打工者占6.7%。自我认同为"农村人"的居民,一直在城内工作的比例占38.9%,出去过,后来又回到古镇工作的居民占32.2%,长期在外打工者占18.6%;自我认同"既不是城市人也不是农村人"的居民,一直在城内工作者比例占21.1%,出去过,后来又回到古镇工作者占52.6%,长期在外打工者占21.1%;自我认同"既是城市人也是农村人"的居民,一直在城内工作者比例占11.1%,出去过,后来又回到古镇工作者占44.4%,长期在外打工者占44.4%。可见,自我认同对古镇居民人口流动有一定的影响,身份认同停留在或保持在"城里人"的倾向于留在古镇内工作;认同

为"农村人"的居民,年龄在 20 岁以下者,占 66.7%,他们并不一定是"农业户口",问卷中的一些 30 岁左右的人虽是"非农业户口",由于对古镇认同比较低,认为古镇人的生活和农村人差不多,从而倾向于外出打工。但 50 岁之上,认同自己是"农村人"者,则大多数为"农业户口",他们部分人在镇内卖菜或由于年龄大,处于养老状态,所以造成"一直在城内工作"的比例相对较高;自我认同"既不是城市人也不是农村人"的居民,倾向于先出去打工,后又回到古镇工作;自我认同"既是城市人也是农村人"的居民,长期在外打工者和外出打工又回到古镇的比例高。

下岗后,一些居民在经历了一段时间的茫然失措之后,不得不为生活考虑,继续寻找"出路",古镇内部巨大的消费市场,为许多居民提供了机会,于是一些人开始从事街边小吃、蹬三轮车的工作,临时摊位、三轮车一时挤满了大街小巷。但是有些人,至今没有重新工作。对于这些留守在古镇内,没有重新"就业者",既有现实的年龄、知识结构、缺少投资资金和发展机会等因素限制,更重要的是他们缺少不怕困难、辛劳奋斗、勇于拼搏的观念,无所事事,大多数时间花在看电视、闲唠嗑、玩扑克上,在街上充当"城墙根"者,一圈圈地走来走去,日子过得可想而知。

与"城里人"相比,古镇菜农长期以来,没有多少优越性,他们任劳任怨,辛苦种菜或外出打工。而认同自己为"城里人"和"既是城里人也是农村人"的外出打工者,他们离开原住地,则与农民工身份一样,成为游离于寿春镇外的特殊群体,他们与迁入地常住居民相比,在物质条件、工作环境、福利待遇、社会交往和生活方式方面均处于弱势,而自己原来的"城里人"身份则被弱化,甚至被当作"农村人"。面对新的环境,缺少劳动技能,工作节奏快,生活紧张忙碌,与之前在古镇内无所事事、一天乐悠悠、到时领工资的工作和生活完全不同,一些从未遇到的问题,如"子女教育问题""与迁入地原居民的紧张关系""工厂管理人员或城管的粗暴态度"等都始料未及,在古镇内的优越感荡然无存,甚至在气力等一些工作中,还不如农民工，造成心理上巨大的落差，一些人渐渐地又回到古镇内。

表2-3　　　　　　　居民年龄与身份认同交叉比（N=192）

		您认为自己是				总计
		城市人	农村人	既不是城市人也不是农村人	既是城市人也是农村人	
请问您的年龄	20岁以下	1 8.3%	8 66.7%	3 25.0%	0 0.0%	12 100.0%
	20—29岁	7 26.9%	14 53.8%	4 15.4%	1 3.8%	26 100.0%
	30—39岁	11 30.6%	18 50.0%	6 16.7%	1 2.8%	36 100.0%
	40—49岁	21 51.2%	7 17.1%	6 14.6%	7 17.1%	41 100.0%
	50—59岁	40 81.6%	9 18.4%	0 0.0%	0 0.0%	49 100.0%
	60岁以上	25 89.3%	3 10.7%	0 0.0%	0 0.0%	28 100.0%
总计		105 54.7%	59 30.7%	19 9.9%	9 4.7%	192 100.0%

表2-4　　　　寿春古镇居民打工经历统计表（N=192）

打工经历	频率	百分比（%）	累计百分比（%）
一直在城内	103	53.6	53.6
出去过，后来又回来了	53	27.6	81.2
长期在外打工	26	13.5	94.7
想出去闯闯，还没有去	10	5.2	100
总计	192	100.0	100.0

表 2-5　　　　　　身份认同与打工经历交叉比（N=192）

		请问您有没有外出打工经历				Total
		一直在城内	出去过，后来又回来了	长期在外打工	想出去闯闯，还没有去	
您认为自己是	城市人	75	20	7	3	105
		71.4%	19.0%	6.7%	2.9%	100.0%
	农村人	23	19	11	6	59
		38.9%	32.2%	18.6%	10.1%	100.0%
	既不是城市人也不是农村人	4	10	4	1	19
		21.1%	52.6%	21.1%	5.3%	100.0%
	既是城市人也是农村人	1	4	4	0	9
		11.1%	44.4%	44.4%	0.0%	100.0%
总计		103	53	26	10	192
		53.6%	27.6%	13.5%	5.2%	100.0%

在新型城镇化的背景下，国家已经加大对农村剩余劳动力的转移，而城镇中的剩余劳动力还没有引起足够的重视。城镇中的剩余劳动力与农村剩余劳动力在我国城乡二元结构下，既有区别，又有共同点。他们都没有所谓的固定工作，收入都不稳定，但城镇中剩余劳动力的知识水平相对较高，有一定的技术。另外的不同在于，一个是令人羡慕的"城里人"，大多数人拥有养老保险和医疗保险，而农村剩余劳动力则是"N无"人员。城镇中剩余劳动力的转移难度不亚于农村，其重要性关系到当地的城市化水平。因此，城镇中剩余劳动力的转移，要发挥剩余劳动力的主观能动性，帮助他们树立正确的就业观、人生观，要帮助这些剩余劳动力，转变就业思路，抛开原有"单位人"的包袱，放下自己"城里人"的身段，鼓励这些剩余劳动力积极创业、积极就业。当地政府要深化改革，健全各项制度，为城镇剩余劳动力转移创造宽松环境。政府在当地的新型城镇化建设过程中，既要注重当地的拆迁安置问题，又要积极引导群众的就业问题，拓展就业渠道，做好信息服务工作。

二 "留寿者"与生活

古镇居民大多从明代迁居于此，世居为邻，生于斯、长于斯、死于斯，历史上，除了几户地主外，普通百姓生活状况基本上差不多，追求着"老婆孩子热炕头"的朴素生活。改革开放以后，一些居民解放思想，用市场的观念，及时把握商机，获得了成功，也积累了越来越多的"社会资本"，生意和生活都进入了良性的循环。

当然，并不是所有留守古镇者，都通过个人的辛勤劳动获得了成功，一些居民受寿春古镇历史上沉淀和传承下来的一些传统观念、思维定式衍生的一些旧观念的影响，留在古镇内或者外出打工后又回到古镇，赚取微薄的收入，但"幸福指数"比较高，"打打牌、泡泡澡、遛遛弯"，生活安逸。不过同时，也使他们养成了一定的闲散性。这种闲散的惰性，具有一定的传染性，如果古镇人的下一代没有机会走出小镇或者接受高等教育的话，他们则有可能通过家庭的潜移默化"复制"给下一代，因为他们整个生活的标杆，所接触到的周围的人都是如此，生活的全部就是寿春镇，感受不到寿春镇与大城市的差距，归宿感强，认同度高，甚至有些"骄傲"。"北京大，上海富，不抵寿县一棵树；香港街，美国路，不如寿县小卖部；玫瑰香，桂花香，不比寿县牛肉汤；奥迪车，宝马车，不如寿县人力车；葡萄干，鱿鱼干，不如寿县豆腐干；巴黎美，悉尼美，怎比寿县姑娘美；天有情，地有情，寿县人到哪哪都行！"[①] "历史上上海是寿县的郊区"[②]，意识不到差距，也就缺少消除这种差距的动力和观念，成为影响寿春古镇发展的深层次围城。

但是这些不愿意离开古镇的居民，总是要生活的，有的人可能还

---

① 当地顺口溜。
② 寿县人公众号在《长江三角洲区域一体化发展规划纲要》发布后，推出文章《寿县成了上海的郊区》（https://mp.weixin.qq.com/s/InujpC-VsfwkyBl6utflpw）后引发网络平台讨论，摘抄在此，不做评价。据网友考证：上海简称申，又叫申城，有申江路、歇浦路等，寿县南门外有个春申广场，这些元素都指向一个人，纪念春申君——黄歇，在历史上，上海的确是春申君黄歇的封地。

要养家糊口,他们选择在镇内工作有其可能性,古镇内有 12 万人,加上外来流动人口较多,基本生活需求较大,组成了庞大的消费群体,在古镇内开餐厅、摆小摊、卖小吃、当服务员、蹬三轮、拉板车、打扫卫生等,都可以维持生计。但在有限的地域内、资源有限,要想谋得生存的出路则比较困难,生活的压力,迫使他们想方设法解决生活问题。前些年,古镇内部城市面貌改造,拆除了一些厕所。但不久后,古镇政府为防止居民随地大小便,在一些重要街道重建了一些厕所。厕所统一按照男女两侧,中间设一储藏室,放置打扫工具。由于厕所管理实行承包制度,由一些中年以上妇女或老人负责打扫卫生,同时收取费用,走在大街上,随处可见一些厕所用黑色大字写着"厕所收费,每次 0.5 元,谢谢合作,附近住户每月 30 元";一些看厕所者为了收费甚至日夜守候在厕所门口。有些时候,一些看门人夜晚回家休息或有事外出,便把厕所大门一锁,常常让疾步而来的人吃上"闭门羹",以至于古镇一些人编了个顺口溜:"土老帽进城,腰系麻绳;喝瓶汽水,不知道退瓶;看场球赛,不知道输赢;找不到厕所,旮旯就行。"此顺口溜幽默风趣,可以说明当地厕所的生态状况,也反映了当地的民生难题。

第三章 寿春古镇居民的财产观念

摩尔根认为：人类对财产的最早观念与获得生存资料是密切联系的，生存资料是人类基本的需要，在其提倡的每一个顺序相承的文化阶段中，人所掌握的物品都随着生活方式所依靠的技术的增加而增加。[1] 同时，他认为，"蒙昧人的财产是微不足道的，他们对于财产的价值，财产的欲望，财产的继承等方面的观念很淡薄"[2]，因此财产观念并非伴随人类一起来到世上，而是萌芽于蒙昧时代，需要这个阶段和野蛮阶段的一切经验来助长它，使人类的头脑有所准备，以便接受这种观念的操纵。但是到最后，对财产的欲望超乎其他一切欲望之上，文明将自身的创造归功于这种特殊欲望，使财产观念为人类克服阻止文明发展的种种障碍从而创建政治社会铺平了道路。[3] 所以说财产观念是人们对待财产所持有的根本看法和态度，指的是人们获取、占有、安排财产的权力观念、生产观念、交换观念、分配观念等，它在内涵上大体可以分为两个基本层面，我们又可归纳为"如何获取财产""如何支配财产"。

第一节 古镇人财产获取观念

"君子爱财，取之有道"是长久以来国人坚持的朴素的伦理观念，

---

[1] ［美］路易斯·亨利·摩尔根：《古代社会》，杨东莼、马雍、马巨译，商务印书馆1981年版，第533页。
[2] ［美］路易斯·亨利·摩尔根：《古代社会》，杨东莼、马雍、马巨译，商务印书馆1981年版，第105页。
[3] ［美］路易斯·亨利·摩尔根：《古代社会》，杨东莼、马雍、马巨译，商务印书馆1981年版，第6页。

这句话关注的不是人们是否应当追求财富，而是强调取得财富的方式是否符合礼法和信义，与拾金不昧、路不拾遗相近。

一　寿州孙拾金不昧

据说，孙氏先祖孙鉴、孙铠俩兄弟搬到寿春后，起初生活比较困难，以开荒种菜为生，虽然兄弟俩埋头苦干、任劳任怨，但是日子依然很艰难，常常是吃了上顿没下顿。有一年，马上过节了，孙家不仅没有肉吃，家里的米缸也空了，做饭没有米。而家里的小孩子看到别人家过年有好东西吃，有新衣服穿，也闹着吃好的，穿新衣服。孩子吵闹，老二孙铠心烦，就去菜地干活，计划将菜地翻一下，来年种点青菜。正当他在地里干得起劲的时候，忽然挖到一块石板，他试图用锄头将石板翻到菜地外，但一刨发现石板很大，用锄头好像不行，于是，他用锄头在石板边掏出一个洞，然后顺着洞，将青石条挪出了一条缝，试图将石板搬出，当他掀开石板的时候，实在不相信自己的眼睛，里面居然金光闪闪，原来下面是一坛子金银财宝。孙铠高兴地跳了起来，以为在做梦，于是他赶紧捡了些杂草，将石板盖住，然后赶紧跑回家告诉了大哥孙鉴。孙鉴读过几年私塾，见多识广，他分析，这不知是哪个朝代，大户人家为避灾祸，将钱埋起来的，想着等过了灾难，再挖出来的。兄弟两个坐在地上，商量怎么处理这笔钱，他们都清楚有了这些钱，过年就不愁了，小孩子读书也有钱了，但最后他们都觉得外财不富穷人，身外之物不能要，应该将钱交给官府，即使自己辛苦一辈子，穷困潦倒，也要将钱上交，图个心安，也为子孙后代积德行善，于是兄弟俩将这一坛金银财宝交公了。① 古镇人认为"心眼好"和"行好"的人，都会有好的报应，子孙后代也会昌盛。寿州孙来到寿春古镇后，秉持"外财不富命穷人"的观念，辛勤劳动，供养子女读书，家族得到迅速发展，成为历史上的名门望族。

寿春镇历史上拾金不昧者，比比皆是。比如《乾隆寿州志》记载

---

① 余音：《孙家鼐创办京师大学堂风云》，人民出版社2008年版，第54—55页。

的:"赵毓化者,性侠尚义,于路拾遗金百余两,待其人还之。""宋杰三,一日清晨于镇之北门外,拾银二百两,守候移时,失银者不至,携归藏于承尘上,虽妻子亦不知也,两年后,有剃头人,似他乡流落者,问其所以,其人云,向年在镇贸易,晓行失银,到晚方知,不可复得,以故流落于此,不能归里,询问其丢失银两年月,包裹锭件,无不相合,杰三因取出原银还之,仗义还金人情所难,乃迟之两年分毫不动,非有确乎,不拔之操者不能也。"① 寿州孙氏、赵毓化、宋杰三拾金不昧的故事,广为传播,教育了一代代人,良好的品质得到宣扬,现在当地也涌现出许多拾金不昧者,此处就不一一列举。

现阶段,在社会主义初级阶段,我国坚持公有制为主体、多种所有制经济共同发展和按劳分配为主体、多种分配方式并存,把社会主义制度和市场经济有机结合起来,不断解放和发展社会生产力。财产所有权的获得主要有三种基本形式:原始取得,又分为生产、先占、添附、善意取得等方式;继受取得,包括买卖合同、赠与、互易等;因法律行为以外的事实而取得所有权。通过合法劳动获得财富,勤劳致富已经深入到人们的观念中,而通过其他非法手段取得财富则是被鄙夷的。

二 廉洁与贪腐

(一)"当面锣对面鼓"和"时苗留犊"

古镇历史上产生了许多清官廉吏,孙叔敖、召信臣、时苗、胡质、吕夷简、吕公著、吕本中、孙家鼐等,他们在仕途上励精图治,鞠躬尽瘁,在家崇俭去侈,克勤克俭,两袖清风,炳耀千秋。古镇为了纪念这些先人,2008年8月,当地纪委和文化部门及有关专家收集整理了寿州古今廉吏典籍,2009年9月,在寿县博物馆楚文化精品厅,建立了寿县廉政教育基地。

---

① (清)席芑、张肇扬纂修:《乾隆寿州志》,清乾隆三十二年(1767)刻本,卷十二杂志九,第542—543页。

第三章　寿春古镇居民的财产观念　　67

　　寿春古镇的廉政,不得不从"当面锣对面鼓"和"时公祠"的故事谈起。据李家景讲,"原来西门(现在西门已无瓮城)的瓮城内,两侧墙壁上镶有两块大青石,一边雕刻着一面鼓,一面是锣,就是'当面锣对面鼓'"。查找当地一些史料,"当面锣对面鼓"有两个版本。一为明朝万历年间,城墙遭遇大水坍塌,于是乡亲们集资修建城墙,当时有一位管理钱粮的闫老头,做事非常认真,在修护过程中,工程用到的每一笔开支,他都向监工禀报,监工嫌其繁琐,让他不要汇报,但是闫老头比较较真,讲"钱粮之事,马虎不得,为人事应该'当面锣对面鼓',当面搞清楚,免得事后被人说长论短",监工无奈,只好天天听其唠叨,工程临近结束时,有人在州官面前状告监工贪污,克扣工程款。州官派专人去核查监工贪污之事,监工一时慌了手脚,明知自己被冤枉,但不知道能不能解释清楚,而闫老头不慌不忙地将账目拿出来,向核查官员解释每笔开支的来龙去脉,最后,查账人员经过核查,发现账目清清楚楚,丝毫不差,监工并无贪污,知州因此惩罚了诬告者,同时表扬了监工和闫老头。监工非常感激闫老头救了自己,闫老头办事认真、一丝不苟的精神,监工也非常钦佩。于是,监工命令工匠在瓮城墙上雕刻一鼓一锣,纪念和表彰这位管钱人"身居钱库,一文不沾"的高尚品德。经后人传诵,"当面鼓对面锣"现在成了寿春"内八景"之一。①

　　另一种传说是:乾隆年间,寿春来了一位新知州,上任后,发现城墙年久失修,几乎要倒塌了,如果洪水来了,后果将不堪设想。知州非常担心,于是号召百姓将城墙重修一下,但无人响应。知州非常愁闷,他的随从看出了他的心事,对他讲,"前几任知州,来了之后,分别以修建城墙为由,搜刮了百姓许多银两,但城墙却未修一寸,现在你又号召大家修城墙,百姓以为你和前几任知州一样,想借修城墙敛财,所以不愿意出钱出力"。听了随从的话,新知州心里明白了一些,但他没有气馁,继续要修城墙。到了开工的日子,一大早知州就

---

① 孟埜编:《寿州故事传说》,黄山书社2006年版,第91页。

带着衙役们扛着工具，来到西门和修城的民夫一起挖土抬石，一直干到天黑收工，连续几天，天天如此。一下子，不大的小城，炸开了锅，人们议论纷纷，有的说："知州大人修城墙，还不是为我们，怕我们受灾，我们明天也去干吧"，也有人说："知州是做做样子，等等看吧，过几天或许就不干了。"但二十天过去了，知州仍在工地上干活，当地百姓看到这种情况，觉得这位知州是真心修城墙，于是加入到修城墙的队伍中，一些商会、客栈的老板也主动捐款赠物，支援修城，本来五个月的工程，五十天就竣工了。人们为了纪念这位新知州说话当真，廉洁奉公，于是在西门雕刻了"当面锣对面鼓"①。两个版本"文本"主题一致，表达的思想都指做事认真，廉洁奉公。

时公祠是为了纪念汉献帝时的寿春令时苗而建，"在城内西南，明成化间，知州赵宗建"②。《嘉靖寿州志》载："献帝时，有姓时名苗者来，令寿春，初至，乘一驾，车牛牸来，岁余生一犊。逮去任，乃曰：此淮南所生，非我所有也，留之而去，父老攀辕卧辙有不能留。"③"时苗留犊"的故事，成为历代清官的典范，为人们所膜拜，后唐朝李翰将"时苗留犊"收入《蒙求》，之后其他蒙学类读物如《龙文鞭影》《幼学琼林》，也都记载了"时苗留犊"的掌故。当然并不是所有有关时苗的记载都对其进行了正面评价，《册府元龟》在分类时，则将其分到了酷暴和廉俭目中。④

有关时苗的生平事迹，史书没有明确记载，查《三国志·魏书》，宋人裴松之注引用魏郎中鱼豢私撰的《魏略》中有时苗记载："时苗，字德胄，巨鹿人也。少清白，为人疾恶。建安中，入丞相府。出为寿春令，令行风靡。扬州治在其县，时蒋济为治中。苗以初至往谒济，济素嗜酒，适会其醉，不能见苗。苗恚恨还，刻木为人，署曰

---

① "当面锣对面鼓"两个版本的故事，哪个镶嵌在西门，已无法考证。
② （清）曾道唯修，葛荫南纂：《光绪寿州志》，江苏古籍出版社1998年版，第68页。
③ （明）栗永禄纂修：《嘉靖寿州志》，上海古籍书店1963年版，第50页。
④ 《册府元龟》卷七百四令长部·廉俭；卷九百四十一总录部·酷暴。

第三章　寿春古镇居民的财产观念　　69

'酒徒蒋济'，置之墙下，且夕射之。州郡虽知其所为不恪，然以其履行过人，无若之何。又其始之官，乘薄軬车，黄牸牛，布被囊。居官岁余，牛生一犊。及其去，留其犊，谓主簿曰：'令来时本无此犊，犊是淮南所生有也。'群吏曰：'六畜不识父，自当随母。'苗不听，时人皆以为激，然由此名闻天下。还为太官令，领其郡中正，定九品，于叙人才不能宽，然纪人之短，虽在久远，衔之不置。如所忿蒋济者，仕进至太尉，济不以苗前毁己为嫌，苗亦不以济贵更屈意。为令数岁，不肃而治。迁典农中郎将。年七十余，以正始中病亡也。"①

《魏略》今已散佚，但其叙事颇注重品节、作风的文风仍可观之，鱼豢把时苗列在《清介传》中，可见鱼豢对时苗的高度赞赏。根据以上材料，大致估算一下时苗的生平，"年七十余，以正始中病亡也"，正始（240—249）为魏废帝曹芳的年号，那么时苗去世时，应在公元245年左右，上溯70年，时苗生时大约为175年，即汉灵帝刘宏（168—189）执政时期。其生活的年代，汉室衰落，三国分立。据河北省平乡县史志研究资料记载："时苗于汉献帝建安十八年（213）以孝廉举荐为寿春令。"建安十八年五月，汉献帝以冀州、河东等十郡，封曹操为魏公，加九锡，以丞相领冀州牧。七月，曹操修建魏国的社稷宗庙，并在魏国置尚书、侍中、六卿等官职，东汉名存实亡，时苗于建安中入丞相府，出为寿春令，迁为大官令，但由于"至于叙人才，不能宽大，然纪人之短，虽在久远，衔之不置"。②

明成化己丑年（1469），赵宗为寿州知州，到任后，赵宗踏访先贤遗迹。一日，他来到留犊池，满目疮痍，不禁发出感慨，时公留犊，其人其事虽有些矫激③，但其节操可敬可佩，其事迹感天动地，让人不禁有沧桑之感。一位叫王溥的陪同讲到：留犊池与泮池以前互相辉映，为当地文脉所在，后留犊池被湮没，"而寿之科第不竞亦有年"，当时民间有谚语讲："此池复开，科第中魁。"赵宗听了后，决

---

① （晋）陈寿：《三国志》卷 2，中华书局 1959 年版，第 662 页。
② （宋）李昉等：《太平御览》卷二百六十五职官部六十三，中华书局 1960 年版。
③ 奇异偏激的意思。

定重修留犊池。于是，清理杂草，疏通水道，十日左右，留犊池则被清理干净，池水清澈无比。同时，赵知州在留犊池左边建了时公祠，以纪念时苗。赵知州又在留犊池边种植了一些莲花，一是为了形容时苗"出淤泥而不染"廉洁奉公的高尚情操；二是听说莲花可以占卜科举考试征兆。当时种莲的时候，已是暮春，过了种植莲花的季节，当时许多人担心莲花活不了，一时议论纷纷，赵宗好在有修池之功，姑且试试运气。转眼一个多月过去了，到了五月十三日，即传说中的竹醉日，民间讲此日种植竹子容易成活，赵知州的同僚朋友任、钱二人，吩咐下人去留犊池旁种植一些竹子，与莲花相辉映。任、钱二公的仆人回来讲，之前种的莲已经开花。赵知州批评讲此事的仆人，因为赵知州心里明白藕发芽的时候要先出贴水荷钱，接着是出荷叶，然后开花，而留犊池的藕没有出贴水荷钱，也没有出荷叶，怎么可能开花呢？竹醉日，人莫非也醉了，讲胡话，但是所有参与种竹子的仆人都众口一词，赵知州和朋友不得不信，就跑过去亲自观看，发现开花的并非只有一两枝，而是开满了一池，未出莲叶而直接开花，不能不让人称奇。同来的随从都讲，"留犊池人杰地灵，昭示寿春将要出人才了，是莲花祥瑞"。但赵知州心里还是打鼓，是真的科第中魁之征兆还是其他不得而知。当时文武百官都把此当作祥瑞，吉祥之兆，于是百官设宴赋诗赏之，留下了一些著名诗篇：

御史张惠诗：来官不异去官时，一犊留还饮此池。矫激声名当世惑，孤高节操后人思。城连绿水堤边路，门掩清风树下祠。遗泽尚存遗像在，不泯重勒岷山碑。去任无惭到任时，独留一犊饮斯池。廉名不特当时重，遗爱能令去后思。千载清名垂古史，半池明月映荒祠。停骖几度池边立，剔苍苔诵勒诗州。

王九思诗：寿春县令祠前水，自古相传饮犊池。旧见瑞莲开上下，况闻修竹映参差。迩年无吏供苹藻，今雨何人种藕丝。若把甘棠轻剪伐，丈夫空读召南诗。

知州刘天民诗：时公留犊事尺往，饮犊今遗往日池。碑断霉苔空汩没，祠荒梧竹自参差。迥如凤鸟余芳躅，常遣羔羊愧素丝。郡吏得

第三章 寿春古镇居民的财产观念

承风教后，春秋忍废采萍诗。①

五年后，成化甲午（1474）夏，秋试，庠生汤鼐高中举人，同时"治下蒙庠张价、陈钊亦同榜焉"。成化十一年（1475）乙未科，汤鼐又中进士，似乎验证了瑞莲之科举祥兆。

有关赵知州复修留犊池的经过，《张本立瑞莲兆说》记载略有不同：

> 寿州城内西南隅，旧有时公苗留犊池在学宫前，左后杂居民久矣淤塞。迨我明成化甲午郡父母赵公奉命守兹土，庠生暨百姓首举以为言，且述此池复开，科第中魁之谚以告。公闻之遂命使去其淤壤，导之清流，种莲与池，以决后验。时盖春暮也，又于五月中旬，令人移竹植于池旁。使者反，命曰："前池莲已开花矣"。公讶之，屡命往视，言俱相符。公曰："异哉，莲未生叶，而先开花，异也；花一而二而至于三，尤异也，非瑞莲欤。"众胥作瑞莲诗以纪之，公为之引其首。是年秋，乡试庠生汤公鼐果中，南畿春秋经魁，登乙未榜进士，职授监察御史，公尽职敢言，不避权势，弹章屡上。时称殿虎，功著社稷，绩载国史，人以为瑞莲之开，实先兆于汤公云。②

张本立有关瑞莲说的记载与上文所述，都认为赵知州来到寿州，即着手修建留犊池，但有关赵知州来寿州的时间，张说和其他史料记载有出入。如果按照张本立记载，赵宗为成化甲午年来寿州，修留犊池，池中长出瑞莲，当年汤鼐中举人，第二年中进士，与前文论述五年后应验瑞莲说相比，更显得神奇灵验。张本立记载赵宗在成化甲午年（1474）为寿州知州，但查光绪《寿州志·职官志》，赵宗成化五年（1469）为知州，即成化己丑年（1469），与赵宗自述也相符，可

---

① （明）栗永禄纂修：《嘉靖寿州志》，上海古籍书店1963年版，第49—51页。
② （清）曾道唯修，葛荫南纂：《光绪寿州志》，江苏古籍出版社1998年版，第570页。

见是张本立有关瑞莲说有误。张本立为万历年间人（1573—1620）[①]，其有关汤鼐的评价也有些言过其实，汤鼐为官时，是"尽职敢言，不避权势"，弹劾了不少官员，但是汤鼐最后因迷信妖言，并且受贿，被贬戍肃州。[②] 时苗留犊，两袖清风，被视为万世楷模，而具有讽刺意义的是瑞莲所应汤鼐以受贿被贬。留犊池瑞莲说，是时公祠旁的一个美丽传说，令后人深思。清代，时公祠因"历年久远，祠宇基址被居民占卖"，乾隆十年（1745），知州金宏勋派人勘察，追还被侵占地基，并且重建了祠宇。咸丰年间（1851—1861），乡绅孙家举对时公祠又进行了重修。当地居民对"清官"的推崇、期盼，是历史上儒家文化在现实生活中的道德化体现。只有通过正当的行为获得财产，才是正道，这也表达了他们对贪官的鄙夷。

（二）"贪污"的鄙夷

寿春古镇历史上一些人容易受到权势、财富和美貌的迷惑，官场腐败时有发生。因腐败，造成寿春镇百姓生命财产受到损害，民不聊生，祸国殃民。古镇居民对贪官多憎恨、鄙夷。我们可以通过当地流传的对联了解一些。一是"此去应天天有眼，再来吾地地无皮"，讽刺晚清时寿春的一位知州，此人贪婪成性，百姓苦不堪言，后来，此人调任河南归德府（应天），消息传开，百姓欢天喜地，如送瘟神，故有人作了以上对联，大快人心。

二是当地乡绅孙筱斋[③]所作："一派好泥工，大白脸城墙小白脸陈鉴；两个伪君子，一个是张沛一个是朱金。"陈鉴民国初年在寿县任县长，在职期间，侵吞公款，中饱私囊。但是等到他卸任前夕，他才发觉捅下了大娄子，无法交差。这时，陈鉴的好友张沛、朱金给他献计，可以趁机修下城墙，既做了好事，也可在经费上占点便宜。陈县

[①] （清）曾道唯修，葛荫南纂：《光绪寿州志》，江苏古籍出版社1998年版，第229页。

[②] （清）张廷玉等纂：《明史》卷180，中华书局1974年版，第4785页。

[③] 孙筱斋，名多干，清末民初寿春镇人。博学多才，能诗擅文，雅俗不避，世人赞其机灵，人送外号"孙小鬼"。

第三章　寿春古镇居民的财产观念　73

长闻计大喜，于是向各地摊派。等到维修城墙时，则偷工减料，简单地将城墙用白灰涂抹一下，城墙面目全非。人们对此强烈不满，孙筱斋愤而作了"一派好泥工，大白脸城墙小白脸陈鉴；两个伪君子，一个是张沛一个是朱金"悬挂在南城墙上。上联"揭露了陈鉴假公济私修城墙的实质，下联抨击出谋划策的两个士绅。'白脸'一词既形象地描绘了城墙'新貌'，又契合了陈县长的雅号（陈鉴面目英俊，人称'小白脸'）"①。

　　三是"砺悬鱼，溯五年，抚字劳心，泮水鸥鹓齐感化；传留犊，听四野，讴歌盈耳，淮南鸡犬尽欢腾"。此联是民国乡绅王松斋在知县邱竹筠②的宴会上所作，讽刺邱竹筠在当地搜刮民脂民膏，故作者将邱竹筠比作"鸥鹓"，而把为邱竹筠祝贺者，比喻为"鸡犬"之辈，该对联涉及的典故包括东汉羊续任南阳太守时，生活很苦，府丞曾经进献生鱼，让其改善生活，羊续接受鱼后，没有食用而是将其挂在庭中，警示来太守府送礼的人；时苗任寿春知县时，一牛来，后牛生一犊，去官时，留犊而去。鸥鹓，传说中的猛禽，传说鹓食母，为恶鸟，常常用来比喻奸邪贪污之人，此处用来讽刺邱竹筠等人。据说邱竹筠做寿时，王松斋能够去捧场，邱竹筠万分高兴，看到王送的礼物，更是喜出望外，谁知这知县，读书不多，看到对联后，认为王松斋将自己比喻成羊续、时苗，就命人将对联挂起来，以示炫耀，读懂对联的在场宾客无不议论纷纷，但众人都不敢作声，怕坏了知县兴致。事后，才有随从对邱竹筠说出了对联的意思，气得邱立即命人将对联撕掉。但王松斋对联戏耍邱竹筠的故事，在古镇内流传开来。

　　四是"楚民何辜，旧六县地皮刮尽；霖雨待泽，新七区草木皆

---

①　孟堃、赵阳编：《轶闻传说》，安徽人民出版社2009年版，第143页。
②　1913年，倪嗣冲任安徽省都督，委其亲信邱竹筠任寿县知事。邱竹筠贪赃枉法，民怨沸腾，寿县社会名流王松斋作《虐政赋》以讽之，并刊印散发，然邱竹筠不知悔改。1918年，寿县秀才张十一等凑钱赴京告状，段祺瑞政府派员查办，邱竹筠畏罪吞金，死于任所。

枯"，横批"席卷而逃"。这副对联也为邑人王松斋所作，讽刺当时安徽省第四行政督察专员席霖楚。1932年10月，寿县划属安徽省第四行政督察区，专员驻寿春镇，督察区下辖凤台、凤阳、怀远、定远及霍邱、寿县等地。席霖楚在1932年任六安地区督察专员兼寿县县长，任职内想尽办法中饱私囊，当地老百姓怨声载道，人们生活处于水深火热之中，这副对联用藏头诗的形式讽刺了席霖楚。

还有一副对联：一年，过春节时，当地一贪官为了炫耀自家势力，在门上贴了"父进士子进士父子皆进士，老加官少加官老少都加官"，后被当地百姓改为"父进土子进土父子皆进土，老加棺少加棺老少都加棺"。

我在田野调查时，听当地老百姓讲顺口溜："棋盘街向东看，里面住着一群贪污犯。"棋盘街向东看，是寿县人民政府原驻地，里面住着一群贪污犯是老百姓对政府的调侃。2014年5月14日，曾任寿县县委书记、县人大常委会主任的张绪鹏①因涉嫌严重违纪问题被立案调查。2017年，淮南市共查处违反中央八项规定精神问题57起，处理87人，给予党纪政纪处分82人。其中寿县查处数据最多，有22起。2018年6月6日，寿县县委常委，县政府副县长、党组副书记，寿春镇党委书记张来宾②涉嫌严重违纪违法，接受纪律审查和监察调查。2018年9月30日，寿县县委原常委、县委宣传部原部长洪祖荣③涉嫌严重违纪违法，正在接受纪律审查和监察调查。通过这些数据和网上的信息，可见当地群众对官员的调侃有一定的道理，令人深思。

---

① 张绪鹏，男，汉族，安徽省霍山县人，曾任中共安徽省寿县县委书记、县人大常委会主任。2014年5月14日，因涉嫌严重违纪问题被立案调查。2015年3月，以受贿罪、滥用职权罪提起公诉。2016年7月，一审判处张绪鹏有期徒刑12年，并处罚金210万元。

② 张来宾，男，汉族，1966年2月出生，安徽寿县人。中共中央党校研究生学历，中共党员。曾任寿县县委常委，县政府副县长、党组副书记，寿春镇党委书记。

③ 洪祖荣，女，汉族，1968年8月出生，安徽寿县人，中共党员，省委党校研究生学历。曾任寿春镇党委副书记、镇长，寿县政府副县长、党组成员，寿春镇党委副书记，寿县县委常委、宣传部部长。

三 "挖松土"

据传，有一年，地方官员修城墙时，需要大量沙土堆积堤坝，但政府缺少资金增加劳力取土，而不增加劳力，工期就要延长，眼看汛期就要到了，于是，当地一老者想了一个办法，他让百姓放出话去，说修建城墙，急需大量用土，官方因人力不够，现高价收购泥土，附近百姓闻讯后，纷纷在当地"挖（取）松土"，然后用木船沿淮河运到古镇，但等船到古镇后，地方官员都否认高价购买泥土一事，船主没有办法，只得将土卸在岸边，尤其是逆水行舟者，不可能将土再运回，这样官方获得了修筑城墙所需要的沙土，保证了城墙按时完成。

"挖松土"一词开始指"欺骗、不诚实"，后来指侵占。历史上古镇人屡屡侵占学宫，乾隆丁丑年（1757），孙玡①等维修学宫。六十年后，学宫"旁近之地，渐为居民所侵"。嘉庆十六年（1811），孙玡的孙子孙克任委托沈南春与凤台令李兆洛清还学宫，"撤移民屋约二百余间"②。

"挖松土"基本上与贪污无关，不大涉及法律问题，更多的指居民生活中的道德问题。发展到今天，也指经营过程中，缺斤短两、以次充好。古镇流传着孙筱斋妙联讽刺朱家酱园的故事。孙筱斋家附近有一酱园，老板叫朱鼎昌。一天，孙筱斋来买酱油，老板说："孙老爷，快过年了，可否帮我写副春联？"孙筱斋当即答应下来，并出一联："丁丁一丁一丁丁；仓仓刺仓刺仓仓。"朱老板听罢，也不懂什么意思，就问孙筱斋。孙筱斋一手拿起油瓶，一手点着他道："你的生意要打锣了！"原来，朱家酱园常常缺斤短两，街坊邻居多有非议，朱家酱园生意渐渐惨淡。长此下去，朱家酱园势必倒闭、关门。"当地方言说'收场'，移用戏台套路叫'打锣'。孙筱斋的上下联恰恰谐是戏台上锣鼓点子声。妙的是，上联又是寿县方言中'点点'

---

① 孙玡（1695—1780）附贡生。
② （清）曾道唯修，葛荫南纂：《光绪寿州志》，江苏古籍出版社1998年版，第104页。

'一点''一点点'的读音,这就隐晦表达了朱家生意克扣斤两的弊瘤所在。"①

在日常生活中,我们普遍认为菜市场的菜要比超市便宜,路边小摊小贩要比门店、专营店便宜,因为如果价格相当,那么大多数人会选择去超市、专卖店购物,而不选择菜市场、路边摊。因此,为了招揽顾客,菜市场和路边摊只能虚标价格或扣个小秤,又因为小商小贩的利润并没有那么高,要想盈利不得不缺斤短两。寿春古镇一些商贩也是如此,弄虚作假。如:笔者导师许宪隆教授讲述自己回乡探亲购买水果礼盒的经历。许老师讲:"我发现路边一个水果礼盒,特别便宜,礼盒内部可以看到的部分,是一个大个的火龙果,同等价位的礼盒如果在武汉价格要贵上一倍,于是果断买下。等买下后,拆开一看,其他的火龙果只有西红柿那么大。""挖松土"更多地是指商家的道德问题,损害了消费者的合法权益,扰乱了市场秩序。当然,"挖松土"是寿春古镇中商家"潜规则"与当地居民"只买便宜的"或"只买所谓对的,不买贵的"消费观念的互动,体现了当地居民的生活逻辑。

第二节 古镇人财产支配观念

历史上,寿春镇十有九涝,生活条件艰苦,老百姓过日子追求很简单,有饭吃,有田耕,老婆孩子热炕头,需要精打细算,甚至精打细算,也只能勉强糊口。不过,我们仍能通过寿州孙的财产支配,来考察当地居民的财产支配观念。

一 寿州孙的义举

随着寿州孙的发展,他们成为当地的显族,于是拿出自己的财产,修桥铺路、赈灾济贫、捐资兴办教育。

---

① 孟堃、赵阳编:《轶闻传说》,安徽人民出版社2009年版,第141页。

（一）修桥铺路

桥梁闸坝都是与老百姓生活密切相关的基础性工程。造桥修路是一件积德行善、造福后代的义举，因此寿州孙也热衷于造桥修路。东津渡大桥即东淝水渡，古名长濑津，历史上人来车往，川流不息，是寿春古镇与外界联系的交通要道。现在，仍为古镇连通淮南以及合肥地区的重要交通枢纽、咽喉要地。此大桥的修建，孙氏代代相传，耗费四代人心血。乾隆七年（1742），知州孔传檟与凤台县知县鹿谦吉捐薪募修东津渡大桥，于是乡绅孙珩开始监办此事，补修了东桥头一孔。乾隆三十五年（1770），乡绅郑纯捐修西桥头，孙珩仍为监理。乾隆四十一年至四十二年（1776—1777），淝水暴涨，大水屡次漫过大桥，桥体墙面坍塌，而此时孙珩已八十多岁，卧病在床，奄奄一息，他临终时告诉儿子孙士谦、孙蟠兄弟俩竭力重修东津渡桥，以完成其宿志。乾隆五十九年（1794），孙蟠与其侄子克任捐资重修大桥，并在桥西南增筑长堤，防止洪水对大桥的冲击。嘉庆元年（1796），东津桥再次修竣。因为大桥长期遭大水浸泡，补修成为常事，一旦补修，道路不通，如果有两个大桥，一桥不通，可走另一桥。于是，嘉庆五年（1800），孙氏又在东津渡大桥西南增建一桥。道光元年（1821），孙氏子弟孙克任，其弟克依、克伟、克佺、炳图、克佐、克仿、克修与弟侄绍祖、承祖等又捐资成立基金、生息作为修补大桥的长期经费。

除了东津渡大桥，孙氏修建的其他大桥有："东门桥，在州城东门外，乾隆四十九年（1784）至嘉庆二十三年（1818）孙氏屡行补修。南门桥，在州城南门外，嘉庆七年（1802），孙蟠同其侄孙克任捐钱三百千重修。北门桥，在州城北门外，明正统间建，嘉庆二十五年（1820），州绅孙克伟捐钱二百五十千，交商生息，增添渡船四只，作为义渡费用。九龙桥，在州南关孙氏重修。二里桥，在州东南，嘉庆十一年（1806），孙氏捐钱四百七十余缗重修。三里桥，在州东，孙氏重修。九里桥，在州南九里，孙氏捐钱一千余缗重修。西南桥，在州东七里，嘉庆三年（1798），孙氏重修。"① 孙氏修桥铺路，方便了人们的出行，为寿春镇的经济发展作出了贡献。

（二）赈灾济贫扶弱

寿春镇属亚热带半湿润气候，濒临淮河，颍、沛等多条河流于正阳关汇集淮河，易涝易旱。据史志记载，从1671年到1949年的278年间，发生较大自然灾害136次，每四年一次大旱，五年一次洪涝。以发生在清代的旱涝灾害为例。旱灾："康熙十七年（1678），大旱。康熙十八年（1679），旱。淮南大饥，寿州更甚。康熙二十五年（1686），凤阳等处旱。乾隆二年（1737）、六年（1741）、八年（1743）、十六年（1751）、三十三年（1768）、三十九年（1774）、四十年（1775）、四十三年（1778）、五十年（1785），旱。嘉庆七年（1802）、十二年（1807）、十六年（1811）、十九年（1814），旱。咸丰五年（1855），夏大旱，飞蝗蔽天，禾稼俱伤。光绪二十五年（1899）大旱。光绪二十八年（1902），大旱。"②

水灾："顺治六年（1649），寿州大水。十二年（1655）四月，淮水涨。康熙七年（1668）凤阳大地震，七日乃止，是岁水荒。三十七年（1698）凤阳等府大水。四十四年（1705）秋，凤阳府大水。雍正五年（1727）七月十五日，大水泛滥，沿河人民淹没者甚众。乾隆元年（1736）、七年（1742）、十一年（1746）、十四年（1749）、十五年（1750）、十八年（1753），寿州均有水灾。二十年（1755）大水；二十二年（1757）、二十六（1761）水灾；四十七年（1782）、五十一年（1786）、五十六年（1791）大水。嘉庆十九年（1814）夏大旱，秋八月，黄河溢，由涡阳入淮、淝、颍皆溢，没田庐甚众。道光六年（1826）五月，大风折木，秋雨水败稼；十一年（1831）、十二年（1832）、十三年（1833）均大水；三十年（1850）、咸丰七年

---

① （清）曾道唯修，葛荫南纂：《光绪寿州志》，江苏古籍出版社1998年版，第60—62页。

② 寿县政协文史资料委员会：《寿县文史资料》（第二辑），内部资料，1990年，第241页。

(1857)、同治五年（1866）、六年（1867）、九年（1870）寿州大水。光绪四年（1878）寿州大水，十三年（1887）、十四年（1888）、十五年（1889）六月，寿州大水。宣统元年（1909）夏大水，淮、淝一带洼地多被淹没，房舍多被淹倒。"①

每次灾荒，孙氏都出资救济，帮助当地群众灾害中自救。乾隆乙亥（1755）淮水溢，由洞口倒灌入城，园畦淹没，居民流离失所，孙珩捐资百万，倡导当地士绅赈灾，救人无数。乾隆五十一年（1786），孙蟠与同胞侄克任捐银三千两，施粥救灾，平抑米价，稳定社会秩序。嘉庆庚申（1800）秋，大水淹没庄稼，粮食颗粒无收，致使谷价昂贵，孙蟠与其侄克任设男女两个粥厂救济饥民，三个月用银九千余两。……壬戌年（1802）寿春大旱，孙蟠与其侄子克任又施粥赈灾八十余日，每天有万余人前来喝粥，用银一万六千余两。第二年（1803）春天，青黄不接，居民生活更加困苦，孙蟠叔侄又施粥赈济灾民，被救助者多达四万余人，用掉经费三万六千余金。

（三）捐资兴办教育

孔子在历史上被尊为"至圣先师"，受到祭祀。祭祀一般分为"春秋二祭"，春祭是每年农历二月上旬第一个逢丁的日子，秋祭是每年农历八月上旬第一个逢丁的日子，后又在农历八月二十七孔子诞辰日，开学时或科考开始前，由州、县长官率邑儒在文庙进行祭祀活动。古代兴学，首先要修建孔庙或学宫祭拜孔子。寿春古镇也不例外，早在唐宋时期则在城东南隅，建孔庙，元朝时将孔庙移建于清淮坊。孙氏族人早在乾隆丁丑年（1757），则由孙珩带头主持修建学宫。乾隆四十九年（1784），孙蟠、孙克任等又捐资重修学宫。嘉庆五年（1800），寿州学宫"历年既多，修者复敝，大成殿后，极下樗子飞生，丛丛并起，拱把者近三十株，根深蒂固，风雨浸淫，始焉瓦碎，继焉木伤，以致损其西梁……若栋、若榱、若楣、若庋，朽而腐者十

---

① 寿县政协文史资料委员会：《寿县文史资料》（第二辑），内部资料，1990年，第245页。

八九，若两庑、若戟门、若众祠、诸坊、宫墙各户之摧伤，若棂星门二石梁之断毁"①。孙蟠及孙克任等捐资重修，百余日完工。修建后的学宫，内外整洁，辉煌焕然，德配天地，道冠古今。之后孙氏捐钱修建了学宫内其他建筑敷教诸坊、义路、礼门、升堂门及儒学之外门，崇圣祠，土地祠，名宦祠，乡贤祠，节孝祠，共用时九个月，用制钱一千八百四十余缗。嘉庆十六年（1811），学宫倾陊剥落，其旁近之地，渐为居民所侵占。孙克任邀请知州沈南春与凤台县令李兆洛清理占用学宫土地者，移民屋二百余间，孙克任等均估值给价，让其另居它处。嘉庆十七年（1812），"克任、克依又对学宫进行了规划，开始用钱八千余缗，后来兴建又用九千余缗，移建节孝祠用六百缗"②。

循理书院初建时，"非朝廷之额设，无动支之缗钱"，要解决书院经费问题，明代主要依靠捐资置田，收取地租。清朝，除了置田产外，乡绅也都积极投身到兴办教育这功在千秋的事业中。孙珩、孙蟠、孙克任等多次捐资支持书院发展，道光二年（1822），孙克依出私财三百余缗，增备学校学习设备，于是"生徒之赴课者，始得序坐于堂"③。除了修建书院外，孙氏还资助考生赴考。据光绪《寿州志》记载："孙氏分别于乾隆四十四年（1779），由孙士谦捐钱二千六百缗；五十五年（1790），士谦弟蟠加捐钱三百缗；嘉庆元年（1796），复加捐四百缗；嘉庆十九年（1814），士谦子克任等加捐钱一千缗；蟠子克佺等加捐钱一千缗；加上余息二千三百缗，俱为本，共七千六百缗，为复息助贫，备童生试卷及乡试，会试费，设义学。"当时知州杜茂才，在其《孙氏捐赠学校公费记》一文中记载："设义学，备试卷与赴试之费，所费出于一门而被其惠者，且数千人。"④ 由此可见孙氏之慷慨兴学。

---

① （清）曾道唯修，葛荫南纂：《光绪寿州志》，江苏古籍出版社1998年版，第104页。
② （清）曾道唯修，葛荫南纂：《光绪寿州志》，江苏古籍出版社1998年版，第104页。
③ （清）曾道唯修，葛荫南纂：《光绪寿州志》，江苏古籍出版社1998年版，第102页。
④ （清）曾道唯修，葛荫南纂：《光绪寿州志》，江苏古籍出版社1998年版，第120页。

清朝末年，全国各地兴办新式学堂。光绪二十四年（1898），孙家鼐创办京师大学堂。他不忘故土，多次敦促其子孙在寿春修建学堂。孙家鼐侄孙孙多森[①]由上海回寿州首办学堂，因经费系阜丰面粉厂提供，故名"阜财学堂"，校址设在楼巷（今为附小）。该校初设四班，后扩至七班，每班学额五十人，计有生员三百五十多人，是当时最大的一所学堂。学制四年，后改六年，选班再加二年，凡选班学生毕业后，均进上海阜丰面粉厂。教员多为大城市聘请，课程设置英文、国文、数学、历史、地理、体育等。学堂一直办到宣统三年（1911），因清朝灭亡停办。与此同时，光绪二十五年（1899）春，孙家鼐另一侄孙孙毓筠[②]，在城内延寿坊僧王祠，创办蒙养学堂，设四个班级，属于初等，而后改高等，学制改成六年，课程设置与阜财学堂大同小异。光绪二十七年（1901），孙家鼐侄孙孙传楙[③]创办寿州公学，校址在循理书院，公学设有厨房、浴室、厕所，还有图书馆、仪器室、实验室，教学器械完备，设中学、高小两部。课程设置与阜财学堂、蒙养学堂相差不多。既重视西学，又重圣贤义理熏陶。教学讲求学以致用，强身救国，注重对学生严格训育。这些新式学堂，培育了人才，更为清末同盟会在寿州的发展提供了阵地。寿州孙的义举，修路铺桥，赈济灾民，促进教育事业发展，促进了当地社会的发展，营造了良好的社会风气，为当地居民树立了榜样。当地历史上也出现了许多乐善好施的仁义志士，他们"好义不好利"，将自己的财产用于建设家乡，帮助贫弱，体现了很强的社会责任感，也使寿春镇成为周边地区的中心。

二　勤俭节约

勤俭节约是中华民族的传统美德，历来为人们所倡导。寿春古镇

---

① 孙多森（1867—1919），字荫庭，南问补用同知，直隶候补道，农工商部头等议员，三品衔二品顶戴，直隶劝业道，诰授资政大夫。

② 孙毓筠（1869—1927），字竹如，号少侯，为优廪生，议叙光禄寺署正衔，例授儒村郎。1905年参加同盟会，1912年任安徽都督。

③ 孙传楙（1852—1923），字穉筠，光绪辛卯年进士，曾任南陵县教谕署江西临江府知府。

居民在消费中，形成了精打细算、勤俭节约的传统。居民日常消费以"吃饱穿暖"为标准，穿着上只求实用、耐穿，当时衣服大多自己制作，制作时往往将衣服做大、做肥，这样大人穿后，孩子可以穿，旧衣服也是"新三年旧三年，缝缝补补又三年"，由于物质短缺和时代氛围，居民并不注重款式，衣服款式很长时间以军装为主，颜色以灰、黑、蓝为主，耐磨耐脏，穿着时髦更是被认为"不正经"、"皮老妖"①。居住上，城镇居民长期实行住房实物分配，居民消费支出相对比较低，许多居民养成了"住公家房子"的消费观念，但由于房屋数量有限，形成了"等靠要"的消费方式，只要可以分到房子，房屋大小、地理位置成为次要条件。

奥斯卡·刘易士在其"贫困文化理论"中表述，"贫困不仅是一种结果，而且是造成新的贫困的原因。于是他们形成了与他们的贫困生活相适应的价值观、生活态度和社会行为模式"②。寿春镇作为周边的中心镇，乡下进城办事者、外来做生意者、旅游者、本地外出者回乡等人口多，促进了古镇内部商业的发展，肯德基、华润蔬果入驻古镇，以广告、时尚为代表的消费文化不断刺激当地群众的消费欲望，促进了当地商业的繁荣。与商业繁荣相一致，教育、医疗等服务的压力也增大，上学难、上学贵、看病难、看病贵等问题仍影响着居民生活水平的提高，传统消费习惯和消费心理仍影响着人们。寿春古镇居民消费水平被拉高，物价的上涨，与此对应的是当地居民收入相对较低，貌似繁华的背后，隐藏着当地居民生活质量的下降和生活的艰辛，消费无形中将当地居民进行了"分层"，许多人沦为贫困者，不得不"节约"，压缩生活（生存）的成本，他们大多经济困难，"不是想着怎么去赚钱，而是想着如何去省钱"，维持生活、节省成了他们日常生活的行为模式，应了当地"吃不穷，穿不穷，算计不到就受穷"的谚语。

---

① "皮老妖"，当地方言，流氓、混混之意。
② [美] 奥斯卡·刘易士：《贫穷文化：墨西哥五个家庭一日生活的实录》，邱延亮译，国家图书馆出版社2004年版，第36页。

现在，寿春古镇一些居民生活仍较为贫困，生活上勤俭节约者大有人在，"会过"、节俭本是一种社会美德，但随着社会变迁，不单单指精打细算，也演绎成贫穷的代名词，成为一种"非主流"，讨论某某节俭与直接说某某贫困差不多。乡土社会中，人们讲究"人场"、"摆阔气"，亲戚朋友多、人缘好，则说明"人品好""会来事"，受到人们传颂，相应地占据的社会资本、道德资本就多，而"人场"的建立和维持，有时候则靠金钱、经济地位来维持。

三 财产的"延伸"

新中国成立后，人们翻身做了主人，以饱满的热情投入到建设新中国的热情中，忘我工作，无私奉献，觉得建设国家才是最重要的，个人财产观念比较薄弱。计划经济时代，工厂生产什么，生产多少由社会或企业统一安排，生产完毕，产品的分配也是统一的，古镇人民贫富差距较小。后经过"文化大革命""阶级斗争"和"斗私批修"思想的"洗礼"，拥有财产、金钱被认为是"资本主义"尾巴，要受到批斗，让人对金钱产生了恐惧心理。据说，当时，一些大户人家偷偷地将自己家的宝贝藏起来或者趁晚上扔掉。

现在，古镇人的财产观念已经比较强烈，他们对自家财产具有"绝对控制权"。以房屋建设为例，现在古镇内居民住房多为20世纪80年代自建房，居民自家原有或购买菜农土地重建而成，居民宅基地以40—60平方米居多，大多建为上下两层楼房，也有瓦房，因为建设时不是统一规划，自家还要建设围墙、大门等，所以实际居住面积并不大。由于建造年代久远，部分居民家房屋屋脊、椽子或芦苇席多已腐烂，砖瓦经常掉落，无法居住。根据出台的《寿县古城区危旧房屋收购与维修管理暂行规定》，居民对房屋的修缮、翻盖都要经过相关部门的批准。但是在实际的生活中，当地居民对自己房屋的修缮全凭个人意愿，"自己的，我爱怎么用就怎么用，怎么办就怎么办，谁也管不着"，以至于古镇内擅自维修自家房屋、院墙，比比皆是，修建房屋时，沙子、水泥等建筑材料随意堆放，占据道路。

即使在一些新小区内，部分居民的观念仍很难转变。如：2009年，北街税务巷路段刚刚修好，不久巷内一户人家重建自家大门楼，但重建后这户人家则把自家门垛砌到了新修的水泥路上。楚都御花园小区围墙占用公用空间，把通泚路边本来该是公用空间的地方变成了小区内的停车场和道路，严重影响通泚路整体视觉；现代汉城住宅区一些居民无视小区规划、物业管理，擅自将自家的房屋掏个门洞，经营商店。"箭道巷"作为寿春镇唯一的一条仿古街，前几年改造后，被评为"模范巷"，但是现在违章搭建层出不穷，门面被"改接"，老式门窗被改换，一些商铺台阶加宽到人行道上，严重破坏了政府对街道的设计规划，但因为是私人财产，政府只能规劝，约束力不强，治理难度较大。

人们对财产的认识，还包括对财产属性的认知。一些私有财产产权属性明确，归属无异议。一些公共财产，产权属于国家或集体，为全民或集体享有，但在实际生活中则会滋生出"优先权"。古镇有许多公产房，这些公产房大多数临近街道。以清真寺巷为例，东侧第一排房屋基本上为公产房，由房产局统一管理出租，受到附近居民财产观念的影响，房屋出租对象多以附近住户为主，一些房屋往往不能按照市场价格出租，甚至出现一些房屋附近住户不承租，外人也不（敢）租，即使想租，也要先征求周边居民意见的情况。当然，这种财产的优先权，并不是因为当地人不懂法律知识，不明白市场经济的运行规律，这都是"熟人社会"的集体互动、习惯性思维和行为逻辑，更是人情社会的"现实计算"。

第四章　寿春古镇居民消费价值观念

生活消费与每个人息息相关，表现在方方面面，按人们的实际支出情况，可以分为吃、穿、住、用、行等不同形式。按满足消费者需要的不同层次来划分，消费分为生存性消费、享受性消费和发展性消费。生存性消费是满足人类基本生存需要的消费，如食品消费；发展性消费是满足人们体力和智力发展所需要的消费，如教育消费；享受性消费是用于满足人们享受需要的消费，如食品、娱乐用品、旅游消费。消费观念则是人们对待可支配收入的指导思想和态度以及对商品价值追求的取向，是消费者在进行或准备进行消费活动时对消费对象、消费行为方式、消费过程、消费趋势的总体认识、评价与价值判断。本书论及的消费价值观念也是寿春古镇居民在生活消费中所体现的价值观念。

第一节　寿春古镇的生存性消费观念

一　古镇人生活消费简述

寿春古镇地处江淮之间，周边河流密布，土地广阔，明嘉靖二十九年（1550），寿州（含今淮南市部分地区）有耕地71.4万亩（其中官田与卫屯田19.6万亩）。明末，经过近百年的经营，人口急增，又移民垦荒，寿州耕地增至382.4万亩，但明末战乱频繁，田地多荒芜。清朝初期，政府鼓励垦荒，许多荒地被开垦出来，雍正十一年（1733），寿州耕地增至367.9万亩，后将凤台划出，至光绪年间（1875－1908），寿州实有耕地为268万亩（其中卫田、军田51.4万亩），寿春镇作为寿州的政治、经济、文化中心，周边土地也多被开垦。古时生产力低下，工具简陋，农业产出低，农民受到地租、灾荒、高利贷、苛捐杂税、官役兵差的盘剥，辛苦一年连基本的温饱问题都无法解决，遇到灾荒之年，甚至出现人吃人的现象。当地居民多处于半年糠菜半年粮的境地，所谓"石磙动，锅灶热，肚脐周正三个月"①，是当地百姓生活的真实写照。

从新中国成立至今，寿春镇居民生活可以分为六个阶段。第一阶段是1949—1957年，寿春古镇社会秩序恢复，经济开始复苏，政府注意休养生息，改善民生，部分居民进入工厂，另一些居民分得土地，人们开始安居乐业，不再流离失所，但此阶段居民仍无法解决温饱问题。第二阶段是1958—1962年，寿春旱涝交替，加之"大跃进"和"人民公社化"运动，出现三年困难时期，每人每月供应粮食9.75公斤，粮食严重不足，人们挖树根，吃树皮，几乎将可以吃的全部吃光。第三阶段是恢复调整时期，1963年开始到1965年，针对新中国成立初期工作中出现的错误，政府作出调整，开始减轻税收，居民收入渐渐增加，"人均年收入66元至76元，口粮200—225公斤"②。第四阶段为1966—1976年，此阶段为"文化大革命"时期，全国实行大串联，社会秩序陷入混乱，绝大部分国营企业陷入半停产、半停滞状态，企业持续多年亏损，当时古镇内菜农的家庭副业受到限制，集贸市场关闭，物资供应短缺，居民生活再次陷入困境。第五阶段是1977—1992年，居民生活水平稳步提高。"文化大革命"后，全国平反冤假错案，社会生产得到恢复，经济日趋活跃，生产技术开始提高，后实行家庭联产承包责任制，菜农积极性得到提高，蔬菜和粮食等作物产量大幅度提高，人民生活水平得到提高，温饱问题逐渐解决。第六阶段是1992年至今，此阶段寿春古镇居民的消费发生了很大变化。1992年，我国确立市场经济体制改革目标，个体工商

---

① "肚脐扶周正"，古镇俗语意为吃饱饭。
② 寿县地方志编纂委员会编：《寿县志》，黄山书社1996年版，第97页。

户活跃起来，纷纷参加到市场经济建设过程中。1997年以后，寿春古镇部分企业进行改组，许多职工纷纷下岗，自谋出路。现在，当地工商业发达，居民消费水平提高，外国快餐店入驻古镇，标志着当地商业发展进入了一个新的阶段。总之，随着社会发展，各种物质的丰富，居民的消费观念也发生了重大变化。

二 "穷身子富嘴"

当地居民用"穷身子富嘴"形容居民"好吃""好穿"等。李家景讲："穷身子富嘴，就是当地人身上没有多少钱，有钱就吃掉、喝掉，看着一个人穿的挺好，其实没有钱，甚至穷的不行。"古镇商业发达，流动人口多，历史上更是重要的水陆码头，各地商人络绎不绝，使各色菜系在此融会，著名的老字号有聚红盛、小而真、大美兴等。现在，在古镇弹丸之地，饮食类饭店、排档达300多家，主要以徽菜为主，兼顾湘菜、川菜等其他风味，其中寿州宾馆、寿西湖饭店、宏盛达酒店、小四川颇上档次。

寿春古镇在中华饮食上最大的贡献，莫过于西汉时期的淮南王刘安，在此发明豆腐。据说，刘安与"八公"[①]在八公山修道炼丹，以求长生不老，不经意间发明了豆腐。李时珍《本草纲目》载："豆腐之法始于汉淮南王刘安"，《晋书·乐志·淮南篇》中写道："淮南王，自言尊，百尺高楼与天连，后园凿井银作床，金瓶素绠汲寒浆"，至今在寿县博物馆内陈列着一件磨制豆腐的陶制水磨。八公山旁现有中国豆腐村，豆腐村有一豆腐厂，内设豆腐博物馆。八公山豆腐磨制多采用珍珠泉等山泉水，当地居民在传承中不断改进豆腐制作技术，制作工序上精益求精，八公山豆腐可以烧、烩、炖、煎、煮、炸、凉拌，配以不同作料，可荤可素，做成芙蓉豆腐、家常豆腐、虾仁豆腐、拔丝豆腐、四喜豆腐、夹心豆腐、珍珠豆腐、切丝豆腐、鲶鱼烧豆腐、银鱼炖豆腐等"豆腐宴"，成为寿春古镇别具一格的上等筵席，

---

① 八公：左吴、李尚、苏飞、田由、毛披、雷被、晋昌、伍被。

赢得了国内外消费者的高度赞誉。用豆腐做成汤时豆腐浮在汤上面，叫"漂汤"；汤呈乳白色，叫"奶汤"；味道鲜美可口，叫"赛鸡汤"。

  传说，寿春豆腐汤曾救过赵匡胤的命。后周时期，赵匡胤征讨南唐①，被南唐大将于洪困在八公山，当时粮草短缺，救兵迟迟不到，眼看要全军覆灭，赵匡胤更是忧郁过度，积劳成疾，以致卧床不起。南唐军得悉赵匡胤病危的消息后，加紧攻势，试图一举歼灭他。这时，巾帼英雄刘定金与夫君高君宝率兵前来救驾，将于洪大军打败。此故事后被吸收编成《劈牌招亲》《杀四门》《双锁山》等剧目，广为流传。话说刘定金打败于洪后，面见赵匡胤，看其病倒在床，忙为赵匡胤送来豆汁，赵匡胤饮后，不久便苏醒过来，得知南唐兵已败，心情更是舒畅，身心充满活力，大赞高君宝、刘定金夫妇救驾有功，赏赐金银无数。后赵匡胤问刘定金给他饮用的是什么灵丹妙药，刘定金笑着说："非灵丹妙药，此乃八公山豆腐汁，我见你脸色黄中含青，应是疲劳过度，饮食较差，营养不济和忧郁所致，饮用豆腐汁既可充饥又可提神"，没等刘定金讲完，站在一旁的高君宝插言道："那不叫豆汁，而叫凤凰汁。"赵匡胤笑着说："凤凰汁，此名叫的好，以后就叫它'凤凰汁'。"

  赵匡胤被围困期间，忍饥挨饿，传说不仅有"凤凰汁"救命，更有闻名中外的"大救驾"。话说赵匡胤被围困时，储存的粮食早已吃完，将士挖野菜、吃树皮充饥，士卒们虽饿，但对百姓秋毫不犯，百姓甚为感动，赵匡胤也没有像样的东西吃，日渐憔悴。一天，赵匡胤的战马在城墙根下吃草，忽在草秧下拽出一串疙瘩样的东西，接着就不抬头地咀嚼起来，马夫见状，觉得稀奇，就挖了一些探个究竟，由于太饿，尝了一下，觉得又脆又甜。其他士兵听闻后，纷纷挖食，一时间，解决了大军粮草问题。因此物为御马发现，人们就称它做"御

---

① 历史上关于赵匡胤征南唐还是赵匡胤征南塘，说法不一：一是征讨南唐政权；二是征讨南塘这个地方。

苑",后来渐渐称为"芋头"。士兵们吃着芋头,想起了赵匡胤,可是又觉得不能随便将光秃秃的芋头送给他食用。于是,一个做饼的老奶奶想了个主意,她将芋头捣成粉,和成面,团成一个个圆饼,然后油炸了一下,送给赵匡胤吃。赵匡胤许久没有吃过东西,糕点外层金丝盘绕,看着、闻着直流口水,咬上一小口,顿时香气四溢,油而不腻,酥脆香甜,大喜之下,连呼:"好饼,好饼,真是救了朕的驾!"后南唐之围被解后,赵匡胤做了皇帝,仍十分怀念"寿州油饼",令寿州每年进贡"油饼",因为此饼曾经救过皇帝的命,大家美其名曰"大救驾"。现在"大救驾"已成为古镇地方特产,成为旅游纪念品。

说到小吃,牛肉汤是古镇比较有特色的饮食,方便快捷,营养丰富。牛肉汤,先把上好的牛肉煮到烂熟,待其凉后,切成小薄片,将牛骨头和红辣椒、大葱末、姜末等配料一起放在大锅里煮熬,做成汤料。食用时,把牛肉、粉丝、豆饼子一起放在滚开的汤料里煮片刻,然后取出放入碗中,浇上汤料,撒些豆腐皮,抓些香菜,即成了牛肉汤。喝汤时,顾客可以根据自己的口味,放些辣椒和醋。这种汤,将牛肉香味与鲜、辣融为一体,是古镇居民百吃不厌的传统小吃。有些古镇人吃牛肉汤,配上白酒喝,乐哉优哉。当地居民吃牛肉汤的场景,被时在安徽农业大学读书的两位学生,创作成网络歌曲《寿州牛肉汤》,使寿州牛肉汤名播海内外。

"寿县就是怪,过大年吃腊菜。"每年农历十、十一月份,当地居民则会买些肉类,腌制腊肉。调查期间,走在大街上,可以看到许多家庭的房顶上,晾晒着腊肉(当地称为咸菜),腌制腊肉,先将牛肉、鸡、鸭、鱼等肉类洗净,然后放入配了调料的盐水中,腌制三天左右,然后捞出来晾晒,一周左右即可做成腊肉,宴客时即可食用。

饮酒是中国传统人情文化和社会交往的重要形式。参加当地朋友举行的宴会,感受最深的是古镇人热情好客,酷爱喝酒,素有"无酒不成席"的传统。古镇人过节饮酒自不必说,现在,走在古镇的大街上,随处可见饮酒之人,在酒店里,在排档旁,在中午抑或晚上,有些居民早上买碗面条或买份牛肉汤,也不忘喝上二两酒。

寿春古镇人在一些正规场合饮酒比较讲究礼仪，如店铺、作坊开业请人喝的"开业酒"，生孩子满月请人喝的"满月酒"，为老人祝寿的"祝寿酒"，盖房子的"上梁酒"等，必须讲究礼仪，入席，要长幼有序，宾客有别，席间，要举止文雅，举箸端杯从容不乱，主人要先向客人敬酒（古代叫作"酬"），客人要回敬主人（古代叫作酢），主人要一次向入席者敬酒（行酒），客人之间也可相互敬酒（旅酬），敬酒时，要说上几句敬酒词，敬酒者和被敬酒者都要起立，叫作避席，以表示互相尊敬，普通敬酒，以两杯为度（也有以三杯的）。在这些正式的宴会中，主人一般都安排有一个"酒头"，即喝酒的带头人，亦称"代东"。这人熟知"酒礼"，言语生动流利，有礼节，笑容可掬，举止有度，一经他劝酒，往往使客人推辞不得，只好就范。

朋友之间日常小聚，则比较随意，规矩较少，多能"豪饮"。"来来来，弟兄们放个罍子。"罍子为战国时期的青铜酒器，小口，广肩，深腹，圈足，有盖，1933年在寿县楚王墓出土一件，现藏安徽省博物馆，成为当地居民劝酒的一种重要方式。放罍子者一边说着话，一边离开座位，跑到一起喝酒的座位旁，监督大家将酒喝掉，如果有谁不喝完杯中酒，放罍子者就站在旁边，一直等着喝完，大有壮士一去不复返的干劲，是谓"打的"。现在"罍子"已被一些开发商制作成精美的旅游纪念品，并开始成为酒店和居家餐饮的酒具，受到居民欢迎。

寿春古镇人好酒，官场酒风更甚，群众谈到官场盛行的酒风，顺口溜脱口而出："清谈廉政像包公，逢酒必贪似关公，连喝变态像济公"；"顿顿八两酒，喝得歪歪扭，人说他醉了，摆手"；"禁酒规定讲晚了，社会风气污染了，为人民服务空喊了，部分干部变懒了，干群关系疏远了，喝酒都用大碗了，天天喝得没影了，社会危害不浅了，发展下去危险了，歪风不刹不管了"。近年来，针对酒风较盛、社会影响较坏的现象，当地政府实行"禁酒令"，严格规定："无论是招商引资，还是外事接待；无论是工作日，还是执行公务时的节假

第四章　寿春古镇居民消费价值观念　　91

日；无论在本地，还是在异地；无论是公务接待，还是私人宴请；无论是公共场所，还是非公共场所，只要在执行公务时午间饮酒，都将受到严厉查处。""禁酒令"的执行，得到了各单位和广大干部职工的积极拥护和认真落实，受到了上级领导和社会各界的充分肯定和大力支持。虽有禁酒令，但仍有一些干部心存侥幸，纪律意识淡薄，敢于顶风违纪。

　　古镇居民喜爱饮酒，平时应酬多，以至于一些外来商人不与当地人合作，免得浪费钱财。中华人民共和国成立前，城内有山西帮、河南帮做生意，山西帮主要经营锅碗瓢盆、桐油等日用品，被称为"爪子店"，城内共有三家山西人开的商店，分别为位于北街僧王祠南边的"玉兴和"、十字街的"泰生"、郝家巷的"庆兴和"，其店内员工不用古镇本地人，上自经理下至学徒，全为山西人，不与本地人往来，没有应酬，千方百计积累资金，后日军占领县城，相继回家。河南帮有"张隆兴"和"永兴盛"两家商铺，主要经营百货，其中永兴盛由四家河南人合股经营，四位老板全为织机长并带着本地手工业工人，开始时资金较少，靠起早贪黑、勤俭节约积累资金，但他们也不与本地人合伙做生意，不浪费一分钱。①

　　一般来讲，中国人的积累和存钱的比例相对较高，但寿春古镇人积累则相对较少。究其历史原因，古镇地方经历战乱和自然灾害比较多，在一些人看来，今天过了，还不知道明天怎么样，尤其是一些老年人，有此观念，深深地影响着下一代。比如：20世纪唐山大地震后，为了防止地震，许多家庭都在街上搭建了防震庵子，觉得可能要发生地震，许多家庭则把下蛋的鸡、鸭全部杀掉、吃掉。当然，积累与消费是辩证统一的。一方面，家庭积累主要是用于家庭内部再生产，通过积累带来生产的发展，消费品的增加，更好地满足居民生活消费；另一方面，消费主要是满足当前的物质和文化的需要，人们通

---

① 寿县政协文史资料委员会：《寿县文史资料》（第二辑），内部资料，1990年，第90—91页。

过消费得到满足，进而调动生产和生活的积极性，更好地创造财富，从而实现积累与消费的统一。在一定的情况下，积累与消费之间也存在矛盾，如果家庭中用于积累的部分过多，消费则会相应减少，如果消费安排得过多，积累就会变少。但"穷混日子"重视勤俭节约，忽视消费，对人生没有大的追求，乐于安于现状，认为通过勤俭节约可以过上好日子。其实节约是无法解决贫困问题的，贫困问题的解决还需要开源，树立"消费也是一种生产"的观念，日常生活消费是劳动力再生产的条件之一，也是发展生产的动力和目的。"穷身子富嘴"重视消费，忽视积累，消费过程固然可以实现人的再生产，满足人们的需要，可以提高人们的积极性，但从长远来讲，只考虑消费不讲家庭积累，不注意留出必要的发展基金，则会影响人民生活水平的提高，生活不可能实现真正改善。

三 "有房才有家"

2017 年 10 月 18 日，习近平总书记在十九大报告中强调，中国特色社会主义进入新时代，我国社会主要矛盾已经转化为人民日益增长的美好生活需要和不平衡不充分的发展之间的矛盾。随着我国城市化和城镇化的加快，人们对自己所居住的房屋、周围的环境卫生、出行、购物及其他生活活动充满各种期望和不满，对居住房屋、街道、公园、绿地等环境的改善有期待，希望形成舒适的生活环境。

中国人家庭观念很重，而房子则是家的寄托，也是安全感、归属感的体现，更是"安身立命""心灵港湾""落叶归根"的场所。长期以来，形成了"有房才有家，没有房屋，没有家"的观念，所以拥有属于自己的房子，是大多数居民的心愿。住房消费也成为生存性消费的重要组成部分，影响着人们能否安居乐业，关乎国计民生。

新中国成立初期，我国在城镇实行福利化的住房政策，职工按工龄、资历和职称等条件进行排队分房，基本上形成了"高福利、低工资、低租金"，"等国家建房、靠组织分房、要单位给房"的住房实物福利分配体制。20 世纪 90 年代，随着我国经济体制的改革，社会住房制度也发生了改革。原来单位实行统包职工住房的实物分配制度转变为按劳分配为主的货币分配制度，居民根据个人经济实力，通过购买或租赁房屋解决住房问题，住房上被动向单位"等靠要"的住房消费格局渐渐向商品经济改变。

寿春古镇居民，尤其是一些国有单位的员工，最初等单位分房子，后来单位破产，缺少了后续房源，再无房屋可分，同时原单位的集体宿舍，也由免费居住改为租用。于是，一些人开始购买商品房，住房消费在家庭生活消费中占的比重越来越大。"1987年，寿春镇人均使用面积为6.88平方米"①，在此之后，这一情况有所改善，但城内人口增长速度快，人口规模不断扩大，加之近年来政府规定城内禁止房地产开发，人均居住面积并未发生根本性改善。而今，城内居民面临大面积搬迁，房屋价格便成为居民最关心的问题之一。有数据显示寿春古镇房屋均价："2009年3月1100元/平方米，到了2010年3月1956元/平方米，年增长77.8%，而到了2011年2月，均价一路飙升为3000元。"② 2011年底，在国家持续对房地产调控下，当地房屋价格维持在4000—5000元/平方米。但是，因为寿春镇居民房屋多为刚需，到2018年寿县房价均价达到6500—7200元/平方米。对于人均收入在4926元③的古镇居民来讲，可以说是昂贵的。高房价加剧了当地居民购买房屋的困难，也影响了当地的城市化进程。一些家庭不得不拥挤在狭小的空间内，有时厨房还要租用公家房屋。还有部分居民由于以前住在单位房内，长期没有取得产权，单位破产后，只得继续租住单位房屋或公房，而这些单位房屋多建于20世纪80年代，房屋危旧，有些屋顶用茅草、芦苇秆搭建，随着年代久远已经腐烂，有些房屋开始漏雨，甚至成为危房。居民住房条件亟待改善，配套不健全，各项基础设施跟不上，没有天然气，冬天没有暖气，很多居民家中没有自来水，私自开采地下水，污水横流，都严重影响了居民

---

① 寿县地方志编纂委员会编：《寿县志》，黄山书社1996年版，第293页。
② 寿县生活网：《楼盘走势》（http://www.0564shw.com/house/index.html）。
③ 寿县统计局编：《2009年寿县统计资料》，内部资料，第7页。

生活。

为了改善居民居住条件和生活环境,近年来,当地政府推出了经济适用房、廉租房和棚户区改造政策,这些政策在解决中低收入家庭住房问题上发挥了一定的作用。如:曹家巷与清真寺巷交叉口东北侧的棚户区改造项目中,为了鼓励居民自愿搬迁,提出征迁红线范围内房屋"砖混结构住宅房为4735元/平方米;砖木结构住宅房为4690/平方米;其他结构住宅房为4590元/平方米的补偿方案。而对于改造区内承租房管部门公有住房的,按公有住房承租建筑面积给予承租人1000元/平方米补贴,签订解除租赁合同协议、解除公有住房承租权"①。曹家巷与清真寺巷交叉口东北侧的棚户区改造,通过政府外力,为改善该区域内居民住房提供了条件,将会缓解该片区居民因个人经济能力有限无法购买商品房带来的困难。虽然有这些优惠措施和方案,但当地居民收入水平和购房支付能力之间的矛盾仍然突出,购房消费仍然是部分家庭的主要消费支出。

第二节 寿春古镇的发展性消费观念

发展性消费是人们在满足了生理需要、安全需要等低级需要的基础上产生的对社交、自我实现的需要的一种自然延伸,而教育则是最主要的发展性消费,关系到千家万户。

一 "俗慕学问"

古镇人俗慕学问,才产文武,人才辈出,"寿州自嘉庆元年(1796)以来,多士奋兴,每逢考试童生计一千七八百名之多"②,寿州州学、书院、社学、私塾等教育机构发达。唐朝时,当地即建有孔庙,祭祀孔子。随后建立州学,为朝廷培养人才。寿州州学唐

---

① 寿县寿春镇政府信息公开:《寿县曹家巷与清真寺巷交叉口东北侧城市棚户区改造项目自愿搬迁方案》(http://www.huainan.gov.cn/public/118322935/257873464.html)。
② (清)曾道唯修,葛荫南纂:《光绪寿州志》,江苏古籍出版社1998年版,第126页。

代设学官一人，助教一人，有学生二十人左右。元时，州学规模扩大，设安丰路学正一命，儒学、蒙古学、医学、阴阳学各科教授一人，并设寿春县儒学教谕一员；明清时，置学正，并置训导、教谕辅佐学正。

明代寿春建有淮南书院、涌泉书院、循礼书院。淮南书院在古城东北隅，初建年代不详。《嘉靖寿州志》载："刘天民出守寿州之明年……州治东旧有淮南书院，不葺将圮，乃粗加枝柱，令诸生藏修其间。"① 据《光绪寿州志》："刘天民，字希尹，历城人，嘉靖四年（1525），由吏部文选司郎中，谪知寿州。"其实，刘天民是在嘉靖三年（1524）被贬，嘉靖四年（1525）到任。旧时京官外谪，因"失志惶惭"，常以眼纱遮目，据传刘天民出京经过吏部时，适逢大点吏，千人云集，人言称他是无罪左迁之人，所以"众乃拥之，马不得行"。刘天民将眼纱掷地，称"吾无愧于衙门，使诸君得见吾面目耳！"② 后人将其与边贡③、李攀龙④并称"历下三杰"。刘天民重修淮南书院是在明嘉靖五年（1526），淮南书院初建应更早。涌泉书院在古城北八公山麓，嘉靖时巡按御史杨瞻建。淮淝书院在古城东北隅，明万历四年至六年（1576—1578）寿州知州庄桐，就任期间曾将城内小察院基改建淮淝书院。此三个书院在明末皆废。

清代书院以循理书院最为有名。循理书院始建于明天启二年（1622），位置在州署北，中春申坊西大寺巷内。书院取名"循理"意为"欲使游其中者，日持循于天理之内，而渐臻自然也"。崇祯末年，书院毁于战乱。清乾隆二年（1737），知县周之晋恢复循理书院，以后历任知州、知县多次为书院增建、重修房舍，增置田亩。至光绪

---

① （明）栗永禄纂修：《嘉靖寿州志》，上海古籍书店1963年版，第70页。
② 陈明超：《刘天民与刘氏家族》（http：//blog. sina. com. cn/s/blog_ 4b426f3b0100nut3. html）。
③ 边贡（1476—1532），字廷实，历城人，明代著名诗人、文学家，弘治九年（1496）丙辰科进士，官至太常丞。
④ 李攀龙（1514—1570），字于鳞，号沧溟，历城人，明代著名文学家，嘉靖二十三年（1544）赐同进士出身，授刑部主事，历员外郎、郎中等。

时，循理书院已发展到有田地169顷36亩8分，园畦2485个，市草瓦房234间，一时成为全省规模较大的书院之一。清末废科举，兴新学，宣统元年（1909），循礼书院改为寿州公学；1923年改为县立初级中学；1938年，日机炸毁部分屋宇，后日本侵略军占领县城，建立汪伪政权，学校房屋坍塌，荆棘丛生。循理书院几经兴废，前后办学300多年，培养了许多人才，"而比翼联飞者多人"，"故一时人文蔚起，称极盛焉"，"所赖以造士者，独在书院"，"秀异多出其中"。[1]

寿春除公学外，还有许多百姓集资兴办的私塾、义学、社学。寿春私塾源远流长，自建镇之时起计，存在两千余年。私塾大致有四种形式：第一种是教书先生在家设帐，招收邻里亲戚子弟课读，人数多少不等，年龄亦不受限；第二种是一些世家大族，借宗祠、庙宇设塾，学生以族中子弟为主；第三种为义塾，多由个人捐资开办，救济贫苦；第四种为村塾，由一村中的富裕之家邀请塾师设立。清乾隆四十四年（1779）孙士谦捐资建城内义学五所，后废。道光五年（1825）董事柏节也建广济局义学一所。

近代以来，废科举，兴办新学堂。光绪二十九年（1903）五月，州人孙多森在城内南街楼巷，创办私立阜财高等学堂；1904年，孙毓筠借城北僧王祠（祀僧格林沁）办蒙养初等学堂；光绪三十二年（1906），州绅孙传橤在州治东春申坊，开办公立高等学堂；廪生朱金堂在城内清真寺办务本初等学堂。清亡，大部分学堂停办。民国时期，设立公学，西方传教士也在城内开办幼稚园、道华学校等。

新中国成立后，当地教育得到迅速发展。寿县是教育大县，2018—2019学年度义务教育阶段小学招生75215人，初中招生41718人。其中一年级招生11368人，七年级招生14254人。古镇教育机构发达，现有寿州卫校，位于寿春镇西大街莎菓巷；寿县广播电视大

---

[1] （清）曾道唯修，葛荫南纂：《光绪寿州志》，江苏古籍出版社1998年版，第121页。

学，分南北校区，北校区地处寿县博物馆南侧，南校区靠近西外环，位于寿春苑小区南侧；寿县职业技术学院等高职高专；城内设有两所小学，实验小学一校三部①，寿春中心校②；三所公办幼儿园③，两所高中④，一所初中（寿县三中），其他各种私人培训班更是多达50余家。

旧时世家大族"以读书为业，子弟多醇谨，不与外事"⑤，普通之家更将读书视为安身立命所在。千百年来，寿地人才辈出，《寿州志》儒林、文苑、武功多有记载。近代以来，当地俊杰辈出，如：司徒越（1914—1990），本名孙方鲲，曾为中国书法家协会会员，安徽省书法家协会名誉主席，安徽省考古学会、博物馆学会理事等。孙大光（1917—2005），曾任地质矿产部党组书记、部长，中国共产党第十二届中央委员，原中共中央顾问委员会委员，第三、五届全国人大代表。金克木被时人称为"燕园四老"之一，也为寿县人，历任第三至七届全国政协委员，九三学社第五届、第六届、第七届常委，宣传部部长。

古镇城小，寿州写字的多，书斋亦多，写一手好字的人很多，书画之风昌盛。民间流传着"怀诗、寿字、定文章"，指的是怀远县的诗、寿州的书法和定远县的文章在全国享有盛誉。现在，一些居民家中，堂屋多挂有中堂，有山水画、国画等，街上一些店铺名的书写也大多出自当地书画爱好者之手。这些书画爱好者，上至90岁老者，下至7岁孩童，既有专业人士，更多的是业余爱好者，他们在各行各业工作。最热闹的应属春节期间，除了举办各式的书画展之外，一些书画爱好者往往亲自书写春联，赠送给亲朋好友，使节日气氛更加浓厚。

---

① 南大街本部、南校区（又叫回民小学）、西校区（又叫城西小学）。
② 含城中小学、城东小学、城北小学。
③ 寿春幼儿园、机关幼儿园、寿州幼儿园。
④ 寿县一中，寿县二中北校区。
⑤ （清）曾道唯修，葛荫南纂：《光绪寿州志》，江苏古籍出版社1998年版，第45页。

除了书画爱好者多，寿春城内还活跃着一批热爱古镇、积极推动古镇文化研究的居民。他们全凭个人爱好、热情，不追求名利，为宣扬当地文化默默地奉献着。一筹斋李家景、浮木王继林、潘辰宁等人利用工作之余进行研究学习，令人佩服。李家景收集、整理了各种版本《寿州志》，各时期各种报纸、杂志、中国期刊网有关寿地资料，当地出版的一些内部资料等，只要涉及当地的资料都收集。李家景研究寿州的代表作有《寿县古城，你将魂归何处？》《寿州城的"北门"和"圵门"》《关于清凤台知县李兆洛养廉银问题的查证》《"五部尚书"黄克缵与寿州》《吃谁的豆腐？——探析寿县、淮南市"八公山豆腐"冠名》《"皖"与"皖"》等文章30多篇，在当地和网络上小有名气。浮木研究寿州成果主要有《一步寿州一天涯》系列，被媒体多次转载报道。

学校是传播主流文化的载体，社区和家庭教育则是学校教育的重要补充。当地人重视子女教育，在教育上大量投入。在近几年国民教育的发展过程中，现代学校教育按照等级序列排列，渐渐形成了以考试和升学为中心的"功利主义"的教育观念，学校被看作升学考试的机构。教育资源在我国各地区城乡之间的分布非常不平等。先赋性文化资本与家庭和父母密切相关，个体通过父母代际传递而获得一种先赋性资源。家庭在子女个性化和社会化方面起着先导作用，家庭是教育最初的发生区域和场所，父母的言行举止成为孩子的模仿对象。为了使孩子可以读教学质量较好的学校，一些有能力的家庭，更是把孩子送到合肥或六安读书。有的家庭因孩子小，家长需要陪读，借读费加上陪读一年一个学生的花费高达2万多元，其他一些不能进入市区学校学习的孩子，家长也想方设法让孩子进入镇内最好的学校。

二 "读书无用论"

教育在一个人的发展过程中起着至关重要的作用，良好的教育环境直接影响个体功能和社会功能的实现。近年来，教育费用猛增，"不上学等着穷，上了学立刻穷"，而与此相比就业形势严峻，毕业即失业。现在一些寿春镇居民或学生,感受不到知识的价值和重要性,没有对知识的渴求和动力,人们在看待教育的问题上,仍然遵循着朴素的逻辑:学历意味着好工作——好工作意味着不累,赚钱多,刺激人们对教育的追求,但追求教育并不能实现好工作和赚钱轻松,人们开始对教育产生怀疑,尤其是近年来大学生就业问题突出,让他们看不到教育的回报,接受教育成了高风险、低回报的投资。大学生们花费了家人大量钱财,毕业后找不到工作,家人和自己都承受着社会舆论压力和自我心理压力。演绎版"知识改变命运"[1] "读书无用论"蔓延,许多初中、高中生开始辍学、厌学,尤其是初二的学生便倾向于辍学,即使不辍学也是"混日子",在学校挂着名,泡在网吧或游戏厅,甚至与社会上的"混混"聚在一起,养成打架斗殴等恶习,在义务教育完成之后,基本不会再选择上学提升自己,而是跟随父母打工或者成为社会闲散人员。辍学率较高,造成教育的回报率低,反过来影响了家长对教育的投资意愿。心中对读书的美好期望和残酷现实的落差,击碎了很多人的梦。

在我国,不管家庭条件如何,父母都希望子女好好读书,教育期望较高。虽然"教育无用论"在蔓延,但寿春古镇大多数居民仍然很重视教育,因为教育是其实现社会流动的唯一可能。历史上的"科举考试就是一种改变自己生存处境的制度化途径。就这一点,今天与过去的几千年没有本质差别。也正因为此,与其他的文明相比,传统中国是一种流动性较大,结构也并不十分僵硬的社会。不同的是,传统社会是一个以农村为主的社会,绝大多数人都生活在农村,因此,即使考试不中,也没有今天这样严重的含义。而今天的社会已经进入工业化和城市化的时代,特别是在我国,由于严重的城乡二元结构的存在,农村和城市几乎分属两个完全不同的时代。因此,能否通过高考

---

[1] 演绎版"知识改变命运":话说一人去算命,算命先生摸骨、相面、算八字后,说,你二十岁恋爱,二十五岁结婚,三十岁生子,一生富贵平安家庭幸福晚年无忧。此人先惊后怒道:我今年三十五岁,博士,光棍,还没恋爱。先生闻言,略微沉思后说:"年轻人,知识改变命运啊。"

实现社会流动,实际上意味着你将生活在哪个时代,是个人命运的一种抉择"①。寿春镇居民虽多属"城市"户口,除部分下岗职工达到退休年龄后,可以领取养老金,比农民生活"分析"起来相对优越一点,但大多数居民在医疗、养老保险方面缺少保障。一部分下岗职工和菜农,生活甚至不如农民,他们住在狭窄、阴暗的单位宿舍或公屋内,连房子都不属于自己,更缺少向上流动的"社会资本",于是教育成了他们的"救命稻草"。"读书无用"又使这部分数量庞大的居民试图通过教育实现社会流动的举措,显得"悲壮又无奈"。

第三节 "偷得浮生半日闲"

休闲娱乐是享乐型消费的重要组成部分,可以强化享受和满足的体验,提高生活质量,促进心理健康。寿春古镇人在长期的生活实践中,形成了安贫乐道、随遇而安的生活状态。为了更好地了解当地居民生活,我曾对当地居民每月用于休闲娱乐活动(如打牌、健身、旅游、KTV)的平均费用和花费时间作了问卷调查。

表4-1　　　　　用于休闲娱乐的花费统计表(N=192)

费用	频率	百分比(%)	累计百分比(%)
基本不参加付费项目	47	24.5	24.5
50元以下	79	41.1	65.6
50—100元	32	16.7	82.3
100—200元	23	12.0	94.3
200元以上	11	5.7	100.0
总计	192	100.0	100.0

---

① 孙立平:《大学生生源农村孩子比例越来越小了》,载钱理群、刘铁芳编《乡土中国与乡村教育》,福建教育出版社2008年版,第55页。

第四章 寿春古镇居民消费价值观念 101

数据显示,在被调查人员中有24.5%的居民基本上不参加付费项目的娱乐,41.1%的居民每月用于休闲娱乐活动的平均费用在50元以下,16.7%的居民每月用于休闲娱乐活动的平均费用在50—100元,12.0%的居民每月用于休闲娱乐活动的平均费用在100—200元,5.7%的居民每月用于休闲娱乐活动的平均费用在200元以上,82.3%的居民每月用于休闲娱乐活动的平均费用在100元以下,休闲娱乐费用支出相对较低。美国经济学家菲利普·科特勒指出:亚洲居民年收入在1000美元以下者,其消费主要集中在基本食品上,很少有可以自由支配的消费开支;年收入在1000—2000美元者,居民开始在饭店吃饭,开始逛超市选购商品,但选购商品范围有限;年收入在2000—3000美元者,居民可以大范围在超市内选购产品,娱乐或休闲的开支明显增加,开始购买个人使用的小型汽车和摩托车;收入在3000—5000美元者,居民开始多样化的饮酒消费、多样化的休闲开支,耐用消费品开支范围变广,开始购买非必需品,如摄像机;收入在5000—10000美元者,居民在外吃饭支出增多,休闲开支包括海外度假与购买奢侈品,开始出现投资,收入在10000美元以上者,居民投资增加,奢侈品消费和家庭娱乐增加。[①] 寿春镇居民年平均收入低于3000美元,居民用于享乐性消费的费用不高,也有其合理性,但并不能说明寿春古镇居民休闲娱乐消费不发达,恰恰是其经济发展水平,造成居民大多选择花钱不多、甚至不花钱的项目。因为古镇居民每天用于休闲娱乐的时间5个小时以上的占调查对象的7.8%,每天用于休闲娱乐活动时间达3—5个小时的占样本的56.8%,1—3个小时的占35.4%,只有8.9%的居民表示没有时间休闲娱乐。总体上来看,寿春古镇居民娱乐时间较为充足。

---

① [美]菲利普·科特勒:《市场营销管理》,洪瑞云、梁绍明等译,中国人民大学出版社1997年版,第167页。

表4-2　　　　　　用于休闲娱乐的时间统计表（N=192）

时间	频率	百分比（%）	累计百分比（%）
每天没有时间休闲	17	8.9	8.9
1—3个小时	51	26.6	35.4
3—5个小时	109	56.8	92.2
5个小时以上	15	7.8	100.0
总计	192	100.0	100.0

一 "不如跳舞"

古镇内大型KTV有多家，价格不等。与包厢内唱歌相比，广场上露天唱歌每首收费2元，歌曲曲目多比较潮流，每天傍晚时分，在广场附近会有一些老板置一家庭影院，居民晚饭后出来散步或一些来此游玩者，可以唱唱歌。

傍晚时分的广场，除了唱歌者外，更是舞者云集。古镇舞厅达数十家，古镇人将去舞厅称作"去潇洒"，这些舞厅档次不同，豪华者里面装修亮丽，灯光闪烁，里面销售的物品较贵。普通舞厅只有一个电视机，中间放一个彩球，价格比较便宜。但一些老百姓更喜欢在文化馆、博物馆、政府大院、春申君广场等地跳舞，一个录音机，加上音响，人们就随着音乐跟在领舞老师的后面跳，音乐激昂，排山倒海，场面可以惊呆任何一个外地人。广场舞具有自娱自乐的功能，居民通过这种方式来舒缓生活中的压力，自我放松，增进健康，丰富生活。

二 "泡一泡，十年少"

"上午城墙转一转，中午端杯干一干，下午桑拿涮一涮。"古镇人喜爱泡澡，觉得"澡身浴德"。城内东、西、南、北四条大街皆有澡堂。"寿县一大怪，五十米一饭店，一百米一澡堂，一百五十米一超市。"[①]

---

① 当地顺口溜。

早在民国时期，古镇内就有七家浴池，即：东街的"龙园"、北过驿巷的"昇平园"、南过驿巷的"公园"、北街的"大光园"、洪家拐的"裕德池"（后易名寿春池），南街的"华兴池""洗心泉"。其中，以昇平园[1]的规模最大、名声最响。昇平园浴池门檐挑两只大八角宫式灯笼，大门两侧各塑一狮子，门前悬挂一对汽灯，每晚灯光照彻全街。内有东、西两进院子，院内有假山、名贵花木无数，浴池内设大池间和盆池间，里面分为四等：一等"房间座"，每间可容四人，共有三个房间，票价每人二角五，座椅面可以翻转，一面为竹，以备夏日用，一面为木，春秋冬用；二等座为"大官座"，每座票价四百钱，一屋有座位二十多个；三等为"池座"，每座票价二百六十钱（十三个铜角子），有座位一百多个；四等为"箱口座"，每座票价一百钱（五个铜角子），每客有一柜子存放衣物。[2] 园内职工有二三十人，服务周到，顾客到来后，首先迎上去请进房间，然后沏茶，帮顾客换上拖鞋，再把客人的鞋子拿到门外，之后递上一条毛巾，请顾客擦拭用茶。顾客要泡澡时，递上浴巾，客人到池边，洗浴一会后，接过浴巾，递上香皂，洗完后，端上一盆热水，复擦一次，如在夏日洗浴还会有专人扇风。[3]

昇平园浴池设施齐全、服务周到，受到居民喜爱，生意非常好。但同行业之间竞争是不可避免的，至今居民中仍流传着"南园、北园唱对台戏"的故事。话说昇平园浴池老板侯幼斋是个戏迷，闲着没事便和朋友在院内唱戏，这一唱顾客乐了，不仅可以洗澡，还可以听戏，来浴池的人更多了，生意越来越红火。其他浴池认为侯幼斋用唱戏的方式，拉拢顾客，便成立"通俗剧社"，俗称"北园"，与昇平园争高低。侯幼斋也不甘示弱，租下浴池旁边的陈姓宅院，改为"共

---

[1] 昇平园浴池，取名兴盛吉祥之意。
[2] 寿县政协文史资料委员会：《寿县文史资料》（第二辑），内部资料，1990年，第124页。
[3] 寿县政协文史资料委员会：《寿县文史资料》（第二辑），内部资料，1990年，第125页。

乐舞台",百姓称为"南园"。一时,两个戏园隔街对唱,轰轰烈烈,热闹非凡。抗日战争期间,一些北方艺人逃难,许多名角如窦玉婷、江鹏飞、陈月楼等都被北园请去演出过。当时,几家浴池凡洗"房间座"的顾客,奉送一等票一张,最后,"对台戏"越唱越热烈,越唱浴池之间的关系愈紧张,唱戏时,戏园门口站几十个打手,政府怕闹出事来,不得不出面调停。后日寇侵华,浴池也被占领,后又复办。新中国成立后,昇平园浴池成为城关饮食服务公司下属单位。"文革"中,曾一度易名为"东风浴池",现又恢复始创字号。[①]

而今"小城虽不大,浴池二十八",甚至成立了"澡堂协会",统一管理当地的浴池,一些台商也发现古镇人喜爱泡澡,在北大街投资建了"温莎堡"。古镇澡堂分为三六九等,大型洗浴中心50元一次,小型洗浴10元每次,普通浴池3—4元。古镇人喜欢下午去澡堂泡澡,洗澡先泡上一个多小时,然后在淋浴上冲冲,回到休息室,泡上一壶茶,聊聊天,一躺就是一下午。"浴池小社会,社会大浴池",居民在浴池里,谈论家事、国事、天下事,不亦乐乎。寿春古镇的澡堂,已经完全超出了洗浴的功能,成为当地居民文化生活的一部分。

三 "无事小神仙"

"寿州闲人多,算命的多,信教的多,写字画画的多,玩石头的多,养狗的多,总而言之寿州闲人多。"[②] 寿州城小,平日大家也没个去处,于是乎只有打牌或者看打牌。古镇人喜爱打牌,在孔庙、春申君广场、北门广场、清真寺以及其他空地,许多居民支开桌子就开始打牌。据孔庙看门的老奶奶讲,"每天来孔庙大约有20—40人打牌,每张桌子收取2元钱费用,阴雨天也有十多人打牌,春天时,春申君广场更是人山人海,许多居民坐在景区凳子或草地上打牌"。

打牌者多,看牌者则更多。而古镇最具规模,人气最高的打牌场

[①] 寿县政协文史资料委员会:《寿县文史资料》(第二辑),内部资料,1990年,第127页。

[②] 王继林:《寿州闲人》(http://blog.sina.com.cn/s/blog_ 4900d676010016dw.html)。

地当属孔庙处,孔庙处打牌者平时可以聚集100多人,遇到阴雨天,大家则躲在孔庙的屋檐下打牌,人数也有20多人。2011年2月份,古镇普降大雪,气温降至零下,如此天冷,可打牌者热情丝毫不减,打牌者和看牌者有二十多人。由于天冷,打牌者坐着比较冷,手拿着牌都发抖,不时用热气吹吹手,打牌者和看牌者都跺着脚,其场面可想而知。王继林在其博客中也描述了孔庙打牌、看牌的过程:"集体无意识地去孔庙看人家打牌,这边是孔圣人,这边是穿拖鞋着背心的牌友,看牌的趿拉一双鞋子跟在后面看着,看急了还评论几句,打牌的不愿意于是吵起来,吵就吵,但不兴打架,说是五个5,不应该打他的四个A,那人就说了,我楚弹(寿州方言:高兴),我高兴打他的四个老妖。又说了,你不照(方言:行)我来打,那人说了,凭××你来打,你看你长的咯。"[①]

古镇居民爱狗,狗陪主人散步、解闷,无事遛遛狗,因此养狗者比比皆是,走在大街上,百米之内准能遇到一条狗。古镇人所养多不是宠物狗,而是个头大、性子烈者。当地人喜欢养狗者为狗建窝,负责日常起居、生病照顾等,让人感动不已。古镇狗多,也导致了狗患。主人常常将狗放出来透风,有时狗随地大小便,影响了街道环境卫生;狗的天性是遇到陌生人则会狂叫、追咬,有时会威胁居民安全;狗与狗之间也常常咬架,场景惨烈,狗主人之间经常为此吵架。更恐怖的是,有许多狗是放养或流浪狗,任其在街上跑来跑去。古镇居民将狗放养与长期以来的生活习惯有关,一是放养的狗,对周边的熟人没有任何恶意,甚至会非常亲密,但是对于陌生人会非常警觉,起到看家护院的作用;二是将狗放养,狗可以出去觅食,省却了养狗喂狗的麻烦和负担。

但现在人口流动量大,陌生人增多,狗也就存在着危险。狗成患,影响了居民生活,引起许多居民的不满,群众反映强烈。于是政府成立了打狗队,打狗队刚成立时,捕杀狗没有统一标准,全凭打狗

---

① 王继林:《寿州闲人》(http://blog.sina.com.cn/s/blog_4900d676010o6dw.html)。

队感觉,个头大,在街上乱跑无人看护者统统被捕杀。打狗队的行为,得到了部分居民的支持,但其残忍手段和滥杀无辜也引起了居民的不满。一些爱狗者向媒体、电台投诉当地打狗队的行为。于是,2010年5月24日,寿县政府第24次常务会议讨论通过了《寿县城区限制养犬暂行规定》,对古镇养狗进行了规范。其中要求养犬者必须遵守以下规定:"在犬只颈部系挂犬牌;犬只必须实行圈(拴)养,不得散放;定期到县动物防疫监督机构为犬只作检疫和免疫注射;养犬不得危害公共利益,不得侵害他人的正常生活、工作和学习;不得携犬进入广场、公园、城墙、机关、学校、医院和市场、商店、商业街区、饭店、浴池、歌舞厅等公共场所;不得携犬乘坐公共交通工具;携犬出户时,须束犬链,并由成年人牵领,不得纵犬在楼道、公共阳台、公共绿地、广场、城墙排泄粪便;犬在户外排泄的粪便,携犬人应当立即清除;犬只死亡的,犬主应到指定地点火化犬尸,不得随意丢弃犬尸;不得转借、冒用、涂改、伪造和买卖犬类牌证。"古镇养狗者只要遵守以上规定,其狗便不会被捕杀。但生活中,遵守比较困难,帮爱狗办理户口居民可以办到,将狗圈养或拴养,则比较难,因为居民已经习惯将狗散放,拴住了狗,也牵住了人。打狗队办公也如其单位名称一样,灵活性较强,群众反映强烈时,打狗队则较为积极,反映较少时,则处于"休眠"状态,任野狗横行,打狗工作反弹性较强。

第五章　寿春镇居民的交往价值观念

第一节　古镇人之间的交往观念

一　互助与"亲情困境"

长期以来，寿春镇居民以自然经济为基础，形成了以血缘、地缘为依据的生产和生活单位。家庭是个人生产、生活的重要单位，成为一个内聚力很强的并且非常稳定的社会组织。家庭是人们同居共财的亲属团体或拟制的亲属团体，在个人的成长过程中起着政治、经济、文化等多重功能。古镇居民以家庭成员居住在一起组成大家庭为荣。比如：申勉亭家族九世同堂，远近闻名，传为佳话。申氏远祖系寿春周边申家塘人士，历代从事农耕，老少聚居，合力干活，同锅炊爨，和睦异常。邻里赞称："申家人可夸，四辈不分家。"后申家遇到饥荒，申氏太祖父申桂之率领一家老小，逃荒流落三十铺乡翟家圩，租佃萧家瓦房土地为生，落户生根，在那里耕田种地，到新中国成立前夕，又新发展了五代，号称九世同堂，约计男女成员 100 多口。申氏大家族治家，形成了治家十诀："注重教育；明确分工；厘定家庭制度；统筹安排；撙节办事，避免铺张浪费；增加社交，安顿家室；讲民主重检点；经济公开；生活安排；欢度节日。"[①] 在日常的运作中，这种聚族而居的社会结构，促使了大家庭家长具有绝对的权威，对家庭成员的婚姻、交际、经济活动等大小事务拥有决定权，家庭成员与

[①] 蒋应平主编，政协六安市委员会编：《六安文史》，中国文史出版社 2006 年版，第 445—450 页。

家长之间的地位是不平等的。家庭成员的劳动所得要全部或部分交给家长，一些公共开销也要家长支出，族规每个家庭成员都要遵守，儿女年幼时，父母要抚养和教育他们，当父母年老时，子女要赡养父母。家庭在日常的运行中，形成了父慈、子孝、兄爱、弟敬的传统。现在古镇内还存在一些大家庭，与之前的家族聚居已经有了很大区别，这些大家庭成员地位是平等的，经济上也多是独立的。大家庭作为人们的美谈，并不是说家庭成员之间没有冲突，黄光国将这种家庭内的人际冲突称为"亲情困境"。但随着大家庭中人口的增多，物价的上涨，以及大家庭中大家长随着年龄的增加，收入渠道固定，收入相对稳定而支出增多，而子女在家庭责任和义务面前的互相攀比和推诿都对大家庭的维持带来很大压力。同时，随着生活节奏的加快，年轻人从繁琐的家务中解脱出来，大家庭成为他们的"后勤保障"，照顾吃喝拉撒，成家后，还要帮忙照顾孩子，造成家庭中家长身心俱疲。

黄光国先生的"亲情困境"不仅包括家庭内的磕磕碰碰，还包括亲属之间事务的"繁"不胜烦。家庭间的同舟共济，互相帮助，是应该的，但也左右为难。找人办事会欠别人人情，如果欠的人情太多，则在与家人的交往中占据少量的"道德资本"，处于被动状态；而帮助家人，则是想通过帮忙，获得家庭内的"道德资本"，在家庭内获得尊严和话语权或者自我实现，但需要办事的人太多或超出自身能力，家人的不理解，又使已经获得的"道德资本"降低，造成价值观念上的困惑。而对其他人来讲，本来找人帮忙就是一个"伤面子"的事，处于劣势地位，办成了还好，但是如果事情没有办成，其损害的"面子"，也只能通过"抱怨"来重新使双方的"道德资本"达到平衡。我在准备博士论文期间，曾对古镇人"亲属和朋友比较，您个人认为哪种容易交往？"做过问卷，问卷显示认为朋友更容易交往的占26.0%，亲属更容易交往的占16.7%。"来往花费多，经济压力大"和"要帮忙事情多，但能力有限"占84.4%，成为影响朋友和亲属之间交往的重要因素。

表 5-1　　　和亲属或者朋友交往的难易认知（N=192）

交往容易度	频率	百分比（%）	累计百分比（%）
朋友更容易	50	26.0	26.0
亲属更容易	32	16.7	42.7
都容易交往	108	56.2	99.0
都不容易交往	2	1.0	100.0
总计	192	100.0	100.0

表 5-2　　　和朋友或亲戚交往存在的问题认知（N=192）

存在的问题	频率	百分比（%）	累计百分比（%）
来往花费多，经济压力大	106	55.2	55.2
见面太多，时间有限	28	14.6	69.8
要帮忙事情多，但能力有限	56	29.2	99.0
朋友之间差距大	2	1.0	100.0
总计	192	100.0	100.0

二　"人情"和"层级"

阎云翔认为："中国人的礼物交换是嵌入于一个人类学家称为'人格之文化建构'的过程当中的，个人要通过礼物交换的实践学会如何去和不同类型的人打交道。"[①] 礼物是传达关心、眷恋、道德关怀和感情联系等精神信息的有力工具，进而创造出的送礼者和受礼者之间的精神联系被称为"人情"。而"人情"既是一种社会情感，也是一种用于人际交换的资源，是中国人人际互动的纽带和准则。阎云翔根据礼物交换的情境将礼物交换分为仪式性交换和非仪式性交换。仪式性交换，往往在属于同一个"圈子"的亲朋好友之间进行，包括日常生活中的婚丧嫁娶，它遵循四个规则：常人总是以互惠的方式与他人往来；无论在亲属意义上还是在社会意义上，随礼不能打破现存的

---

① ［美］阎云翔：《礼物的流动——一个中国村庄中的互惠原则与社会网络》，李放春、刘瑜译，上海人民出版社 2000 年版，第 14 页。

社会地位等级体系；不拘泥于送礼的固定标准；注重送礼的方式。①2009年左右，寿春古镇居民之间随礼金额最低为200元，关系亲密者或想通过随礼加深感情者金额不限。有些时候，主家并不希望送礼者的礼金太高，因为当一个人通过增加价值来置办一件礼物时，会对受礼者造成异常的压力，到收礼者还礼时，还礼数目要比之前的礼物价值更高，如果比之前主家随礼的数目低或者持平的话，对主家和回礼者两者之间的关系有很大的影响。

居民之间的送礼观念，是日常生活互赠的体现，仪式性馈赠更多地体现了社会的印记。比如，现在随礼200元，行为取向是普遍的，使送礼者和其他人的互动都遵循着一定的规范性标准，既体现了物质层面，又体现在精神上。关系亲近者，馈赠礼品要贵重，礼品贵重又体现关系亲近，即使亲近也要遵循一定的规范，不能打乱亲近的"层次"。仪式性交换，本身带有一定的展演、仪式色彩，注重礼仪、等级、秩序、规则的稳定。友情虽是宝贵的，但在仪式性礼物交换过程中，朋友的礼物馈赠，则不能超过母亲的血亲。

"非仪式性礼物馈赠"是指不涉及任何正式的典礼，多体现情感性的，为居民日常生活的礼物交换活动，主要包括平日的走亲访友、拜年、探望病人、日常生活中邻里物品的赠送。朋友之间的非仪式性礼物交换，则表现出很大的随意性，邻里之间可能是一把青菜或者一碗水饺等，通过这些日常生活的礼物交换，维持邻里、朋友之间的亲密关系，基本上也无规则可循，但仍体现了邻居和朋友之间的人情所在。

三 熟人调解与民悍好争斗

费孝通认为乡土社会是一个礼制社会，生活的各方面，人与人之间的关系，都有着一定的规则，行为者对于这些规则从小就熟习，不

---

① ［美］阎云翔：《礼物的流动——一个中国村庄中的互惠原则与社会网络》，李放春、刘瑜译，上海人民出版社2000年版，第120—124页。

第五章 寿春镇居民的交往价值观念

问理由而认为是当然的,长期的教育已把外在的规则,化成了人们内在的习惯,维持礼俗的力量不在身外的权利,而是在身内的良心,所以这种秩序注重修身,注重克己……打官司成了一种可羞之事,表示教化不够。[①] 如此,国人不愿打官司,重视用调解解决生活中的矛盾,这种传统观念一直影响到现在。古镇居民若遇到纠纷,也会请一些和事佬或亲戚进行调解。许多居民之间的纠纷,多不涉及利益纠纷,即使一些涉及利益的纠纷,居民也认为如果诉诸了法律,"抬头不见低头见",伤了和气。同时,法律解决问题程序复杂,速度较慢,不能及时解决纠纷;如果是家庭内部矛盾,"家丑不可外扬",不想让别人笑话,只有在调解不能解决问题,迫不得已的情况下人们才会诉诸法律。所以,古镇发生一些纠纷,有自己的行为逻辑。以寿春镇发生的交通事故为例,据许宪隆老师讲:当地如果发生了不是特别严重的交通事故,受害人首先将车主的钥匙拔下,完成第一个动作,然后开始谈判,事故双方互相询问对方情况,你住在哪里,我住在什么地方,接下来是看双方有没有熟人,如果有熟人,就商量着把熟人请来,帮助解决事故,在聊的过程中,大家增加了了解,也商量了解决方案,如果协商不通,则进入司法程序,报警,然后交警来处理。寿春古镇地方不大,随便一"拉关系"都是熟人或朋友的朋友。即使互相之间不认识,也可能会有一些热情的"中间人",协商解决问题。

寿春古镇3.6平方公里,里面居住着12万人,居民生于斯、死于斯,"每个孩子都是人家看着长大的,在孩子眼里,周围的人也是从小就看惯的,这是一个熟悉的社会,没有陌生人的熟人社会"。古镇居民住在一起,彼此相熟相知,很多家庭之间都是世交。比如,李家景家和潘辰宁两家,自祖上就是朋友,父辈也是好朋友,到了他们两人也是好朋友。因为地域狭小,大家长期生活在一起,增加了大家熟识的概率。

古镇居民之间虽然熟知,协商较多,但古镇并不是"无讼""少

[①] 费孝通:《乡土中国》,北京大学出版社1998年版,第55页。

讼"。历史上地方官称寿州"狱讼繁多"①。这与寿春地方风气刚劲，"民悍而喜争斗，一言不合则投箸而起"有关。"清真寺高度之争"，"南园、北园之争"可谓家喻户晓，居民之间因琐事争斗者比比皆是，甚至一些居民敢于与当地驻军争斗。古镇西门外的西湖，"周六十里，淮水涨则成巨浸，为城患，明崇祯十三年（1640），大旱，民偶开荒种地"，于是明政府征收湖地税收。清朝初期，政府与民休养生息，蠲除租税，湖地被大量开垦，以至于嘉庆十一年（1806）到十七年（1812），当地兵民"互争牧地，屡行禀控……以致频年结讼"②。兵民发生冲突后，寿春镇总兵多隆武向两江总督和安徽巡抚上奏"求委员勘丈"，嘉庆十七年（1812），两江总督百龄和巡抚钱楷委托凤庐道四色达、凤阳府知府姚鸣庭、江苏候补道广、苏州海防同知傳、江宁协副将祥、寿春总兵多隆武、游击沙念圣、守备程锡泰、寿州知州沈南春和凤台县知县李兆洛一同勘察西湖土地，划分兵、民土地界碑，最后划定"自涵洞口界石起西北至羊鼻梁骨，西南至九里沟，共长十七里六十弓，从羊鼻梁骨界石对九里沟界石，划直沟一道，沟以东为兵四地，沟以西为民六地。全湖四、六分劈，分兵四之地，应十六里，所余一里六十弓，议于湖之南北岸，让出走路二条，为民人由湖东入湖西樵、牧之路，弁兵不得藉词拦阻"。边界划定后，同时出台政策规范兵民双方的行为："营马不得越沟蹂践民地，民人不得越沟侵占营地；兵四地内营兵不得将牧地指租与民人开种；兵民湖地与钱粮地毗连处，俱刨沟、筑堤以为分别；对于寿西湖内一些没有开垦的土地，禁止再垦，对于已垦的土地，查明造册入官输租为书院、普济堂经费；规定营兵牧马，由西门经桥出城，而不得继续由北门出"；规定如果"遇到大水或者沟埂坍卸，界碑不明，州县要委员督夫重挖"。③寿西湖是兵民争地，通过政府勘察和制度的规定，状况才有所改善。但之后随着历史久远和西湖水位下降，荒地增多，兵民和老百

---

① （清）曾道唯修，葛荫南纂：《光绪寿州志》，江苏古籍出版社1998年版，第58页。
② （清）曾道唯修，葛荫南纂：《光绪寿州志》，江苏古籍出版社1998年版，第44页。
③ （清）曾道唯修，葛荫南纂：《光绪寿州志》，江苏古籍出版社1998年版，第44页。

姓之间还是经常发生争斗,史书中多有记载。

除了兵民争西湖地,当地流传着孙家鼐中状元后,回乡宴请老师苗沛霖和当地官员,二人因争座次而发生冲突,以至于后来引起苗沛霖起兵的故事。苗沛霖(？—1863),字雨三,凤台人,秀才出身,原为私塾老师,传曾为孙家鼐老师,后办团练起家,有"小诸葛"之称,被后来史学家称为"中国第一个军阀",留有诗句"我自横刀向天笑"。苗沛霖叛乱,使清末的"合肥李家""南皮翁家""项城袁家""寿州孙家"四大家族卷入其内,对清末的政局造成很大影响。

冯玉祥将军在其《我的抗战生活》中详细记载了此事:孙家鼐中状元后,回到家中请老师吃饭,并且请了本府的府官、本县的县官作陪客。客人到齐了后,孙家鼐就请老师上座,苗沛霖推辞说:"有知府在这里,自己不敢上座,还是知府上座。"这样苗沛霖就同知府大人互相推让起来,很久的功夫,也没有安排好座位,坐在一旁的县官就说话了:"还是府台大人坐上席好。"一面指着苗沛霖说:"他怎么能坐上席呢?"反复说了好多遍,苗沛霖很受刺激,此时他已经开始练兵,再也不是之前穷困潦倒的穷秀才,非常生气地讲,我教的学生中了状元,我怎么不配坐上席呢？我让府台大人坐上席,是我的礼貌,你怎么说我不应当坐,你为什么看不起我？简直是侮辱我。他越说越生气,马上叫进来一些随身带的民团,将县官绑了起来,扬言要杀死他,一旁的孙家鼐慌忙跪下来磕头,直说让老师留情,要是将县官杀死在他家,该如何是好。县官也苦苦哀求,苗沛霖才息了怒,指着县官说,我饶你狗命。就这样本来喜庆的谢师宴,不欢而散。苗沛霖回到家中,亲朋好友都过来问他,你的状元学生请你吃的什么好东西？苗说,什么好东西都没有吃到,吃了一肚子火,然后将在宴席上绑架县官的事情说了一遍。众人听了后感到恐慌,那还了得,绑架县官,他要是上个折子,还不满门抄斩,这简直放虎归山。苗沛霖一听,也感到恐慌,众人商量干脆一不做二不休,于是苗沛霖带了一两百个民团,跑到县官必经之路,等着县官出现。不大一会,县官果然坐着轿子经过,民团一哄而上,将抬轿子的围住,将县官从轿子里拖下来,咔嚓就将脑袋砍了下来。没有办法,苗沛霖只得反了,从此长江以北的几十万土捻子就起来了。事情起因就是因为让座一点小事。①

冯玉祥将军在抗战期间听说此故事,评论说:"我觉得凡事要谦逊,要和平。"苗沛霖和县官的座位之争,成为其叛乱的导火索,造成寿春生灵涂炭、血流成河,值得深思。

参加科考者,饱读诗书,多知书达礼之人,与人争斗是不符合"礼"的。但在科举考试时,寿春一些考生之间常常因争夺旅店等发生冲突。每到考试时,各地考生奔赴寿春镇,但是城小、房舍少,拥挤不堪,考生之间往往因住宿发生争执,本地人"城小民稀,房舍无多,先至者尚有屋可居,后至者则风雨莫避,拥挤之患不可胜言,兼之寿凤宿灵人多刚劲,而在本地者,又恃有客主之形势不相下,轻则口角,重则逞凶,日久嫌深,必滋事端"②。

当地民风刚劲,与寿春历史上为兵家必争之地、战乱不已有关,当地居民多习武术,现在古镇的一些地方,还可以看到居民在练习棍棒刀剑,锻炼身体。清朝一代,当地就有武举人160余名③,而没有考取武举人者更多,他们遇有战争,可保家护院,另可施展拳脚,获得功名,一些武士平时没事则"带牛佩犊之风,白昼横行都市中"④,滋扰闹事,令地方官非常头疼。一些地方官到任后,即出台政策禁止居民带刀而嬉,同时禁止铁匠私造武器。

当然,当地民风强悍,并不全是负面影响,在家国危难时,当地居民也多积极保家卫国。从鸦片战争到解放战争,在历次改良、改革和革命运动、解放斗争中,当地的仁人志士都走在全省乃至全国的前

---

① 冯玉祥:《我的抗战生活》,黑龙江人民出版社1987年版,第124页。
② (清)曾道唯修,葛荫南纂:《光绪寿州志》,江苏古籍出版社1998年版,第126页。
③ 寿县地方志编纂委员会编:《寿县志》,黄山书社1996年版,第686页。
④ 带牛佩犊,出之《汉书·龚遂传》:"民有带持刀剑者,使卖剑买牛,卖刀买犊,曰:'何为带牛佩犊。'"意思是指汉宣帝时渤海太守龚遂诱使持刀剑起义的农民放弃武装斗争而从事耕种,后比喻改业归农。(清)曾道唯修,葛荫南纂:《光绪寿州志》,江苏古籍出版社1998年版,第584页。

列。1902 年，柏文蔚①与陈独秀在安庆建立安徽最早的爱国民主团体"青年励志学社"。1904 年，柏文蔚在芜湖又发起成立反清革命组织"岳王会"。在现存的同盟会最初三年 960 人会员名册中，安徽 59 人，其中寿县 22 人，是海内外参加同盟会人数最多的地方之一。同盟会四任安徽主盟中，三任为寿县人。② 张汇滔③、管曙东④受东京同盟会总部委派回乡，在寿州创办以同盟会纲领为宗旨的信义会，很快发展成为当时淮上力量最强的秘密革命组织。1922 年春，社会主义青年团小甸集特别支部在寿县成立，书记曹蕴真，隶属上海社会主义青年团领导。同年，在上海分别加入中国共产党的寿县人曹蕴真、徐梦周、

---

① 柏文蔚（1876—1947），字烈武，安徽寿州人。1899 年就读于求是学堂。1905 年入江苏新军，旋任第三十三标二营管带，并加入同盟会。1906 年因参与谋刺两江总督端方事泄而离职。1907 年投吉林新军吴禄贞部，曾任屯田营管带、奉天督练公所参谋处二等参谋等职。辛亥武昌起义爆发后，南下任民军第一军军长，参与江浙联军会攻南京。1912 年任安徽都督兼民政长。1913 年参加讨袁，宣布安徽独立，失败后经上海流亡日本。1947 年病逝上海，时年七十二岁。转引自夏征农、陈至立主编，熊月之等编著《大辞海·中国近现代史卷》，上海辞书出版社 2013 年版，第 258 页。

② 红色皖西（https：//hswx. wxc. edu. cn/2018/1220/c4998a107246/page. htm）。

③ 张汇滔（1882—1920），字孟介，1882 年出生于安徽寿县，是中国国民党创始人之一，辛亥革命功臣，孙中山先生的重要助手。16 岁便以"习文不如学剑"为誓，投笔从戎，只身离家徒步赴安庆，入伍安徽武备学堂。1903 年，在安庆藏书成立召开了"安徽爱国会"，后被史学家称为"清末叶安徽革命运动之发端"。1905 年，张汇滔东渡扶桑，留学日本东京警监学校，参加中国同盟会，自己将原名张维环改为张汇滔，其含义是：汇入革命之大潮，掀起反清之洪涛。1907 年初，从日本回国，参与谋刺两江总督端方失利，潜回寿州成立"信义会"。1908 年 11 月与熊成基、范传甲等发动和领导了"中国历史上第一个利用新军士兵发动的安庆马炮营起义"。1911 年 10 月 10 日，辛亥革命爆发，11 月 4 日张汇滔任淮上军总司令，在寿州发动起义，先后光复蚌埠、怀远、凤阳、颍州等二十三个州县，促成安徽独立，为辛亥革命立下了不朽功勋。1913 年 10 月，张汇滔、陈其美、田桐等 23 人在东京由孙中山先生亲自主盟，首批加入中华革命党，1914 年 10 月 12 日，孙中山以"中华革命党委任令第三号"委任张汇滔为中华革命党安徽支部长、中华革命军江北皖北司令长官。1920 年被倪嗣冲派遣刺客暗杀身亡。张汇滔案与宋教仁案、陈其美案并列为上海滩民国三大血案。孙中山先生闻讯偕夫人宋庆龄亲临广慈医院探视，悲痛万分，泣不可抑，遂挥泪在白绢上题写挽额"国魂不死"。引自安徽省政协文史资料委员会《安徽近现代史辞典》编委会编《安徽近现代史辞典》，中国文史出版社 1990 年版，第 383 页。

④ 管曙东（1884—1947），民主革命者。寿县人。管鹏弟。早年留学日本，在东京加入中国同盟会。受孙中山委派回国，赴皖北从事反清活动。1906 年冬，与张汇韬、管鹏等在寿县创立同盟会分支信义会。1908 年，参加安庆马炮营起义。失败后，去怀远县创办萃华学堂，从事革命宣传活动。1913 年参加二次革命。次年避往日本。后回安徽参加护法运动。与兄管鹏共同创办《民治报》，任经理。1923 年《民治报》被封，遭逮捕。1929 年任巢县县长。1932 年任怀远县县长。抗日战争爆发后，任国民政府行政院咨议、司法院法规研究委员会委员。引自《安徽历史名人词典》编辑委员会编《安徽历史名人词典》（下），安徽教育出版社 2008 年版，第 991 页。

鲁平阶等人，形成"二三同志的组织"，是安徽省最早的中国共产党组织。

1923年冬，曹蕴真、薛卓汉、徐梦秋等人根据上海大学党组织的指示，回家乡发展党员，成立了安徽农村第一个党支部——中国共产党寿县小甸集特别支部，直属党中央领导，特支成员多以教书为掩护开展工人、农民和学生工作，发展党员。寿县籍早期党员约占全省早期党员的一半。

抗日战争时期，日军三次攻陷寿春镇，1938年6月4日（农历五月初七）首次沦于敌手。当地群众"不甘忍受日军的奴役，纷纷避居乡村，城内十室九空，……人民群众对日军的暴行，万分愤恨；党所领导的人民，抗日情绪十分高涨，日本侵略者处在人民抗日怒潮包围之中，惶惶不可终日。加之当时洪水围城，日军于农历六月初退回淮南"①。

解放战争时期，寿县人民坚持斗争，无私奉献，参军、参战，支援淮海和渡江战役。"在各级党组织的号召动员下，寿县人民一呼百应，不少群众还主动拿出自己家的被子、门板、粮食、船只、柴草送往供应站，支援解放军渡江南下，解放全中国。各村镇的广大妇女在妇联会的带动下，组织做军鞋、袜子送往供应站支援前线。仅寿县各地就制作军鞋、袜子近万双。同时，组织干部、学生、居民到解放军驻地慰问演出，张贴欢迎标语、组织妇女给解放军洗补衣被等。"② 总之，寿春古镇居民敢于反抗、顽强不屈的革命斗争精神仍激励着人们。

第二节 共生互补：古镇多民族交往观念

一 关帝庙与清真寺的"高度之争"

历史上，寿春古镇回汉居民在长期的生产、生活过程中，形成

---

① 六安市政协文史资料委员会编：《六安抗战史料汇编》，安徽人民出版社2015年版，第362页。

② 中共寿县县委党史工委办公室编：《寿县革命史》，安徽人民出版社1992年版，第243页。

第五章　寿春镇居民的交往价值观念　117

了睦邻友好、和谐共处、互帮互助的关系。如：寿春古镇人口稠密，房舍相连，一遇火灾，殃及四邻，为了防控火灾，群众自发在城东、城西、城北分别成立水龙会，城西水龙会地点则设置在清真寺内。水龙会仓库有水桶、梯子、抓钩、绳子等物，原有一部木制"消防车"。会员多是当地青、壮年，自愿参加，闲暇时加以训练，一旦发生火灾，群众则敲响报警工具铜钟，此钟原为颍州（今阜阳）开元寺铸钟，约于明初南运寿春，置于钟楼巷的"声远楼"上，当时如果是东街失火则敲三下，南街则敲四下，西街敲五下，北街敲六下，现在该钟藏于寿县博物馆，属于国家一级文物。听到钟声后，人们不分民族、地域，纷纷赶赴火场。火灾熄灭后，人们则各自散去。

地理景观是不同的民族与自己的文化相一致的实践活动的产物，迈克·克朗将"地理景观看作一个是价值观念的象征系统，而社会就是构建在这个价值观念之上的，考察地理景观就是解读阐述人的价值观念的文本"[①]。

寿县清真寺，又名华东大清真寺、城关镇清真寺，位于城内留犊祠巷，历史上曾经为华东地区最大的清真寺，现为国家级重点文物保护单位。清真寺院落，东西长128米、南北宽44米，中轴线上布置三进重院：前院正门为大中门，两侧设偏门；正屋为二门，两侧亦设有偏门；二进院落为中院，正殿为无像宝殿，即礼拜殿。殿前为宽广的平台，南北厢房原为阿文大、中、小学教室及水房等。北厢房西接"筛海洞"，院内有4棵绿荫蔽日的参天银杏树，寺院肃穆、庄重，后院是由环绕无像宝殿围墙形成。殿内明柱五十根，内涵四十九间半，殿内原悬48块匾额，20余块为清康熙年间至宣统年间赐匾，其中以慈禧太后赏赐的刻有福禄寿的青花瓷匾额最为珍贵，其他24块为寿县乡老们捐赠，这些匾额在"文化大革命"中遭到了破坏。

---

① ［英］迈克·克朗：《文化地理学》，杨淑华、宋慧敏译，南京大学出版社2003年版，第37—38页。

有关古镇清真寺修建年代，《光绪寿州志》记："清真寺在城内留犊坊，康熙年建。"① 1931 年出版的《月华》记载："城内清真寺建于宋代"②，1931 年清真寺阿訇为刘俊臣，"清真寺有一初级小学和研究社，建于宋代的清真寺，位于西北隅"③。除此之外的所有文史资料和网络材料都认为现存清真寺修建于明天启年间（1621—1627）④，证据为 1977 年和 1981 年修建清真寺时，分别发现的砖石："天启年建，光绪庚寅年重修，朱彩良经手"；"明天启年建，道光年重修"。根据这两块砖石进行考证，使得清真寺修建于天启年间的说法，几成"定论"。但是在光绪年间完成的《寿州志》为什么会记载"康熙年建"呢？翻阅《嘉靖寿州志》《乾隆寿州志》《光绪寿州志》有关清真寺的记载，仅此一句，难道这一句有所纰漏？

有关清真寺修建年代，我们不妨从现清真寺坐落的土地归属说起。清真寺无像宝殿前有两棵古银杏树，据《古城国宝银杏》一文介绍，寺内"三株较大的银杏，是明洪武年间曹氏所植，后连宅基一起卖给夏氏，距今 610 多年"⑤。清真寺原为曹家地方，现在清真寺西墙外即是"曹家巷"。2010 年 4 月，安徽省文物考古所协同植物研究所对寺内古银杏树进行了断代，考证寺内古银杏树有六百多年历史。上推六百年，为明永乐年间（1403—1424）。即使清真寺修建于明天启年间，也可以证明银杏树植于清真寺落成前。那么夏家是谁呢？据 WDX（WDX，回族，80 多岁，家住清真寺巷）讲："清真寺原为夏御史家花园，夏御史家后将花园卖掉。"翻阅《嘉靖寿州志》无夏御史。《乾隆寿州志》载"夏人佺，字敬孚，崇祯壬午科举人"⑥；"夏

---

① （清）曾道唯修，葛荫南纂：《光绪寿州志》，江苏古籍出版社 1998 年版，第 75 页。
② 《月华》1931 年第 3 卷，第 16 期。
③ 安徽省地方志编纂委员会编：《安徽省志·民族宗教志》，方志出版社 1997 年版，第 2 页。
④ 《寿县文史资料》《寿县志》《寿州旅游》以及寿县政府网、百度百科等知名网站。
⑤ 寿县政协文史资料委员会：《寿县文史资料》（第二辑），内部资料，1990 年，第 221 页。
⑥ （清）席芑、张肇扬纂修：《乾隆寿州志》，清乾隆三十二年（1767）刻本，卷九八物五人，第 423 页。

第五章 寿春镇居民的交往价值观念　119

人佺字敬孚，寿州人，顺治乙丑进士，知夏津县，充乡试同考官，拔新城王士祯，时称得人以最，擢河南道御史……康熙辛亥凤阳饥，特疏请蠲赈奉，命巡监自处清洁，归田后，以园池花竹自娱，寿八十"①。顺治元年为甲申年（1664）至辛丑年（1661）共在位十八年，这期间无"乙丑"年。经查夏人佺为顺治六年己丑科（1649）进士，第三甲。② 史料记载，康熙十年（1671）六月十二日，时任河南道监察御史的夏人佺上了一个关于"驿站因给全银，以免疲困事"③ 的题本。可知，夏人佺康熙十年（1671）还在为官，也就是说康熙十年（1671）前，夏家或此时没有买到清真寺这块地，或即使买到了也不可能将花园卖掉，毕竟清朝的道御史大多数为从六品官员，收入颇丰，况且此时的夏御史官运亨通，查《寿县地名录》："楼巷，旧名夏家楼巷"④，可知当时夏御史家实力。

　　通过以上分析可知，现存清真寺修建于明天启年间是值得商榷的，反而《光绪寿州志》记"清真寺在城内留犊坊，康熙年建"存在可能性。《乾隆寿州志·图说》记载，在城的西北角当时有三皇庙、地藏庵、元妙观⑤、社稷坛等宗教建筑物，可知当时西北角的社会概貌。由于寿春镇濒临淮河，经常遇洪涝灾害，西北角低洼，受灾更甚，居民陆续搬迁到其他地方，西北角渐渐荒废，沦为耕地，原清真寺及其他宗教建筑物已无遗迹，只剩下沼泽一片。

　　至于今清真寺发现的两块砖石，可能为原西北角清真寺砖石，后搬迁到西南角修建清真寺时砌入墙内，为节约之故。因为"抟土烧砖在中国民间有着悠久的历史，但烧成的砖多为官府、仕宦、富豪所

---

　　① （清）曾道唯修，葛荫南纂：《光绪寿州志》，江苏古籍出版社1998年版，第270页。
　　② 北京市东城区图书馆网：《科举集萃进士题名碑顺治六年己丑科》（http://www.bjdclib.com/dclib/subjectdb/exam/jinshitimingbei/200908/t20090828_26928.html）。
　　③ 张立："'捐马飞递'之我见"（http://www.hbjy88.com/article/showarticle.asp?articleid=3176）。
　　④ 寿县地名办公室编：《安徽省寿县地名录》，1991年，第7页。
　　⑤ 元妙观，因避圣祖康熙玄烨名讳，实为玄妙观，在州治西北春申坊。

用，下层民众一般以土筑屋，以茅草覆顶，故烧造砖瓦在大多数情况下，为官府征派，属于官营手工业"①。寿县虽有砖窑，但多为官府、富豪所用，甚至现在当地居民在修建房屋时，仍将原来拆除的砖瓦重复利用，古人烧制砖瓦不易，交通相对不如今天，可想而知，也会重复利用废弃的砖石，所以清真寺发现的两块砖石并不能成为清真寺断代的证据。寿春古镇多元文化求同存异和平相处，多元文化间的交流与碰撞、认同与融合，促进了文化的理解和互动，维持文化系统内生态平衡。

寿春镇清真寺修建过程中的历史记忆，有助于了解清真寺的修建背景和当地社会结构。据传清真寺修建过程中曾和当地汉族因为清真寺高度发生冲突。关于此事的来龙去脉，笔者博士导师寿春籍的许宪隆教授在其本科期间曾做过研究，成果发表在1983年的《中南民族学院报》，结合其研究成果，许老师曾多次指导笔者。据许老师讲："原来西北有个清真寺，经常遭遇洪水，年久失修，面临坍塌，不得不选址另建，于是选择了现在的地方，但现在的地方，有关帝庙。因此，清真寺进行建设过程中和当地的汉族发生了矛盾，时常有人在夜里对清真寺建设搞破坏，后来闹到衙门，衙门调解，也没能解决问题，还是闹，最后汉族人将修建清真寺大殿用的柱子，给截短了，造成现在的清真寺比关帝庙矮了几厘米。"

对于锯短清真寺大殿柱子的传说，WDX老人提出了质疑："那不能，没有这回事，后来是汉族人将自己的大关帝庙的上屋顶去掉了，去掉又重砌的，加高了，你当时怎么锯呢，讲不妥，人家盖房子，你锯，可不对。"

不管当地汉族通过何种办法，使清真寺比关帝庙高度上矮了几厘米，但这几厘米不仅仅是建筑物物理高度的展现，也代表回汉双方各自在古镇的势力和实力。据WDX老人讲："住家一大溜②房子，东方

---

① 王云：《明清山东运河区域社会变迁》，人民出版社2006年版，第188页。
② 一大溜溜：当地方言，一排排的意思。

就不能比西方太高,古代的住家都有这个风水学讲究,东边不能比西边高,东方属于上方,你压它,是你欺负人家,是吧,一大溜的房子最好一般高,这也讲人的品质,你为什么要比别人高呢,你想,就是人的道德品质,古时候讲究,你盖高不是想欺负人家吗?"

有关清真寺修建,当地还有一传说"王老贤进北京"。据 WDX 讲:"传说清朝有个叫王老贤的人,以磨豆腐为生。有一天,王老贤在街上卖豆腐,发现一个可怜的人流落到古镇,又饥又饿,没有吃喝,王老贤觉得可怜就给了他吃喝,并且让他住了一段时间,后来这个人要离开寿县。他告诉王老贤如果以后有困难,就去北京找他。王老贤说自己不认识字,不知道路怎么找啊?那个人说,在北京有个大城,大城里面有个小城,小城里面找我。后来,寿县清真寺小,无法满足乡老们礼拜,想扩大清真寺,乡老都没有钱,王老贤就去北京找那个人,在北京找到了那个人,那个人管他吃住。后来等王老贤回到家,发现清真寺建好了。原来就在王老贤住在北京的日子,皇上派人来修了清真寺。这时,他才知道当年自己救的人就是太子,现在做了皇上。"

很显然,此传说在一定程度上支持了我对清真寺修建年代的推测。"王老贤进北京"的传说,不可尽信,清代历史上并无流落到寿春的太子。但王老贤进北京的传说,细细分析有它存在的"合理性"和"本真性"。结合清真寺实际修建过程中和关帝庙的高度之争,"传说在此处并不在意历史的真实与实际的可行性,因为传说的目的并不是客观事实的论述,而是人们意识的展现,因为在制作历史的过程中,人类不是完全随心所欲地制作"。由社会记忆角度分析口述史料,所得到的历史知识主要是产生这些社会记忆的社会情境,特别是在当时的资源分配、分享与竞争体系下人们的社会认同与区分。通过构建传说,描述国家在场,奠定其地位,进而重构历史。

清真寺和关帝庙高度之争,上溯到崇祯八年(1635),张献忠、李自成、高迎祥等率领起义军,趁寿州"州长吏适迁秩去",围困寿州城,州人方震孺率士民坚守城池。崇祯九年(1636)正月,"流贼围攻城池甚是激烈，寿春城危在旦夕，在这危急关头，城中将士手中的刀戟剑弩皆吐火焰，光如萤火，并伴随厮杀声，一时流贼死伤无数，遂暂时鸣金收兵，等到第二天，流贼看到寿春城上空有关帝现身，手持青龙偃月刀，手抚美髯，流贼看到此情况，觉得关帝保佑城内百姓，则撤兵了，寿春城得以保全"①。关帝在危急时刻拯救了百姓（包括回族），但由于回族有自己的信仰，所以关帝被汉族群众当作保护神，在人们心中具有崇高的地位，他们要维护关帝的权威，关老爷保佑了他们的平安，不能让关老爷"矮一头"。"我们必须把不在意料之内的人类互动结果考虑进去，历史的诸多不期然，因为潜藏在人类所有的意料中的互动之下的，是完全意料之外的相互依赖。"② 对当地回族来讲，他们经济贫困，人口相对少，在朝为官者更少。修建的清真寺是仿北京故宫太和殿设计建造，采用传统建筑工艺建成的，无像宝殿为面阔五间进深七间，四周设廊，殿正面（东面）通作两扇门，南北两侧各开券门五道，南北面观，檐飞角交。同时，清真寺修建过程中，与关帝庙的汉民发生冲突，构成了当时的历史情境，为了树立清真寺的权威性，将其与国家权威捆绑在一起，创造"国家在场"，他们通过构建清真寺为皇帝帮助修建的传说，为的是使清真寺取得和关帝庙同等的地位，甚至优于关帝庙。

"王老贤进北京"的传说是社会情境与历史过程中的产物，具有一定的历史心性。"王老贤进北京"一方面保障了历史心性，"使其得以借文类结构而延续；另一方面它屏障历史心性，使书写者与阅读者为文类结构所吸引，而无视于其后的历史心性"③。由社会记忆观点出发，一个人或集体对于"过去"的记忆反映他所处的社会认同体系，及相关的权力关系，"社会"告诉他哪些是重要的、真实的"过

---

① （清）席芭、张肇扬纂修：《乾隆寿州志》，清乾隆三十二年（1767）刻本，卷十一灾祥八，第497页。

② [丹麦]克斯汀·海斯翠普：《他者的历史：社会人类学与历史制作》，贾士蘅译，麦田出版股份有限公司1998年版，第201页。

③ 王明珂：《英雄祖先与兄弟民族——根基历史的文本与情境》，中华书局2009年版，第302页。

第五章 寿春镇居民的交往价值观念　　123

去"。清真寺传说为皇家修建，它代表的是一种文化倾向，而传说将此心性展现出来，保证了传说在流动的社会记忆中不至于失忆。历史上清真寺多次维修，在五相宝殿内摆设有20多块政府赐予本坊和其他各地清真寺的匾额复制品，其中以写有"福禄寿"三个字的慈禧太后御赐青花瓷匾额最为珍贵。清真寺通过摆设皇家所赐匾额，强化了清真寺与皇家关系的历史真实感，将主流社会意识形态合理化，构建"英雄圣王历史"。无独有偶，古镇内报恩寺在清代也通过圣旨来保护自己的权益。①

历史上，清真寺和关帝庙在日常运作中，并没有发生其他冲突。当代人口述"王老贤进北京"的传说的意义，不只是告诉我们有关王老贤"过去"的历史价值，它透露了历史上当地居民的认同体系与权力关系，更重要的是透过居民的口述历史记忆和文献中关帝显灵的传说，在这些各种历史记忆和传说中，了解我们所相信的区域史的本质及其形成过程，以及这些文本的历史心性及社会情境，才能深刻理解过去不是被保留下来的，而是在"当代史"和文化生境的基础上建构的，才能更深刻地剖析当地社会结构，促进当地文化研究。现在，清真寺仍为当地回民活动场所，而关帝庙已是破壁残垣，几近坍塌，其与清真寺一路之隔的后墙则成了附近居民的垃圾堆，并建了一个厕所，一年四季都是恶臭无比，居民走到此处都是掩鼻而过，清真寺和关帝庙的命运，好像故意留着诉说历史的沧桑。由于历史情境的转换，有关"王老贤进北京"的传说，渐渐被人忘记。清真寺修建过程中和关帝庙的高度之争，也被人们当作茶余饭后的八卦故事。

---

① 光绪初年，寿州镇台郭宝昌，在报恩寺内晾晒火药，不慎爆炸，寺中房屋炸毁数十间，僧众死伤惨重。事故发生后，住持僧怀古与郭交涉，让其赔偿损失，郭拒不赔偿寺中损失。怀古无奈，请城内士绅孙家声帮忙，孙于是作了一副对联交于怀古，让其去见郭宝昌。"报恩寺、佛子逃生，怀古几乎作古；万岁爷、黄绫惊驾，善臣何以为臣。"原来，火药爆炸时，将寺中珍藏的"圣旨"震落于地，故有"黄绫惊驾"句，抬出皇权威逼郭宝昌。结果郭怕此事闹大，只得赔偿了寺中损失，平息了此事。

二 "农商皆本"的生存之道

布劳在社会交往的宏观结构中曾经阐述了一个基本假设,"人们更多地与自己群体或社会阶层中的其他成员交往,处于相同社会位置的人们有着共同的社会经验和角色以及相似的属性和态度,这一切都将促进他们之间的交往,例如婚姻、朋友等性质的交往关系"[1]。这一假设可以称之为"接近性"假设。1995年,当地政府在修建清真寺时,在清真寺地面和房内发现许多碑刻,其中保存完整、有文字者21块。碑刻标题分别为:"清真回教遵民夫总局章程公议送葬细目""王长安捐义田碑记""寿春留犊坊创建""朱大全义田碑记""李国生愿捐义房碑记""陶洪苍愿捐义田""捐施清真寺义学碑记""许如苞义房碑记""张明亮捐田产碑记""边氏施田碑记""朱宗美同子有文,孙可立、可观、可传、可义愿捐寺房碑记""(乾隆四十一年正月)大学生员陶汉文捐义田碑记""(乾隆五十年六月)大学生员陶汉文捐义田碑记""施房入清真寺碑记""李国升施房碑记""谢赓扬捐地碑记""梅阿訇坟地记""劝捐产入寺碑""寺典事碑""寿郡张寅辉愿捐义田碑记""朱级三捐田地碑记"等。[2] 为了保护这批珍贵碑刻,施工人员按照当地政府指示,将碑刻分别镶嵌在清真寺的二进院门墙内、南讲经堂墙内,其中两块体积大者,立于中院内。这些碑刻多记载了清代乾隆以后到光绪年间当地乡老将田地、房屋捐入清真寺作为清真寺办义学、阿訇生活费用,对研究寿县回族、伊斯兰教情况具有重要的史料价值。本书以在安徽寿县田野调查搜集到的清真寺碑刻(见附录B)为考察对象,探讨古镇回族人民在生产、生活中体现的族群观念、文化传承与生活细节。

---

[1] 蔡禾主编:《现代社会学理论述评》,安徽人民出版社1992年版,第297页。
[2] 寿县清真寺碑刻顺序按照由外到内、由左到右顺序。其中15块有标题,6块标题为笔者根据内容,仿照其他15块标题取名,分别为"清真回教遵民夫总局章程公议送葬细目""王长安捐义田碑记""张明亮捐田产碑记""谢赓扬捐地碑记""劝捐产入寺碑""寺典事碑"。

第五章 寿春镇居民的交往价值观念

回族先民在唐宋时期由阿拉伯、波斯等地来中国经商，慢慢地落地生根，积累了经商的本领和经验，"天下回族生得怪，个个都会做买卖"，"回族两把刀，一把卖羊肉，一把卖切糕"。① 寿县位于淮河中游南岸，城外有淝水流过，古代又有泗水、古运河等，水路交通十分方便。一时寿县以繁华著称于世，所谓"扬（州）寿（州）皆为重镇"。寿县清真寺内碑刻内容鲜明地记述了当地回族先民经营商业致富的情况。如"边氏施田碑记"中记载："盖闻财者天下之功利也，而率欲私据之安矣。（边）浩先君谨扬公，幼奉祖东尹公庭训，力披典坟。后以家计稍艰，徙商买业。浩率竭力负荷，遂得薄有资产，枸棘园坊田地五十亩，庄房三间……"

"施房入清真寺碑记"中记载："盈天地间，皆道也。无人不宜有之，亦无地不可行之。私所有而不行者，固非有所待；而后行者，则无非。某等九人，壮年结契，陶子纯修倡其首，各输金多寡不等，买南门内市瓦房四间，取租以为善施。事方成而陶子伦遂亡矣。越数年，陶子纯修、边子习孔、边子成章皆相继而亡。凡取租以施之善事者，皆朱子宗美经理之。继而宗美亦亡，伤哉！老或委卸此已事也。其房之北两间已施入寺内开小学，有定而师无定焉。今议将南两间房租，为寺中开斋点心之费……"

"朱宗美同子有文，孙可立、可观、可传、可义愿捐寺房碑记"："今有用价一百三十两买到陶姓市瓦房坐落十字街西，坐南朝北，门面两间。后一间情愿捐施与清真寺幼学为学师薪水之资，至后来更换学师以及此房招租，惟张国华、朱守信、朱邦彦经管，是房有定，而师无定也……"

"寿春留犊坊创建"中记载："清真寺，历有年所兵燹后，虽未至□行毁坏。然犹恐渐及凋零，岁修补葺之费，在所必需，师长前纵未能嘉肴华具。然亦应疏食常存朝食夕飧之谋，更所必计，俊与森跻躇

---

① 郭福亮：《从寿县清真寺碑刻看回族传统经济伦理》，《皖西学院学报》2011 年第 1 期。

已久，畅捐款项，购买城内力田、坊市房一所，日收租息，以作每年瓦木等费。又买城外九里沟田地一分，岁收籽粒，以为中学教长等用，胥归寺内问事者，轮流经管，日久月长，庶几寺之修造有资，师之饮食得所……"

"边氏施田碑记"记述了边浩谨记祖训，刻苦读书，但是后来由于家庭生计困难，从事商业，获得成功，购买田地，然后把部分田地、房屋施舍入清真寺，可以看出边浩把经商看作解决生计、改善生活的途径。"施房入清真寺碑记"和"寿春留犊坊创建"两个碑刻则记载了寿县乡老通过出租房屋，收取利息，把收入捐入清真寺的情况。通过上述三个碑刻我们可以粗略地了解到寿县回族重视商业的情况。

寿县位于淮河平原，土地肥沃，阳光充足，适合农作物生长。当地回族在从事商业的同时，非常重视农业，一些大户人家购买田地，出租田地，收取地租。寿县清真寺收藏的21块文字碑中有14块记载了当地乡老从事农业的情况。其中大学生员陶汉文分别于大清乾隆四十一年（1776）、乾隆五十年（1785）六月两次捐田入寺。第一次捐"东西长沟一道，老坟门田三坵，东头水塘二口，大路西杨家坟一块，场屋地一块，五波塘下田十七坵，场西房地一块，小园口田七坵，地两块，田一坵，湾庄户地一块，北边方地一块，梅家场边田一坵，大路边秧沟四段，石碌一条，共四十二块"，"八十亩"地。第二次捐地四亩，从陶汉文两次捐地八十四亩，可以了解到当地乡老占有土地的情况，这么多的土地，依靠自己是无法耕种的，只好雇佣佃户。而通过"王长安捐义田碑记"中"田地大小五块，共十一亩，坐落南关坊西巷子，随位不随人，佃户米长山"的记载可知，王长安不仅把十一亩土地捐入了清真寺，并且把佃户米长山也转让给了清真寺，用于清真寺土地的耕种。通过寿县清真寺现存的碑刻材料可以知道，寿县回族不仅善于经商，而且重视农业生产，农商皆本。现在，古镇回族仍多从事小吃、餐饮、牛羊肉加工、香料、茶叶等传统行业。

第六章　寿春镇居民的俗信价值观念

俗信是支配中国民俗生活的基本观念。"俗信原来在古代民间传承中曾经是原始信仰或迷信的事象，但是随着社会的进步，科学的发达，人们的文化程度的提高，一些迷信事象在流传中，逐渐失去了原来的神异色彩，失去了神秘力量，人们在长期生产与生活的经验中找出了一些合理性，于是把这些事象从迷信的桎梏中解放出来，形成了一种传统的习惯。这些传统习惯，无论在行为上、口头上或心理上都保留下来，直接间接用于生活目的，这就是俗信。"[①]

寿春是一个有着多元宗教的古镇，城内有东岳庙、基督教堂、清真寺、报恩寺等宗教建筑，历史悠久，呈现出多种风格特色并存的格局。

古镇居民把信教的人分为信佛的、信道的、信教（基督教）的、回教（伊斯兰教）的等。这一分类是按照我国现有的宗教分类标准进行分类的，它们是被政府承认的合法性的宗教。但人们的信仰生活和宗教观念能不能完全按照以上宗教分类去考察，是值得商榷的。因为现代社会，走在古镇的大街上，随机询问一些人：有没有宗教信仰？其结果是大多数人讲自己"没有宗教信仰，那是迷信"，但我发现访谈的一些居民，会信观音、财神，脖子上会挂一些弥勒佛的挂坠等，他们会认为拜财神可以发财，拜观音可以保平安，我们不能说他（她）是道教徒或佛教徒。一些信教者也可能是因为生疏或防备心理而有上述回答。考察古镇宗教观念，而所谓"宗教"信仰者数量较

---

① 乌丙安：《中国民俗学》，辽宁大学出版社1985年版，第268—269页。

少，政府备案者也较少，当地到底有多少佛教徒？多少基督徒？当地政府没有确切的统计数字，此章论述似乎落入了伪命题之中。其实，判断一个人信不信教的标准是以宗教组织备案或其他人的"认同"还是以自我的内心归属为标准，至今仍没有统一的标准。如果某居民经常在周末去教堂，唱赞美诗，那么他是基督徒吗？或者坚持每年三月十五日去四顶山祭拜老奶奶，烧香磕头，那么他是道教徒吗？当地居民多是在清明节去北山扫墓，三月十五日上四顶山烧香，偶尔有时间去报恩寺或其他名山大川拜佛，平安夜去教堂凑凑热闹，作为一个居民参加了多项不同宗教活动，甚至有些宗教在教义上是相冲突的，那么我们又将这些居民归类为哪种宗教信仰者呢？好像归到任何一个宗教都显草率。居民在认识宗教方面，神与神的地位和关系之间，也会有高低，"如来佛祖是管理其他神的，都要听他的"。寿春镇部分百姓如果时运不济，生活工作中遇到难事，无法解决，往往认为是命中注定，有时则通过烧香，向祖先祈祷，希望获得神灵保佑。信仰神灵，不是以这些神灵是哪个教派的，而是以哪个神比较灵，可以保佑平安，可以保佑自己发财等，以满足自我需要为中心，形成了民俗宗教。

　　日本学者渡边欣雄将汉族的宗教信仰归类于"民俗宗教"。"民俗宗教乃是未被制度化，并且不依赖于文字传承的宗教或者说民俗宗教乃是欧美宗教职业者不依据教典的宗教。"渡边欣雄认为："民俗宗教，乃是沿着人们生活的脉络来编织，并被利用于生活之中，它服务于生活的总体目的，它构成了人们的管理行为和生活信条，而不是基于教祖的教导，也没有教理、教典和教义规定，其组织不是具有单一宗教目的的团体，而是以家庭、宗族、亲族和地域社会等既存的生活组织为母体才形成的；其信条根据生活禁忌、传说、神话等上述群体所共有的规范、观念而形成并得到维持。总之，民俗宗教是通过家庭、宗族、亲族和地域社会等生活组织而得以传承和创造的具有地方性、乡土性的宗教。"① 所以笔者在此章论述的不是基督教、佛教、道教、伊斯兰教等单一宗教教理上的价值观念，具体到研究对象既不是在古镇生活的报恩寺主持和沙弥、居士的价值观念，也不是基督教牧师、虔诚基督徒或伊斯兰教阿訇的价值观念，而是普通居民日常生活中体现出来的俗信观念。寿春镇每一个居民都是民俗宗教的主角。

第一节 居民的鬼神观念

古时楚地崇尚自然、敬畏鬼神。《列子·说符》中云："楚人鬼"；《国语·楚语》记"民神杂糅，家为巫史"；《汉书·地理志》有"楚有江、汉川泽山林之饶"。寿春曾为楚国国都，历史上庙祠众多。据《寿州志·寺观》记载：古镇内和周边有报恩寺、卧佛寺、真武庙、东岳庙、圆通寺、降福庙、弥陀庵、古观音寺、祖庵寺、三皇庙、普陀庵、广福庵、元妙观、白衣庵、青云庵、天乙阁、三义庙、延寿庵、圣佛寺。《寿州志·坛庙》记载：有"西坛、南坛、先农坛、关帝庙、清真寺、龙王庙、火神庙、城隍庙、马神庙、刘将军庙、八腊庙、狱神庙、历坛、刘忠肃王祠、范公祠、杨公祠、黄公祠、汤公祠、金刚慜祠、僧忠亲王祠、英果敏公祠、乔勤恪公祠、忠义祠、孙氏专祠、待贤祠"。现在，诸多庙宇虽已不在，但是依稀可管窥这些庙祠对当地居民的生活影响。

一 鬼神观念

受历史和人们认知的约束，历史上寿春人相信有鬼的存在，认为人死后会变成鬼，鬼会出来吓人、害人，生活中要防备。当地人甚至认为公开谈论鬼，也容易招惹鬼，不吉利，于是，在讲到鬼时，往往比较隐晦，用"那个东西"等指代。人们对鬼的认识是寿春镇民俗文

---

① ［日］渡边欣雄：《汉族的民俗宗教——社会人类学的研究》，周星译，天津人民出版社1998年版，第3页。

化和民间信仰的体现。因为有鬼，当地居民在每年的正月初一，鸡初鸣即起，然后沐浴焚香，拜天地家堂，燃爆竹于门前，插桃符于门旁，以驱恶鬼。① 农历七月十五日，古镇人称为"鬼节"。相传，每年这一日阎王就会下令将地狱之门打开，让那些终年受苦受难禁锢在地狱的冤魂厉鬼走出地狱，获得短期的游荡，享受人间血食，所以称为"鬼节"，先前"僧道沿街搭台念经，谓之盂兰会，谓广施佛力，以追荐孤魂，而为饿鬼施食"②，许多人会在此日上坟烧香和祭祀鬼魂，之前祭祀鬼魂多在建筑物的墙角举行，现在多选择在十字路口，人们认为十字路口交通发达、路过的鬼多，容易发现祭品。其实是因为现实生活中，当地居住比较拥挤，墙角处则可能为另一家门口，在别人家门口烧纸犯忌讳，容易引起邻里冲突，在自家门口烧纸也不方便。

农历每个月的十五日，被当地人认为是鬼比较"猖獗"的日子。"十五"不吉利，不适合嫁娶、搬家、动手术等活动。对于每个家庭来讲，人死后，变成鬼，后人则要对死去的亲人进行祭祀。祭拜祖先大多准备冥币、火纸、水果、糕点等贡品，有时要放鞭炮、放烟花、燃香火，烧完香后，祭拜者不分男女一起磕头。磕头有"神三鬼四"之说，即为神仙磕三个头，为鬼磕四个头。祭拜祖先分别在坟地、家中或祠堂中进行。寿春祭礼有家祭，"墓祭，无庙祭，祭必以时，清明、中元、十月朔，扫墓，余俱祭于家"③。

当地进入腊月后，居民则开始上年坟，去坟墓或者在路边烧年纸，上年坟要在腊月二十三之前完成，人们认为这天过后，神仙、鬼、祖先都回各自的地方安心过年，不允许出来了。据说灶君爷要在这一天回天庭汇报人间疾苦、生活状况，以备明年玉帝根据各家情况决定赐福于哪一家。因此当地居民在这一天"具酒果、饴糖，置草豆

---

① 胡朴安：《中华全国风俗志》（下），河北人民出版社 1986 年版，第 283 页。
② 胡朴安：《中华全国风俗志（下）》，河北人民出版社 1986 年版，第 284 页。
③ （清）席芑、张肇扬纂修：《乾隆寿州志》，清乾隆三十二年（1767）刻本，卷十一风俗二十一，第 510 页。

第六章　寿春镇居民的俗信价值观念　　131

于灶前，以秣神马"祭灶。"以前要杀一只精心挑选的公鸡，公鸡冠子要红，过劲（精神），走路不能派派的，公鸡是给灶王爷当马用的，晚上要吃灶面、灶糖，睡觉时锅里要用鱼、鸡子压锅，取义年年有余，吉祥如意。"祭灶过后，居民则准备过自己的春节了。比如扫尘，"要想发扫十八，要想有扫十九"，腊月十八、十九家家户户打扫卫生，清理垃圾，"窗户子，门头子，老头老太子，平时卫生他不讲，只要过新年，他们全动员，祭灶神，要除尘，文明创建抓得严。红头文件他不顾，灶王一来全搞全"①，相当热闹。

二　神仙之说

每年正月初四，古镇旧俗此日"迎财神"，准备三牲肴薮，谓之财清酒。"内设鱼头、茹菇、芋艿等物，以取吉兆，鱼头曰余头，茹菇曰时至，芋艿曰运来，奇想天开，颇堪发噱，又群以香火灼神面，谓之活财神，或曰：'火财神'也。"②

正月十五日，当地妇女相聚迎九娘神（紫姑神）。相传紫姑姓何名媚，为唐睿宗时，山东莱阳人，起初嫁与伶人作妇。后寿阳刺史李景贪图其美色，加害了伶人，将其纳为小妾。何媚聪明伶俐，知书达礼，但不为李景正妻所容，常被役使干些脏活累活，姑婆也常常虐待她，日子过得十分悲惨。何媚后于正月十五日，被大夫人杀害于厕所之中。后人为纪念她，将其称为"茅厕姑娘"，常于正月十四日晚，在茅厕旁边烧上一炷香，虔诚地对其进行祭拜。正月十五日，妇女举行占卜仪式，首先用布将簸箕盖住，布上撒些面粉等，然后将簸箕从厕所抬到正屋，再将簸箕倒扣，两个人用一只手分别抬起前端，而后在簸箕后插一竹筷，让其着地，筷子就会在铺撒着面粉的簸箕上画出字句来，作为占卜。后来，由于粪土与农业生产联系密切，该仪式也用来占卜蚕桑生产。

---

① 当地顺口溜。
② 胡朴安：《中华全国风俗志》（下），河北人民出版社1986年版，第283页。

古人不能预报天气和自然灾害，但普遍认为龙是传说中行云布雨、兴风作浪的灵异动物。因此，龙被称为保护神。寿春古镇地处淮河岸边，历史上，当地居民多以捕鱼、跑船为业，且常有水患，淮河十有九涝，因此祭祀龙神，祈求风调雨顺、行船顺利。古时古镇城南门外有龙王庙，每年春秋二季仲月辰日，官员都会率领百官前来祭拜，希望龙王保佑地方风调雨顺。明末清初，经过战争破坏和雨水浸泡，龙王庙已破烂不堪，几近坍塌。顺治六年（1649）五月，古镇又遭洪水肆虐，知州率领标官会同城官属带领兵民，堵御城门，填塞水道，但大水丝毫没有退去的迹象，寿春城危在旦夕，知州站在南门城楼上一筹莫展，看到远处的龙王庙破败不堪，于是向天祈愿："如果大水能够退去，自己将重修龙王庙，为龙王爷塑神像。"过了几日，大水果然退去，大家以为是龙王显灵，使大水退去，于是纷纷捐资，将龙王庙修葺一新，附近居民多去龙王庙烧香，祈求平安。现在，龙王庙已不存在，不过，当地关于龙的传说，仍不绝于耳。

《光绪寿州志》记载了乡人梁子琦祈雨的经历，有一年，天气干旱，一些老百姓把土地抛荒，梁子琦催促百姓耕种，"愚民有废耕者，公矍然曰：有是哉，亟命促民耕种。……公忧之，竭诚祈祷数日不应，公斋求愈至，适有僧告曰：'鸡冠山有古龙潭，往令曾迎龙致雨，曷不效之'。公曰：'然'。遂撰文遣众往迎，众回。公拜启，缄见一异物，四足两角，细鳞金色矫首，向公观者，懔然以为公之精诚所致。次日微雨，而密云团盖，公悟龙必得水而后能上下风云，乃徙之江干，即日大雨，濡沾数百里，邑人遂以灵雨名亭。"[①] 对龙神的崇拜，反映了历史上古镇人民在自然灾害面前的脆弱以及应对自然灾害的"无奈"。现在，人们已不再信奉和崇拜龙，但龙仍被赋予很高的期望，我们被称为"龙的传人"，国家被称为

---

① （清）曾道唯修，葛荫南纂：《光绪寿州志》，江苏古籍出版社1998年版，第516页。

"东方巨龙"。

三 祖先观念

"祖先观念不是从来就有的，它是人类社会和思维发展到一定阶段的产物。最初，人们对先人或长辈的思念和怀想纯粹出于一种因长期生活在一起而建立的自然的、即便在现代仍被常常表露的情感。灵魂观念，尤其是灵魂不死观念的产生，使人们这种自然的情感逐步上升为一种宗教情绪，祖灵观念得以产生并相继发展为祖鬼观念和祖神观念。"①

"祖先认同则是对祖先肯定的价值判断，即指同一祖先群体对祖先来源、迁移的认可态度和方式，是族群认同的重要内容和重要工具，一方面表现为客观存在的'根基性'，成为族群内部连接纽带和外部的边界标识；另一方面，又体现出主观选择和建构的'工具性'，成为族群融合、同化、分裂、变迁的象征符号。"② 祠堂不仅是祭祀祖先或先贤的场所，而且具有教化族人，处理族内事务，团结、凝聚、约束族人的地方。新中国成立前，当地一些大姓都有祠堂，可入祠堂者一般为尊者、长者，早夭者则无法入祠。现在保持比较完整的为孙氏祠堂。孙氏祠堂始"建于清乾隆年间城内南过驿巷，同治年间毁于苗练兵燹，光绪初年重建于城南孙家厂，经御赐建有宗祠大门、锡祚堂、飨堂三进、东西厢房、横经书屋、西书房、怀艰亭、厨房等"③。现在孙氏宗祠属于县级重点文物保护单位，国家AA级旅游景区，当地政府已将宗祠列为国家3A级旅游景区申报项目。每年清明节，孙氏都举行祭祖活动，2011年，清明节祠堂内祭祖，族人达两千多人。

家祭，即在家厅堂设龛祭祖，现在由于房屋结构和装修，已无在

---

① 中南民族学院民族研究所民族学系编：《南方民族研究论丛》（第4辑），民族出版社1999年版，第36页。

② 郭福亮：《从客居"王裔"到入籍"平民"：德州苏禄东王后裔的祖先认同》，《回族研究》2015年第1期。

③ 《寿州孙氏祠堂简介》（http://www.szsunshi.com/show.php?classid=3&id=84）。

厅堂祭祖者。墓祭仍比较盛行。古镇人一般在清明节、七月十五日、十月初一日、春节前烧年纸去祭拜祖宗。清明时，家家门上插新柳，携牲礼上坟祭扫，将纸钱挂在墓树上。亡人纪念日去墓地祭拜亡人去世后的五七（死后第五个星期）、七七（第七个星期）、半年、一周（年）、三周（年）比较重视。古镇居民认为死去的人在阴间是阳间生命的延续，所以在阴间的生活也要和阳间一样。五七的时候，亡人家庭为亡人除了烧纸钱外，还需准备纸房子、纸轿子、纸马、纸人等冥具，现在烧给亡人的东西五花八门，最近兴起了烧纸手机、别墅、轿车、电脑之类的东西。家庭中，娶了媳妇，则要去上喜坟，告诉祖先媳妇来孝敬了。祭祀祖先寄托了生者对死者的哀思，也表达了生者祈愿祖宗保佑的观念。

　　祖先崇拜指人们对祖先的信仰和膜拜，其核心是死去的祖先的灵魂仍然存在，会继续影响到现世，对子孙的生活有深远的影响。土葬时期，人们大多讲究风水。修建房屋、坟墓选址等，都要请风水师进行选址。部分人认为阴宅风水不仅具有丧葬的实用效果，更关乎子孙的福祉，一块风水好的坟地，可以保佑后代子孙平安和富贵。所以，卜茔在当地比较普遍，一般人家如有亲人死去，要找人算卦选址，富豪之家更甚，甚至有因一时选不出合适的茔地，灵柩无法下葬，则临时用土坯围砌、上铺一些笆草搭建"柩房"，暂停尸体，待择好茔地，到大寒节气，选期落葬，名曰"落柩"。如果后代子孙发达后，也会感念祖先，祖坟位置、祖坟风水在州志、家谱中会有记载。

　　如：寿州方氏祖籍桐城，元末，始祖方玄保，传子方质，因靖难立功封为甘肃卫指挥，后来方质儿子方贵世袭官职，孙贵改封为寿州卫千户，于是方氏开始在寿春安家，这就是寿州方氏之始。寿州《方氏族谱》[①]中有几幅墓图，详细记载了寿州方氏祖先墓的风水。《方氏族谱》记载：墓一"坟在州城东北三里凤台县境，主位为始迁祖贵公之墓，龙脉一线，蜿蜒数里，抵平隰而结焉，每至长淮漾涨，宛在

---

① 田野调查收集资料。

第六章 寿春镇居民的俗信价值观念　　135

水中，形如展翅之雁，遐迩皆称为飞雁投湖云"。墓二"右图在州城东北二十五里之石头埠，属凤台县境。主位为八世祖大胤公墓，龙脉溯流，地势雄壮，群山遥峙于左，长淮环绕其右，埠市傍翼，樯杆林立，大河前朝，纤夫接踵，谚称日受千人拜，夜照万盏灯云，见州志塚墓类"。墓三"在方家山口凤台县境为九世祖震鼎公妣唐太君之墓，坟前圆石平铺，皆作蒲团状，如经绳墨，适可肃观，瞻展跪拜，洵一奇也。意者公生当明季隐于浮屠，石其预为之兆欤"。从墓一和墓二的族谱解释中指出"飞雁投湖"后人将如鱼得水，"日受千人拜"，富贵无比。

寿州方氏在第九代出了名人方震孺。方震孺，字孩未，万历四十一年（1613）进士，由沙县知县入为御史。明熹宗继位后，魏忠贤勾结熹宗奶妈客氏祸乱朝野，震孺疏陈三朝艰危，言："宫妾近侍，颦笑易假，窥瞷可虑，中旨频宣，恐蹈斜封隐祸。"① 后又陈《拔本塞源论》疏，声震朝廷。后金军攻破辽阳后，方震孺一日十三疏，请"增巡抚，通海运，调边兵，易司马"，后方震孺巡按辽东，监视军事，曾在三岔河大败后金士兵，缴获辎重无算。但魏忠贤却以"攘差"将方震孺下狱。1628 年，崇祯皇帝继位，大赦天下，方震孺还回家乡。在家乡时，多次组织人员修建城墙，兴办教育。崇祯八年（1635）春，张献忠、李自成、高迎祥等人，乘寿州地区兵备空虚，先攻占了固始、霍邱，后又围攻寿春城，方震孺率军民守护城池，多次打败围城者，减少了寿春城内百姓的损失。古镇人为纪念方孩未，在北大街修建了牌坊，牌坊后被拆除，但修建牌坊的基石由于体积太大，至今仍立在北大街上。② 因保卫了寿春城，"巡抚史可法上其功，用为广西参议，寻擢右佥都御史、巡抚广西"③。京师沦陷后，福王搬

---

① （清）张廷玉等：《明史》卷 241，中华书局 1974 年版，第 6428 页。
② 方震孺牌坊基石，立在北大街的东边，古镇内人多、车多，高峰期则拥堵，路中有一巨石，则加重了北街的拥堵，所以非常醒目，但当地一些居民已不知此为何物。因其裸露在地上的部分形状似一"棺材"，故叫其"棺石"。
③ （清）曾道唯修，葛荫南纂：《光绪寿州志》，江苏古籍出版社 1998 年版，第 126 页。

迁到南京，方震孺上奏勤王，但把持朝政的马士英、阮大铖等人，拒绝方震孺入朝为官，方震孺报国无门，后郁郁忧愤而死。关于方震孺人生的最后阶段《方氏族谱》记载："明朝南渡初，孝廉公既痛明祚之亡，复感都宪公之赍志不终，遂削发为僧，拱来兹庵于终南山之西，隐然有梁鸿穿塚之志。"① 墓三则通过对方震孺母亲"坟前圆石平铺，皆作蒲团状……意者公生当明季隐于浮屠，石其预为之兆欤"进行回应，指出风水的预言，强调风水的应验，更说明了古人对风水的重视。

又《梁公德政传》记载：梁子琦"家世积善，曾大父卒，卜葬地，神指授之，卉木自生苔茵如叠，冬月，常若阳春"②。《光绪寿州志》专记梁氏风水，后梁氏出了梁子琦。梁子琦（1527—1596），字汝珍，号石渠，寿州人。明嘉靖戊午年（1558）乡试中举，嘉靖四十四年（1565）中进士。隆庆丁卯年（1567）试令诸暨县，任浙江诸暨县知县时，立会计总法，革除积弊，便民输纳。理冤惩暴，劝农兴学，善政多方，捐俸造桥民曰梁公桥，筑堤民曰梁公堤。历升通政司左参议、通政司右通政。

1975年，当地政府在城北八公山建火葬场，开始实行火葬，坟墓也改为公共墓地，实行火葬后，看风水者越来越少。

祖先崇拜既是人类普遍感情的流露，也是人伦社会结构所要求的，有时候也是对祖先的恐惧，怕遭到祖先的报应，所以祖先崇拜在维持家长权威、家庭伦理、社会秩序等方面具有积极作用。但近代以来的一些社会变革和市场经济的浪潮，破坏了这种崇拜的延续，外出打工者和年轻者受到条件的限制，很少有时间和机会去扫墓。一些年轻人即使有时间，也常常以"没意思"，"死都死了，还拜什么，麻烦"，"活着的时候好好孝顺不就行了"，"平时那么忙，不如休息呢"。这样亲人活着的时候，由于现实条件的限制，

---

① 《寿春方氏宗谱》，第123页。
② （清）曾道唯修，葛荫南纂：《光绪寿州志》，江苏古籍出版社1998年版，第515页。

无法抽出精力照顾他们的生活，死后则很少去祭拜先人，于是"天不怕、地不怕"的人增多了，身边的"鬼"消失了，民俗的道德约束力渐渐消失，造成乡土社会中"村规民约"和行为规则被破坏，代际之间的隔阂增大，传统社会亲子之间的义务和权力弱化，父母赡养子女的责任没变，而子女对父母的孝行则缺少约束力，"对上和对下"的改变，虽没有割断代际之间血缘上的"亲密关系"，但现实生活中距离越来越远。

第二节 "山不在高，灵则有名"

一 四顶山庙会简介

四顶山位于安徽省淮南市寿县境内，坐落于八公山脉。汉代淮南王刘安曾在此召集宾客，著成《淮南子》，传说刘安与"八公"在此修道炼丹，后得道成仙，现在山上仍留有"羽化台"和"一人得道鸡犬升天"的遗迹。据当地居民讲，四顶山有四个山头，所以叫作四顶山，"顶"为量词，但由于开采石料，山林面积大幅度减少，周围已看不出其有四个山顶。关于"顶"，还有另外一种说法，"顶"为名词，道教建筑的一种说法。如武当山"金顶"，"碧霞元君庙无论建在山上，还是平地，都称之为顶，北京有东、南、西、北、中五顶，东顶在东直门外、大南顶在左安门外马驹桥、南顶在永定门外、西顶在西直门外蓝靛厂、北顶在德胜门外、中顶在右安门外草桥"①。京师各顶，主要指北京城外几个有名的崇拜碧霞元君的寺庙，之所以称之为"顶"，是指"祠在北京者，称泰山顶上天仙圣母"。清人则说得更具体："祠庙也，而以顶名何哉？以其神也。顶何神？曰：岱岳三元君。然则何与于顶之义乎？曰岱岳三元君也。本祠泰山顶上，今此栖此神，亦犹之乎泰山顶上云尔。""当然，除了碧霞元君各顶，也有其他寺庙被称之为顶，但无论如

---

① 李鸿斌：《庙会》，北京出版社2005年版，第13页。

何这些顶都与朝阳门外的东岳庙发生了一定的联系"①。《嘉靖寿州志》四顶山条:"州北七里,八公山上有东岳祠。"② 据皖西学院关传友先生考证:"四顶山庙为'东岳庙',始供奉神妃碧霞元君。"③ 据此,东岳庙和现碧霞祠可能分别属于四顶山庙的两顶,至于其他两顶指什么,现已不详。④

有关四顶山老奶奶的传说,家喻户晓。据李家景讲:"以前有一个小孩在四顶山上玩耍,遇到了一只狼,狼要吃掉这个小孩,这个时候老奶奶刚好路过,就踢出一只鞋,把狼吓跑了,救了小孩。老奶奶救了小孩后,就走了,但是小孩家里人为了感谢老奶奶,就到处找她,在山上找了很久,没有找到老奶奶的下落,只发现了老奶奶留下的一只鞋。后来,为了感激老奶奶,小孩家就在发现绣花鞋的地方建了个庙,来纪念她。"

关于老奶奶还存在另一种传说:老奶奶是河南人,叫四三奶奶,从小家境贫寒,父母养不起,把她卖给当地富户当童养媳,后来四三奶奶不堪忍受家人虐待,逃到大山上,出家为尼,跟着师傅学医,治病救人,乐善好施,经常为贫苦人治病,被百姓称为"活菩萨",后来老奶奶听治病的人说"八公山山清水秀,人杰地灵,是个清修的好地方"。于是,她就一边治病,一边到八公山考察,后来决定在八公山建庙修仙,但她发现山上已经被人占了,还插着一把宝剑。但她灵机一动,就脱下脚上的一只鞋,放到剑下,后来和尚到四顶山建庙,老奶奶和老和尚计较起来,老和尚觉得自己来得比对方早,应该他建庙,老奶奶则说自己来得早,于是双方起了争执,两人开始找证据,金陵主持说他的剑早插在山上,老奶奶说自己的绣花鞋也埋在山上,

---

① 赵世瑜:《狂欢与日常:明清以来的庙会与民间社会》,生活·读书·新知三联书店2002年版,第353—354页。
② (明)栗永禄纂修:《嘉靖寿州志》,上海古籍书店1963年版,第33页。
③ 关传友:《皖西地区庙会的文化考察》,《皖西学院学报》2011年第1期。
④ 寿春古镇原有道教庙宇四顶山奶奶庙(碧霞元君祠)、东岳庙、真武庙、城隍庙、关帝庙、三义庙、马神庙、火神庙、大王庙等,除四顶山奶奶庙、关帝庙、东岳庙外,其他建筑多不存。

第六章　寿春镇居民的俗信价值观念　　139

双方都找来证据，老和尚发现自己的宝剑，插在老奶奶的鞋上，只好将山让给了老奶奶建庙，奶奶庙建成后，周边百姓都来烧香，慢慢地奶奶庙的香火就旺了起来。据说奶奶庙里供奉的老奶奶一只脚上没有穿鞋，是因为一只鞋埋在地下。现在四顶山上有一把插在地上的宝剑。据李家景讲："每年三月十五有上百万人上山进香，开始山高头是个木头雕的老奶奶，面容慈祥，木雕不高，下面是莲花，之前大家并不知道老奶奶是谁，长什么样，只知道是一个木头刻的，可能叫碧霞元君，WLZ公司开发四顶山，从泰山请来了碧霞元君，把碧霞元君的形象具体了，和全国各地的碧霞元君都统一了。"

现在四顶山上建有碧霞祠，供奉碧霞元君。碧霞元君作为泰山神之一，在"明代中期以后，一方面被道教吸纳进神灵系统，并得到官方的认可；另一方面又被民间宗教所吸收，使她在民间得到更为广泛的传播"[1]。明中叶以来的民间宗教大多是由北方向南方扩展，逐渐演变成南方本地的民间宗教，碧霞元君也渐渐传到南方，成为人们生活的一部分。历史上，寿县为兵家必争之地，另外当地位于淮河、淝水交汇处，水灾频发，长期的战争和水灾造成大量群众死亡和流离失所。明朝初年徐贲（曾任河南左布政使）曾有《舟行经寿州》载："问知古寿春，地经百战后；群孽当倡乱，受祸此为首；彼时土产民，十无一二有；田野满蒿莱，无复识田亩。""战争、灾荒、疾病和贫穷导致群众存在较高的死亡率，人们不得不祈求神灵保佑平安健康，祈求多子多福，并导致了同样普遍的对生育的重视及高生育率。"[2] 所以，即使引起高死亡率的因素减少以后，多子多福、不孝有三、无后为大以及重男轻女等传统观念，仍造成了碧霞元君信仰的延续。由于寿县地区多战乱和灾祸，原先住于当地者死亡较多或流离它处，现在的居民多为明洪武二年（1369），朱元璋迁山东济宁老鹳巷充凤阳府的移民后裔，所以寿春镇现在的饮食、方言等与山东济宁保留了一些

---

[1]　叶涛：《论碧霞元君信仰的起源》，《民俗研究》2007年第3期。
[2]　赵世瑜：《狂欢与日常：明清以来的庙会与民间社会》，生活·读书·新知三联书店2002年版，第23页。

相似处。如：胡辣汤、蛤蟆、"银个子"（硬币）、"黄子"（脏话"东西"）等。明清时期，随着京杭大运河和淮河航运的发展，一些江淮商人来到山东经商，山东商人也到江淮地区经商，他们不仅发展了经济，而且促进了文化的交流。济宁"江淮百货走集，多贾贩"，"士绅之舆舟如织，闽广吴越之商持资贸易者又鳞萃而猥集"[①]。寿县地区的上述情况，都为碧霞元君信仰在当地的传播提供了文化生境，也保证了碧霞元君祠香火久盛不衰。

四顶山奶奶庙庙会是以四顶山上的庙宇为依托，在每年农历三月十五日举行的群体活动。古镇人讲到四顶山庙会，都会讲很"灵"，除了讲老奶奶有求必应之外，更多的人是从"洗山雨"和"刷山雨"说起。据说每年农历三月十五庙会期间，四顶山都会下很大的雨。李家景讲，庙会前老奶奶下雨，是让那些心地善良、一心虔诚的人，干干净净、心情爽快地上山进香，叫作"洗山雨"；三月十五庙会过后，老奶奶又会下雨，因为庙会期间一些鱼龙混杂的人都来进香，老奶奶通过下雨将这些不够虔诚的人的气息，全部冲刷掉，所以叫"刷山雨"。2010年农历三月十四日下午，天气非常的晴，适逢庙会，走在山半腰，天忽刮大风，降起暴雨，无处躲藏，虽然有伞，但人还是被淋湿，好在大家已经习惯了庙会期间下雨。2011年我参加庙会，期间没有下雨，直到十七日才下了雨，当地居民还是无数次向我讲"洗山雨"和"刷山雨"的故事，讲老奶奶是多么灵验。

民国时期，淮河水运发达，城内商业繁盛，三月十五日庙会也相当活跃。庙会期间，当时山上和山下到处搭满各种临时棚铺，出售的货物，包括日用百货、生产工具、各色玩具，应有尽有，更重要的是各种特色小吃，北京烤鸭、天津大麻花、杭州叫花鸡，应有尽有。各种民间文艺活动，耍猴的、斗鸡的，敲锣打鼓，热闹非凡。一些有商业头脑的人，抓住香客心理和商机，在路边卖洗脸水，给进香人洗脸

---

① （清）廖有恒纂：《康熙济宁州志》卷2，齐鲁书社2015年版。

第六章　寿春镇居民的俗信价值观念　　141

净面用，顺势吆喝着："洗洗脸，净净面，前面就是阎王殿。"据一位敬香者讲，"过去阎王殿位于山脚下，是上山进香的第一站，殿内有阎王塑像，烧香人在这里开始烧香上山，我老母亲活着的时候，每年都去烧香，烧拜香，要磕头的，就是拿个小板凳，非常小，板凳上有个插香的香座子，到森林公园的山坡下面，对着山上的庙，就开始一走一跪，往上一直到顶子，磕头到上面，看你真心不真心。过去，还有烧肉香①的习俗，把香用针线串在身上，磕头上去，这类人呢，都是有大难之人，或者犯了很多错误，做了很多不好的事情，赎罪，香灰落在身上，烫的全是疤。"现在 WLZ 公司整合进香路线，把阎王殿改建为"白事阁"，内供奉阎王和地藏王菩萨，旁有牛头马面。去阎王殿进香有诗云："四顶高山庙接天，烟云袅袅情绵绵；河南信女敬香客，一叩一瞻到山巅。"卖香人喊唱着："烧香敬敬神，保你头不疼；一步步，一层层，抬头就到南天门。""南天门"原放置天下第一剑，现放置一个大葫芦，为景区的十字路，向前直走，为奶奶庙建筑群，向西南为"一人得道鸡犬升天"景点，向东北为"福禄寿"景点。

新中国成立后，道教活动在一段时间被看作封建迷信，庙会也被作为"破四旧"的对象，长期停止。改革开放后，附近居民又自发地于农历三月十五日上山烧香、还愿、抱娃娃，庙会逐渐兴盛起来。20 世纪 80 年代，当地人民政府因势利导，利用古庙会举办物资交流大会，取得了较好效益。但由于四顶山承载能力低，庙会期间人口暴增，经常出现一些意外事故。近年来，当地政府不再承办物资交流大会，庙会期间活动全为居民自发行为，政府只是负责治安管理。

庙会期间，居民三月十四日下午则陆续上山，因为一些人年龄大了，晚上上山不方便；也有居民认为"要赶在别人前面，把香烧了，这样老奶奶则会先保护他们"；也有人上山后坐在山上偏僻处，等待

---

①　烧肉香，又称吊肉香，江阴地区称"报娘恩"，用多枚钢针勾在臂膀上，以线下悬，下挂铜锣、香炉、花盆等。吊肉香者与手持香凳、顶礼膜拜的善男信女烧"文香"相比，相对血腥、残酷，因此烧肉香被称为"武香"。

晚上十二点的到来，一定要烧"头道香"，认为"头道香"才灵，老奶奶才会保佑，对于提前烧香者，他们认为"十五庙会，十四烧香算什么，不算"。实际上，许多人即使想烧"头道香"，但是由于实际条件，人多山小，道路狭窄，只能随人海烧香，然后被工作人员"请"下山，烧香过程会一直持续到十五日四点，过了四点，山上人数渐渐变少，到了中午十二点，祭祀的人已经寥寥无几。

四顶山奶奶庙，平时很少有人上山烧香，本地人除三月十五日外基本上不上山烧香，认为烧香也不灵，这就造成四顶山平时多是一些外地游客游玩。日常管理中，当地人上山大多不需要购票，面对外地游客四顶山售票处也灵活掌握门票价格，看游客上山意愿强弱，门票价格浮动有10元、15元、20元等多个价位。但是庙会期间，四顶山上山门票为15元，进去后上帝母宫烧香另收门票15元，三月十四日下午至十五日凌晨，出古镇北门到四顶山山顶人山人海，门票收入达1000多万元。四顶山庙会除了烧香、其他重要的习俗就是"抱娃娃"和"挖仙药"。

二 "抱娃娃"和"挖仙药"

四顶山奶奶庙，因传说老奶奶"虎口救子"，保佑孩子平安，人们纷纷上山进香，香火日盛。随着四顶山老奶奶信仰的发展，人们普遍认为碧霞元君神通广大，能疗病救人，尤其能使妇女生子，儿童无恙。于是，庙会期间居民多来此"抱娃娃"。抱娃娃习俗兴起于何时，已不详。现存史料最早记载"抱娃娃"习俗的是嘉庆《凤台县志》："士人相传祈子辄应，每岁三月十五，焚香膜拜者，远自光、固、颍、亳，牵车鼓楫而至，云集雾会，自昏彻旦。"① 民国时期学者胡朴安《中华全国风俗志·寿春岁时记》载："奶奶殿侧有一殿，亦塑一女神，俗呼曰送子娘娘。庙祝多买泥孩置佛座上。供人抱取，使香火道人守之，凡见抱取泥孩者，必向之索钱，谓之喜钱。抱泥孩者，谓之

---

① （清）李师沆、石成之修：《凤台县志》，江苏古籍出版社1998年版，第88页。

偷子,若偷子之人果以神助而得子,则须更买泥孩,为之披红挂彩,鼓乐而送之原处,谓之还子。"① 当时,胡朴安认为"其事最可笑",时过八十多年,虽中经"文化大革命",庙会期间上山抱娃娃者仍不计其数。

笔者曾于2010年、2011年两次参加庙会,并对"抱娃娃"习俗进行跟踪调查。根据"抱娃娃"期间不同角色的参与,可以分为许愿者、还愿者和碧霞祠管理人员。

来抱娃娃的多为婚后不孕不育者或者想生儿子的人,偶尔有一些新婚夫妇在父母的陪同下来抱娃娃。被抱取的娃娃分为男女,有布料、石膏、彩绘等材料制作。首先,许愿者要寻找要抱取的娃娃,古时称为"偷子",是在庙里进行,现在要去草丛中寻找还愿者隐藏的娃娃。其次,许愿者找到可以抱取的娃娃后,要进行筛选,大多数先选择红布包裹着的"老娃娃"(注:老娃娃为之前许愿者抱走的娃娃,生孩子后归还的娃娃),然后看"老娃娃"是否完整,身体各个部位无裂纹、无残缺,选择性别、美丑,接下来选择一个或者两个娃娃,多数抱娃娃者会选择一个男孩或一男一女。选择好娃娃后,抱娃娃者则用自备的红布,将娃娃包裹起来,放在备孕的妇女怀中(腹部),然后给老奶奶磕头、烧香、捐功德钱。完成上述仪式后,许愿者要抱着娃娃回家,回家途中不要回头,如果离家较远,晚上赶不到家,需要投宿在宾馆或旅店,绝不能住亲戚或朋友等熟人家。抱娃娃者回到家后,将娃娃放在床头右侧七日,七日后取出放在安全的地方,妥善保管以免损坏。如果许愿者三年内生了娃娃,则要等庙会时上山还愿,如果三年之内没有生娃娃,也要去还愿,将抱回家的娃娃送回山上。

还愿者,分为祈愿应验者和不应验者。许愿者愿望实现后,要上山还愿,将在山上抱回的娃娃取出,这个先前抱回的娃娃,此时则转化成"老娃娃",老娃娃被赋予了灵验的神力。还愿时,除了将老娃

---

① 胡朴安:《中华全国风俗志》(下),河北人民出版社1986年版,第284页。

娃送回，还要准备一些新娃娃，这些新娃娃被抱娃娃者赋予了老娃娃的子孙或下属，还愿者通过这种形式实现了自己子孙繁盛和高贵无比的愿景。同时，还愿者准备糖果、红鸡蛋（喜蛋）、香火、鞭炮等，上山还愿。还愿时，要把"老娃娃"和新娃娃放到一个石膏做的圆盘中，然后将其放到纸盒内，趁天黑放到山坡的草丛中，放置娃娃也有一定的技巧。放置娃娃，隐蔽程度一定要适中，人们认为如果放置的太暴露，容易被人发现，自己的娃娃长大后则不尊贵，不会成为人上人；当然，更不能太隐蔽，太隐蔽许愿者找不到自己隐藏的娃娃，娃娃不被许愿者抱走，不吉利，说明自己孩子没人"接"，没有被延续，象征无人"接子"，人们认为有断后之嫌。还愿者隐藏好娃娃后，则放鞭炮、烧香，向参加庙会的人们发糖果、鸡蛋，然后进大殿给老奶奶捐钱磕头。等到第二、第三年时，还愿者只放鞭炮、磕头、捐钱即可，则不需要准备娃娃。

　　当然，一些抱娃娃者，并不一定能够实现愿望，等许愿后的第三年庙会，许愿者也要上山还愿。大多数不应验者还愿，抱男生女者，要购买几个女娃娃，其他仪式和应验者差不多。当然，一些许愿者三年之内无生育者，要将自己抱回的娃娃，送回山中，这个娃娃被认为"恶婴"，如果继续留在家中，会不吉利，所以许愿者不管情愿不情愿，都要上山还愿，将这个抱回家的娃娃放回山上，然后磕头、捐钱，这种情况只需上山还愿一次。

　　现在，四顶山归某公司经营管理，庙会期间的抱娃娃，公司也希望从中实现经济利益。于是，公司规定不允许百姓自发的抱娃娃，许愿者和还愿者都要去公司指定的地点举行仪式，许愿者要统一购买管理人员准备的娃娃，捐喜钱；而还愿者则要购买他们的香，然后在老奶奶面前磕头、捐钱。同时，为了阻止抱娃娃者的自发行为，公司在许愿者和还愿者经常出现的地方，安排了一些工作人员负责没收还愿者的娃娃。

　　但一些群众认为工作人员卖的娃娃太贵，纯属是商店卖的，不灵验；同时还愿时工作人员还会劝说购买20元一把的香，因此许愿者

第六章　寿春镇居民的俗信价值观念　145

倾向去草丛中寻找和抢夺还愿的娃娃。由于工作人员的阻挠，许多还愿者还没来得及隐藏娃娃，就被许愿者和工作人员哄抢，还愿的娃娃也多被抢坏。此种情况，还愿者和许愿者都是不希望发生的，还愿者看到自己家的娃娃被抢坏，尤其是老娃娃坏掉，认为非常不吉利，预示自己的孩子以后生活不顺利。期间我看到一个妇女的娃娃被抢坏，她伤心地坐在地上号啕大哭，很久后在家人和其他一些进香者劝解后才离开。对于一些想生孩子的许愿者来讲，还愿的娃娃坏掉了，则无法抱到娃娃，完成自己的心愿。三月十四日下午四点到七点，有几十个还愿者的娃娃被抢坏，后工作人员迫于进香群众的压力，认为不通"人情"，不再参与抢娃娃，但是许愿者仍互不相让，抢娃娃，造成许多人都抱不成娃娃。实际上，抢娃娃造成了恶性循环，抢坏的越多，娃娃资源越少，大家为了抱娃娃，抢的会更厉害，抢的厉害，则更抢不到娃娃。即使大家商量着文明抱娃娃，但由于抱娃娃者求子心切，等到有还愿家庭出现，又一哄而上，唯恐落后，抢坏娃娃也属正常了。经过哄抢得到的娃娃，不论男女都显得珍贵。当然，抢不到娃娃者，如果不购买山上工作人员的娃娃，则有可能带着遗憾下山。

　　抢娃娃过程中，大家在"娃娃"问题上的竞争，并没有挡住大家的互相照顾，因为许多抱娃娃者，上山较早，多没有吃晚饭，居民抢到糖果、喜蛋等后，则会分给其他人，一是让大家都沾点喜气；二是垫下肚子。当然，也有一些家庭抢到娃娃后，觉得是女娃娃送给别人者。有一对年轻夫妇则得到别人赠送的一个女娃娃，其他的好心人有的提供了红布将娃娃包裹起来，还告诉他们注意事项，他们激动地拥抱在一起哭了，他们的行为触动了很多人的神经，一时许多人眼睛湿润。

　　灵验是老奶奶受到祭拜的最为核心的特质，这种灵验暗示着一方在"求"，而另一方要"应"的顺畅交流。因为灵验，权威才可以被称为权威，当然如果不灵验，"求"和"应"的交流便终结了，这种权威自然也就随之消亡了。显然，抱娃娃者大多知道许多时候他们抱娃娃并不能时时都能够应验。

据调查，许多患有不孕不育症者，虽然抱了娃娃，但仍坚持治疗，直到看好病，生了娃娃。虽是在医院看好了病情，人们仍坚信是老奶奶保佑，并不能抹去老奶奶在他们心中灵验的地位。赵旭东教授在对河北范庄龙牌进行考察时指出："社会的灵验，并不遵守物理因果律，它强调无一例外的灵验，这种无一例外的灵验之所以可能，是因为其背后有一种基于时间意义上的历史感在支撑，这种历史感是依循社会的秩序得以建构的。许多口头流传的灵验故事，正是因为有这种历史感，其影响力才会如此长久，随时讲来对于听者都具有一定的影响力。"[1] 四顶山奶奶庙"洗山雨"和"刷山雨"的灵验故事，"老奶奶虎口救子"的传说，当地群众抱娃娃实现了求子的愿望，这些最初产生于个人的经验，在历史的长河中得到了公共表述的确认，进而演变成一种"地方性知识"得到认可。"这种认可便不能够通过不断的试验而得到否定，它永远是在对后来的肯定性灵验的个体经验加以吸收，而对不能应验的个人体验加以排斥。因此，个人祈求的不灵验，并不能够否定社会建构所直接强加来的灵验，很多时候祈求失验者往往都会反躬自问，反省自己的行为是否有什么不周全的地方惹怒了神灵，由此而出现了失灵的情形，而不会把责任追究到龙牌自身的不灵验上去。"同样，抱娃娃中许愿者经历的不灵验，也会追溯到抱娃娃仪式过程中的各种禁忌，个人和家庭成员的品行、经历，甚至祖先的保佑、风水等都会成为不灵验者扪心自问的因素，总之，他们不会归罪于老奶奶的不灵验。反而，一些所谓灵验者的体验，即使是因为治疗或者试管婴儿得以生子，也归结为老奶奶的保佑，这种灵验的经验一传十、十传百的累积传播，更奠定了四顶山奶奶庙的灵验神奇，崇信者增多，不灵验者也就更加怀疑自身而"失声"。

结构功能主义学派大师涂尔干，指出我们在研究某个社会现象的

---

[1] 赵旭东：《从交流到认同——华北村落庙会的文化社会学考察》，《文化艺术研究》2011年第4期。

第六章　寿春镇居民的俗信价值观念　147

时候，应当注意区分现象出现的原因和它所起到的作用以及满足的功能。抱娃娃习俗，是我国子孙观念的反映。"在我国，父母与子女的关系是两代人之间的联系和互动，夫妻生儿育女不仅是个人之间的事情，而且是一种社会性的行为，社会性的关系总是相互的，父母一代给予子女的是抚养、教育、经济与服务性的支持和帮助，子女给父母的是赡养和情感安慰。所以，造成了东、西方社会具有不同的代际关系模式。中国社会主张家庭养老，相邻上下两代人具有抚养教育和赡养的相互责任与义务，因而两代人的关系是'反馈'模式。""你小的时候我养你，等我老了的时候，你要养我"的简单行为逻辑。而"西方国家大多没有家庭养老的传统与习惯，只有上代人对下代人的抚养义务，而没有下代人赡养上代人的责任反馈，这部分责任转移到社会机构上，比如养老院、福利院等，因而两代人的关系是'接力'模式"①。中国社会代际之间的"反馈"模式造成了中国人强烈的子孙观念，无子求子心切，所以促进了抱娃娃习俗的出现。

　　人与动物的区别是人可以使用符号。我们知道象征符号是具有至少两层意义的符号，第一层是符号的本意，第二层是符号经过类比或联想获得的具有象征性价值的意义。福柯认为："符号与其所指的关系形式，通过适合、仿效、特别是同感这三者之间的相互作用。"又说："为了让符号成其为所是，符号在呈现为被自己所指称的物的同时，还必须呈现为认识的对象。"② 抱娃娃的仪式过程中，"娃娃"则为符号，所谓巫术的符号，象征参加抱娃娃仪式习俗者的孩子，是具有生命的，所以与现实中的孩子一样，具有男女、美丑、健康与不健康、祖先和子孙、高官和平民，仪式过程中，充满了选择，这选择即是情感行为，也是现实生活的反映。泥娃娃作为表述、交流和传达居民生育、生活观念等信息的媒介，大致包含有三种功能。一是"指述

---

　　① 许宪隆：《家族构成与近现代穆斯林家族研究的若干问题》，《中南民族大学学报》2006年第4期。
　　② ［法］米歇尔·福柯：《词与物》，莫伟民译，上海三联书店1982年版，第80—81页。

功能",主要指泥娃娃具有指述"娃娃"本身的命名、泥娃娃泥质、形似孩童的物理属性及其象征人们"子孙"的功能;二是"表述功能",主要指泥娃娃具有显示人们的子孙观念、重男轻女观念、家庭观念,隐喻或象征着人们对子孙的期盼,反映了子女在家庭中的重要地位和意义;三是"传达功能",主要指泥娃娃在抱娃娃仪式过程中传达"神灵"与抱娃娃者的恩赐与感应,传递碧霞祠工作人员与"神灵",神圣与世俗,体现了工作人员与抱娃娃者、祈愿者与还愿者之间的互动。老娃娃和其他还愿的娃娃,比工作人员卖的娃娃灵验,因为这些象征着老奶奶的孩子,具有灵性,是神赐的;而山上卖的娃娃,则带有"商业性质",许愿者只有在迫不得已的情况下,才会购买。工作人员卖娃娃,认为作为"文化产业"的娃娃是可以被消费的文化符号,所以他们采用垄断娃娃来源的方式,进行宣传和促销,而对于抱娃娃者来讲,这个文化符号是嵌入民俗的,与他们的生活息息相关,是无法用来买卖的。

在现代社会,科学技术高度发达,治疗不孕不育症的医学水平得到提高,出现了试管婴儿,甚至可以实现"克隆人",但是当地居民在相信科学的同时,仍上山抱娃娃。这说明,技术并不能解决所有的问题,尤其是情感的缺失,这个时候上山抱娃娃满足了人们的情感需要,是他们心灵的追求和寄托。科学的、现实层面人们进医院治疗不孕不育,而抱娃娃则主要体现他们的精神层面,两种不同的认知模式,并不冲突。总之,抱娃娃习俗为我们了解寿县地区民风民俗,理性认识乡土社会提供了契机和思路。

四顶山奶奶庙供奉碧霞元君,理论上属道教场所,但庙会期间祭祀活动没有道士主祭,如何祭拜、何时祭拜等全为群众的自发活动,甚至庙会期间进香者见不到碧霞元君。[①] 居民烧完香,磕完头

[①] 因为碧霞元君祠比较小,工作人员为了防止人们涌入大殿危险,发生事故,于是在大殿的门外,用竹篙搭建了一个篱笆,工作人员则站在篱笆内,看到有进香者爬篱笆就用棍子打。这样,进香者只得在碧霞元君祠外面的广场上磕头。所以,有的进香者开玩笑说"来给老奶奶烧香,都不知道老奶奶长啥样"。

下山，部分居民在下山的时候，会在原来的"南天门"地区"挖仙药"，仙药呈米黄色，大小也如谷粒。有传说仙药是老奶奶显灵降给世人的，也有人认为是淮南王刘安炼仙丹留下的，"淮南王上宾之遗，耕者往往得金，云丹砂所化可以疗病"[1]，据说可以包治百病，所以挖的人比较多，一些人扒仙药将手扒出血，场面浩大，以至于"南天门"附近山坡都被翻过，草被拔起。三月十七日，笔者曾经去山上，仍发现一些人在扒仙药。一位大婶讲，十五日她在山上挖了一些，吃了后觉得腰疼好些了，于是，十七日又上山来挖。有的人一边挖仙药，一边放到嘴里吃。我曾拿着"仙药"访谈过山下豆腐村的几位老人，他们告诉我拿的东西为当地一种叫蚂蚁子（注：子，此处为种子的意思）的草种，这种草在当地比较常见。当我告诉他们这是我在山上挖的"仙药"，并问他们这种常见的草种是不是挖了都是仙药，他们告诉我："只庙会期间，在南天门扒的，才是仙药，吃了才灵，其他地方、时间挖的都不行。"也就是说蚂蚁子在庙会期间的南天门被人们赋予了丰富的文化意义和神秘色彩，因此被称为"仙药"，而其他时间、地点的"蚂蚁子"则只是一种草种，是一种物理的存在。

总之，民俗宗教是沿着人们的生活脉络，服务于生活，在人们的意识中，诸神"是如何灵验，如何全能，如何能够保障他们的利益"[2]。因此，出现一些拜神的居民，都不知道所拜的"神"为何方神圣？这样的事情不足为奇。庙会期间，我在白事阁进行访谈，有一对夫妇带着孩子（读初一）来白事阁烧香，白事阁内供奉了阎王、地藏王菩萨及其护法、罗汉等。该父亲为了让儿子多学点知识，就给他一直讲解白事阁供奉的神仙。下面是他们的对话，父指着地藏王菩萨给其儿子解释到，这个是唐僧，就是西游记里面的，其子听了后点点头，然后很好学地指着地藏王两旁的护法问其父："这两个是谁呢？"

---

[1] （明）栗永禄纂修：《嘉靖寿州志》，上海古籍书店1963年版，第255页。
[2] ［日］渡边欣雄：《汉族的民俗宗教——社会人类学的研究》，周星译，天津人民出版社1998年版，第17页。

其父看了看两旁的神仙说是"猪八戒和孙悟空"。听了后,我一时讶然,如果说地藏王菩萨的衣着和形象,和电视剧中唐僧形象相似,带了个差不多的帽子,但是两旁的神仙,一个是牛头("牛头"),一个是马头("马面"),怎么会看成是"猪头"和"猴头"呢?这对夫妇在地藏王菩萨前磕了几个头,放了一把香①,则去其他的神殿了。可见,他们并不认识这些神仙,但是他们仍跪拜。所以说人们祭神、拜神不是"取决于祭神本身,而取决于参加祭神的民众"②,但不管怎样,寿春古镇三月十五庙会,潜移默化中已经成为居民生活的一部分,是居民"现世利益"的体现。

---

① 为了防火,上山敬香者在各殿内不允许点燃香火,只需要摆放在供案上即可。这种操作,使香火可以"循环利用"。香客进香后,摆放在案上,旅游公司工作人员则雇人分类整理,然后运到山下继续售卖。

② [日]渡边欣雄:《汉族的民俗宗教——社会人类学的研究》,周星译,天津人民出版社1998年版,第17页。

第七章　寿春镇居民的幸福价值观念

"幸福观念作为一种社会价值，影响并制约特定文化背景下人们的具体幸福。"① 幸福受人们的生活环境、经济状况、社会关系、社会阅历、兴趣爱好等因素的影响，一般情况下，生活在和平、稳定环境中的居民与生活在动荡不安中的居民相比，幸福感相对较强；婚姻、家庭、朋友、邻里关系相对和谐者，获得的社会支持越大，人们的喜悦感、归属感、自尊心和自信心也强，幸福指数也高；社会阅历丰富、兴趣爱好广泛、身体状况良好者，相对也容易感受到幸福。寿春镇所在县，属于贫困县，农业大县，当地经济发展相对落后，居民生活水平与全国同类城镇相比处于较低水平，但问卷中，寿春镇居民感受幸福者高达74.0%。

表7-1　　　　　　　对自己生活幸福的感知（N=192）

程度	频率	百分比（%）	累计百分比（%）
幸福	142	74.0	74.0
一般	27	14.1	88.0
不幸福	15	7.8	95.8
不好说	8	4.2	100.0
总计	192	100.0	100.0

第一节　福禄寿

一　"多子多福"和"重男轻女"

广义的福，指福气、福运，表达了人们的美好愿望和对幸福生活

---

① 孙凤：《和谐社会与主观幸福感》，科学出版社2008年版，第81页。

的向往。古人将福概括为"五福"。"五福"有多种。《尚书·洪范》载:"一曰寿,二曰富,三曰康宁,四曰攸好德,五曰考终命";桓谭《新论》载:"寿、富、贵、安乐、子孙众多";又有"福、禄、寿、财、喜"的说法。狭义上,人们对福的理解体现在子福方面,以"多子多福"为幸事。"'子福'体现的是一种传承观念,集中在宗教上为祖先崇拜,现实生活中则是香火的延续,在家庭关系方面是以父子为主轴的,将男性世家的家名及香火一代代传下去。"① 因此为了维系家族的香火,生育众多的子孙成为家庭的头等大事。历史上,受"早生儿子早得继,早抱孙子是福气"观念的影响,古镇居民早婚现象比较严重,男子16岁,女子14岁,即成婚育儿,形成了"稚父雏子,拳母锥儿"。新中国成立后,尤其是1963年后,国家实施计划生育,但居民受"人多力量大,有人好办事"等传统观念和社会环境的影响,计划生育工作一直停留在宣传阶段。1980年后,国家加大了计划生育推行力度,对违背计划生育者进行惩处,但偷生、超生现象仍较严重。

除了生育较多的子女,更要保证生男丁,保证家族香火的延续。"子福"观念的延伸则是"重男轻女"观念。历史上溺女婴、弃婴比例严重,造成男女比例失调。"清光绪三十年(1904),寿州报省布政使司人口数,男244589人,女158959人,性别比为1.6:1。民国十七年(1928)人口统计,男426665人,女255501人,性别比为1.67:1,民国二十八年(1939)年统计,男442192人,女310705人,性别比为1.42:1。民国三十五年(1946)统计,男352302人,女272822人,性别比为1.24:1。民国三十六年(1947)乡镇报县数,男340945人,女267492人,性别比为1.27:1。中华人民共和国成立以来,男女比例失调现象有所改善。1958年性别比为1.28:1;1968年性别比为1.19:1;1978年性别比为1.14:1。"②

---

① 麻国庆:《永远的家:传统惯性与社会结合》,北京大学出版社2009年版,第11页。
② 寿县地方志编纂委员会编:《寿县志》,黄山书社1996年版,第94页。

"重男轻女"体现在生活与习俗上,比如:抱娃娃习俗,居民多抱男娃娃;在对待男孩儿和女孩儿的教育问题上也不同,之前一些女孩儿多没有机会读书或者过早地辍学帮助家里干活。现在随着社会的发展,女子受教育局面有所改善。"多子多福"和"重男轻女"观念是我国传统家国同构的社会结构和自然经济的经济方式在家庭生活中的体现,实现了家族血脉延续,又需要流淌着祖先血液的人争得荣耀,其衍生出的祖先崇拜、光宗耀祖观念,这也是人们的幸福所在。

二 "光宗耀祖"和"碑坚强"

历史上"'光宗耀祖'作为一种在国人心中根深蒂固的观念,深刻地影响着人们的观念和行为,时刻提醒着人们什么是应该做的,什么是不应该做的,其中的标准就是你的行为是否能够让祖先和家族更加荣耀"[1]。子孙香火的延续,使得家族或家庭作为一个生命体得以长存。子孙作为家庭或家族中的生命个体,"本身"存在即体现了上辈人对祖宗和家庭的责任和义务。同时,个体自身对祖宗和家庭的责任不仅体现在生育儿女的现世责任,还体现在"光宗耀祖"的历史义务,为宗族争光,使祖先显耀,使家族势力强盛,流芳百世。由于受到"官本位"思想的影响,历史上做大官、发大财就是典型的"光宗耀祖"。据传,孙家鼐的祖父孙克伟[2]通过做生意,发了财,但由于无权无势,官吏经常摊派各种杂税,许多财产都被官府以各种名义剥夺了。后来,他想到让儿孙们考取功名,光宗耀祖,别人不仅不敢欺负自己,还要尊敬自家。于是,孙克伟聘请老师,让儿子们安静读书。功夫不负有心人,孙克伟的三儿子孙崇祖(1796—1856)不负众望,考取了廪贡生,做了池州府教授[3]。之后孙崇祖生五子,老大孙家泽中道光十八年(1838)进士;老二孙家铎中道光二十一年(1841)

---

[1] 王善英:《"光宗耀祖"价值新论》,《海岱学刊》2015年第2期。
[2] 孙克伟,字立人,号约斋,内行纯笃,有隐德,家法严肃,守正不阿,孝友睦姻,以孙家泽贵赠中宪大夫,以孙家鼐贵累赠光禄大夫。
[3] 教授:古时设置在地方官学中的学官。

进士；老三孙家怪中咸丰二年（1852）举人；老五孙家鼐中咸丰九年（1859）进士、钦点状元，当时孙家"一门三进士，五子四登科"，成为当地名门望族，许多地方官员上任第一件事，就是登门拜访孙家。当时孙家可谓车水马龙，宾客盈门。孙氏势力强盛，连府中仆人都跟着沾光，霸道十足。有一次，孙家鼐回家探亲，一天，他外出访友回家，在城门口遇到一挑粪工，由于挑粪工走得太急，粪水溅在了行人的衣服上，不巧孙家鼐也被溅到，孙家鼐看了挑粪工一眼，没想到那挑粪工居然大声吆喝道："我是孙状元家种田的，溅脏了你的衣服，你敢把我怎么样？"挑粪工因是孙家仆人，别人不敢把他怎么样，可想而知，孙家在当地的势力和威望。孙家经过几代人的经营，百年不衰，成为当地名门望族。除以上列举者之外，孙氏还有许多成功人士。孙氏在古镇留下的痕迹，成为当地居民丰富的文化遗产。孙氏大宅门上的对联"光阴迅速，纵终日读书习字能得几多，恐至老无闻，趁此时埋头用功；世事艰难，即寻常吃饭穿衣谈何容易，为将勤补拙，免他年仰面求人"，更成了古镇居民的座右铭，时刻勉励自己和他人，发奋读书，向孙家先人学习，"光宗耀祖"。

历史上，皇帝或地方官为了表彰有功之臣、做善事的乡绅或者贞节烈女，常常立牌坊，今天镇内仍有一些街道可以看到牌坊遗迹，也有些街道因牌坊而得名，如"木头牌坊巷""单牌坊巷"。除了立牌坊外，还有一些树碑表彰者，以示永远，但由于年代久远，加之"文化大革命"破坏，大多数碑刻已经不存在，但翻看《寿州志》仍可知一二。除了政府的表彰外，一些寺庙、道观也常为捐助者立碑颂德，如今亦如此，如清真寺内墙壁镶嵌古今为清真寺捐资者的功德碑，以使慎终追远，流芳百世。

时过境迁，并不是所有的立碑纪念，都能得到人们的支持。2008年7月至2009年9月，寿春镇发生了一件因立碑而引起居民大讨论的事情。2006年，寿县文化艺术协会为庆祝寿县被评为国家历史文化名城20周年举办了"寿州状元杯全国书画比赛"。大赛后，主办方将获铜奖及以上名单、赞助商和县领导的姓名进行刻碑纪念，并于2008

年 7 月将石碑立在古城南门城墙下。对此,当地居民和网友议论纷纷,讨伐碑刻不伦不类,有损古城风貌。后《安徽商报》以《寿县:小小书画赛立碑古名城》,《新安晚报》8 月 4 日以《寿县古城楼屡遭"挑刺"》,天涯论坛、合肥在线、中安在线以及当地的官方论坛、寿州人论坛、寿州人社区等纷纷出贴,讨论此碑刻,强烈要求拆除该碑刻。后有关部门展开调查,认定此碑属违法建筑,遂责令立碑人自行拆除。但时隔一年,2009 年 8 月,此碑又被立于北门外广场。此消息在网上公布后,群众反响更加强烈,除了在网上谴责外,一些居民在碑刻上写谩骂标语、刻辱骂文字。安徽省社会科学院学者、当地各级政府领导也高度重视,"碑坚强"又被拆除,扔在广场边的草地上。2009 年 8 月 26 日《新安晚报》以《寿县网友轮番轰倒"碑坚强",被拆纪念碑从南"游"到北》[1],再次报道了此事,并采访了立碑人。立碑负责人称表示将碑刻移到北门,是再次向领导请示的结果。[2]

"光宗耀祖的观念承载着传统社会的礼法精神,彰显着中华民族的文化特质,依然在人们的心中占有不可替代的地位,对于人们的行为发挥着无与伦比的潜移默化的作用。"[3] 寿县文化艺术协会立碑受到群众的反对,不仅因为石碑有损古城风貌,更是这种"光宗耀祖"的方式,违背了传统的礼法精神,官本位严重,与时代格格不入。在历史的长河中,光宗耀祖的观念已经被内化成家庭责任感和社会责任感,争取使自己和家人过上幸福的生活。

三 "寿州不寿"到"健康长寿"

2009 年 6 月 17 日,余秋雨陪夫人马兰[4]回寿春扫墓期间,写下

---

[1] 童寿春、窦祖军:《寿县网友轮番轰倒"碑坚强",被拆纪念碑从南"游"到北》,《新安晚报》2009 年 8 月 26 日(http://ah.anhuinews.com/system/2009/08/26/002324540.shtml)。
[2] 沈中强:《为什么要拆毁寿县文化艺术协会的纪念碑?》(http://bbs.hefei.cc/viewthread.php?tid=3616130)。
[3] 王善英.:《"光宗耀祖"价值新论》,《海岱学刊》2015 年第 2 期。
[4] 马兰,女,祖籍安徽省寿县,黄梅戏表演艺术家、国家一级演员,上海戏剧学院教授。

了《八公山下》，文中对寿春当地的发展提出了一些建议。文章发表后，引起了当地政府的高度重视，时任县领导立即在网上作出回应，给余秋雨写了一封信，信中对寿县近几年的发展和规划向余秋雨做了介绍，并希望余秋雨继续关注寿县发展。6月18日，余秋雨在网上对领导的回信和说明给予了高度评价。2010年5月27日，寿县领导班子专程赴上海拜会了余秋雨，在会谈中余秋雨提出寿县应当做大寿文化的影响力，充分利用世界豆腐发祥地的美名，把寿县打造成"素食圣地"和"美食之都"。那么"寿"与寿春镇有怎样的渊源呢？

寿春镇因曾为春申君封地而得名。春申君黄歇（前314—前238），楚国贵族，"战国四公子[①]之一"，学识渊博、见多识广、能言善辩，因说服秦国善待楚国，保护在秦作为人质的楚太子，而闻名各诸侯国，后又营救太子逃回楚国，辅佐其继位，称楚考烈王，春申君也被考烈王封为相。公元前262年，封春申君，赐淮北地十二县，并将州来（古地名，今安徽凤台、寿县一带）的部分土地，赐给春申君黄歇为食邑，取名寿春，意含"为春申君寿"之意。黄歇被封寿春后，兴修水利，发展农商，寿春一时发展起来。公元前241年，楚考烈王接受黄歇建议，将都城迁到寿春。但楚国迁都寿春十八年，即被秦国所灭。后淮南王在此起家，但不久即被平叛。三国袁术在寿春称帝，三年后被灭。因此当地老百姓传说"寿春不寿"，加上赵匡胤困南唐，当地又被称为"困龙城"。

历史上，寿春镇居民寿命较短与当地天灾和人祸较多有关。历史上，楚灭蔡、秦灭楚、淝水之战、宋灭南唐、元末农民起义、捻军、太平天国起义、苗沛霖屠城等战争皆发生于此，令百姓流离失所，骨肉分离。尤其以清末苗沛霖屠城影响力大，至今居民聊起来仍毛骨悚然。

苗沛霖，太平天国时期，打着办团练的幌子，与捻军作战。后势

---

① 战国四公子：信陵君魏无忌、平原君赵胜、春申君黄歇、孟尝君田文。

力日盛，转而与捻军、太平军联合，进攻寿州，初举抗清大旗，控制凤台周围数十州县，割据称雄。次年，投靠清将胜保，后又随袁甲三在宿州等地围攻捻军，官至道员。1860年，趁第二次鸦片战争之机，将翁同书、傅振邦、袁甲三等部清军驱逐安徽。1861年举兵抗清，被太平天国封为奏王，1862年暗中降清，诱捕英王陈玉成献胜保。旋又举兵反清，1863年，在安徽蒙城被清军僧格林沁部击败后，为部下所杀。

苗沛霖叛乱时，共两次攻陷寿春。第一次是咸丰十一年（1861）初，苗军围城，在此期间寿春人民蒙受了巨大灾难，苗军"皆不分老弱，全行杀害。及寿南齐练解围，送粮入城，闲被捉获者，或挖其双目或剁其四肢，碎割零焚，备极惨酷，城破后，于守城绅民杀害全家者数百户"①，孙家泰及家人大多被俘获。孙家泰是寿州孙氏"十四房"长房孙克任的孙子，而孙家鼐祖父孙克伟是七房，孙家泰父亲孙赠祖与孙家鼐父亲孙崇祖属堂兄弟。道光二十九年（1849），孙家泰入赀为员外郎，分刑部广西司。咸丰三年（1853），孙家泰随工部侍郎吕贤基回籍督办团练。数年累荐至川北道，加布政使衔。后苗沛霖叛乱，"南据正阳关，北扼下蔡，继袭怀远，陷之，号称苗练，骎骎逼寿州"。当地百姓一致推荐孙家泰担任主帅抵御苗军。咸丰十年（1860），苗沛霖派部下李学曾、郭洪波、谢贯斗、傅家瑞、卢金榜、贾永丰、李双勤等潜入城内，作为内应，后被发现，全被孙家泰杀害，这就是所谓的"寿州擅杀案"。后苗沛霖以报仇为借口，围攻寿州城。咸丰十一年（1861），苗沛霖在翁同书、袁甲三的调解下，暂停了攻城，但翁同书将孙家泰下狱，孙家泰在狱中夷然曰："吾昔募健儿刺苗逆悍将，今又戮其谍，欲甘心者我也。守土非其人，顺逆不明至此，事之不济，天也。吾身许国矣，吾死而城安，其又奚恤？"②后服毒自杀。但苗沛霖并没有撤兵，10月29日，苗沛霖攻克寿州，

---

① （清）曾道唯修，葛荫南纂：《光绪寿州志》，江苏古籍出版社1998年版，第158页。
② 赵尔巽等撰：《清史稿》卷500，吉林人民出版社1998年版，第10340页。

孙家泰一家四世 15 人、同族百余人遇害。除了孙家泰及家人，守城官员如副将朱景山，总镇黄鸣铎，把总马金标、吴正邦都被杀害，抢掠城南一带妇女数百，城内妇女两千，皆令其群居裸处，择有姿色者入营献酒，其次分给部下奸淫。众百姓尤其是广大妇女不堪凌辱，自尽者甚多，一些居民跑到留犊池纷纷投池殉节，一时城内尸陈遍地，血流成河，一片惨象。后安徽巡抚吴坤修曾记："当土贼苗沛霖攻陷州城时，凡男女老幼投池殉难不肯从逆者，以千数计，光复后，各尸腐坏亦无从查考姓名……白骨狼藉，积满池中。"① 在此期间，他曾诱捕太平天国英王陈玉成。这次攻城，直到同治元年（1862）八月苗军才撤离。

同治二年（1863），苗沛霖再次攻陷寿春，寿州知州毛维翼率领的守城官军全军覆灭，毛知州受伤后被俘，遭挖目剁手，被折磨致死。寿春城旧伤未复，又添新伤，东街州署内"自二堂旁及州同，吏目两署，外而仓库、监狱、曹椽、治事之室，则一片瓦砾，无一楹一椽"，以至于后来新任州官"皆赁民房为听证所"②。两次围城，殉难者"文武官绅及生童，共三百四十七人，兵练齐民共二千三百零五人，妇女共六百五十一人，又有妇女守节而及于难者共七十人，男妇乏食绝命者共三千一百八十八人，统共计六千五百六十一人，其中孙氏一门被杀害者多达一百四十六口"③。当地至今，有苗沛霖制造"万人坑"的记忆和传说。

近代以来，寿春古镇更是饱受日军三次侵占，新中国成立后，发生了"大跃进"、人民公社化运动等，寿春镇有人口饿死。虽遇天灾人祸，死于非命，但并不是说当地长寿者较少。据《光绪寿州志·老寿》载："袁友三，年百有十八岁；戴润年，百有五岁；万化年，百岁；魏洪山，年百有二岁；张佐年，百有二岁；监生张传凤，年百

---

① 寿县政协文史资料委员会：《寿县文史资料》（第二辑），内部资料，1990 年，第 61 页。
② （清）曾道唯修，葛荫南纂：《光绪寿州志》，江苏古籍出版社 1998 年版，第 58 页。
③ （清）曾道唯修，葛荫南纂：《光绪寿州志》，江苏古籍出版社 1998 年版，第 70 页。

第七章　寿春镇居民的幸福价值观念　　159

岁；叶俊杰，年百有一岁；张恪年，百有三岁；吕吉临，年百岁；梁柞明，进士子琦后裔，卒年百有三岁；胡有文，年百有八岁，光绪十三年卒；郝林万，年九十九岁，光绪十四年卒；李成业，同妻张氏年俱九十；董金元，现年百岁；董金奎，现年百岁；贾各惠，现年九十四岁；耆民李梓林，一门孝友年九十岁，光绪十五年卒；朱崑山，年九十八岁卒；太学生杨喜恩，年九十九岁卒；耆民常昱年，百有一岁，光绪十四年卒；耆民张士清同妻隗氏，年皆九十四岁；吕积临，年九十五岁；方兰年，九十五岁；叶士英，年九十三岁；张鸣清，年九十七岁；耆民张廷恺，年九十三岁；耆民陈怀伟，年九十三岁卒"①；"黄尚文，光绪十五年卒，年九十岁"②。以上列举了 30 名老寿者，其中男性为 28 名，女性 2 名，是不是女性长寿者少呢？其实，历史上在编纂志书时，常将女性归于《列女志》中，《寿州志》记载清朝的寿妇有 59 个："曾次颜母周氏，年一百岁；耆民周冕妻杨氏，年一百岁；苍林妻陶氏，年百有八岁；高起妻张氏，年百岁；鲍玉怀母李氏，年百岁；周杨氏，年百岁；张永吉妻刘氏，年百有二岁；黄允臣妻常氏，年八十七岁；赵文炳妻徐氏，年九十岁；袁云祥妻陶氏，年百岁；臧文玉妻吴氏，年九十五岁；赵金海妻王氏，年九十三岁；李文灿妻王氏，年九十二岁；方皓继妻郑氏，年九十一岁；刘美妻陈氏，年九十一岁；监生姚允谦妻史氏，年九十岁；罗筘（一名国筘）妻常氏，年九十八岁；王明焕妻张氏，年九十八岁；郑锡五妻姜氏，年九十二岁；王中孚妾孙氏，年九十三岁；孙含玉梁氏，年九十一岁；朱学曾妻王氏，年百岁；薛大学母，年九十一岁；贡生姚之栋妻孙氏，年九十八岁；监生黄蔚选母黄氏，年九十八岁；曹继旃继妻赫氏，年九十四岁；张华封妻叶氏，年九十七岁；监生张凝山母李氏，年九十二岁；孙衡母吕氏，年九十三岁；黄宗禹母唐氏，年九十

---

① （清）曾道唯修，葛荫南纂：《光绪寿州志》，江苏古籍出版社 1998 年版，第 560 页。

② （清）曾道唯修，葛荫南纂：《光绪寿州志》，江苏古籍出版社 1998 年版，第 454 页。

五岁；黄德据母刘氏，年九十四岁；张希圣妻李氏，年九十四岁；黄宗林妻刘氏，年九十四岁；黄应舜妻唐氏，年九十五岁；孙嘉祥妻吕氏，年九十三岁；廪贡生顾苍佑妻方氏，享年百有二岁；吕宏得母，百有二岁；庠生张克显妻孙氏，卒年九十八岁；陈朝万妻黄氏，卒年九十八岁；张守仁继妻夏氏，年九十二卒；赵大宝妻戴氏，光绪四年卒，年九十三岁；葛静波妻俞氏，光绪五年卒，年九十岁；监生张渐远母，光绪十四年卒，年九十六岁；耆民孙家俊妻马氏，卒年九十五岁；侯俊妻方氏，光绪十五年卒，年九十九岁；江同山妻倪氏，卒年百二十六岁；孙家勤妻王氏，光绪十年卒，年九十岁；监生张渐逵母，卒年九十六岁；张同春妻朱氏，卒年九十六岁；李愫妻王氏，年九十七岁卒；朱铎妻宋氏，年九十六岁卒；杨超妻江氏，现年百有二岁；孙家蘅妻鲁氏，现年九十四岁；外委朱克明妻王氏，现年百岁；黄步蟾母何氏，现年九十四岁；鲍德府母门氏，现年九十二岁"①；"夏怀寿妻节妇汪氏，年一百四岁；周景戴母邢氏，卒年九十四岁；陈德珩母孔氏，卒年九十二岁"②。通过对《光绪寿州志》长寿者的统计，可以看出寿春古镇打造"寿文化"也具有一定的文化基础。

旧时，古镇一些富豪之家的家族长辈，凡年逾五十，都要庆寿，大多以虚岁过寿。庆寿，十年一庆，尤其以六十、八十岁较隆重。祝寿时，子女要先向亲朋好友下请帖，然后备下筵席，宴请宾客，旧时邻里亲朋要在寿辰前一日晚去"暖寿"，凡参加庆寿者，有献寿幛的，有送寿匾的，有赠寿联的，有做寿序的，有馈寿酒的，有献果品的，等等。当天早晨"拜寿"，寿宴开始后，行祝寿礼，晚辈叩拜，分别以儿媳、婿女、来宾，两两进行。拜寿礼毕，举行寿宴，有些大户人家还经常请戏班前来助兴。现在许多祝寿仪式已经不存在了，但祝寿活动活跃了起来。居民通过祝寿，表示对老者的尊重，借此家庭成员、亲友也得以团聚。

---

① （清）曾道唯修，葛荫南纂：《光绪寿州志》，江苏古籍出版社1998年版，第454页。
② （清）曾道唯修，葛荫南纂：《光绪寿州志》，江苏古籍出版社1998年版，第581页。

第七章　寿春镇居民的幸福价值观念　　161

麻国庆教授认为："寿的观念体现了人们的生命观，人们不仅要生存，而且要提高生活水平，使人民寿命延长。不过，人的肉体是有限度的，没有人可以例外，但精神上人们可以追求将生命延长，因此引申出了孝。"杨懋春先生认为："孝分为三层含义：第一层是延续父母与祖先的生物性生命；第二层是延续父母与祖先的高级生命，即他们所具有的社会、文化和道义等方面的生命；第三层是做子女的能实现父母或祖先一生中所不能实现的某些愿望。"①

历史上寿州不乏孝子孝女。唐代董邵南隐居于此，白天外出种田或砍柴，晚上则勤奋读书，侍奉父母，孝义闻名乡里，"盖孝于当时者先生也，感于后人者里人也；先生之孝成于千载之上，里人之思感于千载之下"②，其至孝通灵，格及禽兽。据说董邵南家饲养的母狗外出觅食，家中的母鸡帮助母狗哺其狗崽，"家有狗乳出求食，鸡来哺其儿，啄啄庭中拾虫蚁，哺之不食鸣声悲，彷徨踯躅久不去"③。后人为纪念董邵南，将其隐居的地方，改为"隐贤"，并建有"董子祠"，在其读书的地方，建立了"读书台"。

与董邵南同时期的乡人李兴，也因孝行闻名乡里。李兴的父亲得重病后，卧床不起，李兴割肉奉父，《新唐书》载："父被恶疾，岁月就亟，兴自刃骨肉，假托馈献，父老病已不能啖，宿而死，兴号呼抚膺，口鼻垂血，捧土就坟，坟左作小庐，蒙以苦茨④，伏匿其中，扶服顿踊，昼夜哭诉，孝诚幽达，神为见异，庐上产紫芝、白芝，庐中醴泉涌。"⑤柳宗元为李兴作《孝门铭》上呈皇上，时人立碑颂扬，祠于乡贤祠。

清代权翼妻黄氏"性贤淑，姑老多病，氏持斋默祷神佑，病剧刲肱煎汤以进，病遂愈。越数年，姑见其瘢痕，相持哭。姑殁，持长

---

① 麻国庆：《永远的家：传统惯性与社会结合》，北京大学出版社2009年版，第12页。
② （明）栗永禄纂修：《嘉靖寿州志》，上海古籍书店1963年版，第52页。
③ （明）栗永禄纂修：《嘉靖寿州志》，上海古籍书店1963年版，第261页。
④ 茅草盖的屋顶。
⑤ （宋）欧阳修、宋祁：《新唐书》卷120，中华书局1975年版，第5589页。

斋。遘疾，医劝食猪肝以补气，氏泣曰：吾为姑斋，忍以姑殁变乎，不食而卒"①。后孙克依②作《刲肱吟》③纪念黄氏。

历史上如此，今亦如是。"心动2010·安徽年度十大新闻人物"当地学生金书家背着残疾母亲读高中，然后赴合肥读大学，其孝行感动无数人。《论语·里仁》曰："父母在，不远游，游必有方"，孔子讲父母健在的时候，子女有义务在家陪伴父母，与父母共同生活，即使要外出求学或做官，要有个稳定的去处，避免父母担心。现在社会流动性增强，人们因工作、求学外出者增多，陪伴在父母身边尽孝的难度增加，也束缚了一部分人外出。

第二节　知足常乐

《老子·俭欲》曰："罪莫大于可欲，祸莫大于不知足，咎莫大于欲得，故知足之足，常足。"老子指出，人最大的罪恶就是放纵欲望，最大的祸患就是不知满足，最大的过失就是贪得无厌，只有懂得满足的人，才能够得到幸福快乐。

一　人心不足蛇吞象

寿春镇被称为中国成语城，其中之一的"人心不足蛇吞象"被镶嵌在东门，故事大致是：很久以前，有条蛇精触犯天条，遭到惩罚，雷公电母用雷电轰击蛇精，蛇精受伤后化作一条小蛇蜷缩于尘土中。恰逢城内一穷秀才梅生外出，途中发现，觉得小蛇可怜，将其救起，

---

① （清）曾道唯修，葛荫南纂：《光绪寿州志》，江苏古籍出版社1998年版，第451页。
② 孙克依（1755—1881年），字慎斋，号不庵，贡生，曾任江阴县训导、直隶候补知府。
③ 《刲肱吟》："吾邑权君羹和室黄氏，性贤淑，事翁姑，孝翁殁，姑老多病，妇持斋祷神佑，姑姑病剧，妇刲肱肉煎汤进饮，姑姑瘳，越数年，姑见妇瘢痕，相挟哭。姑殁，妇持长斋。遘疾，医劝食猪肝以补气，妇泣曰：吾为姑持斋，忍以姑殁，醵乎，终不食，年四十五卒。子汝淮述其事，丐友人歌以传之，孝儿卧冰，冰不生寒，孝妇剜肉，肉是金丹，汤中有神佑我，姑体即安。姑老易伤，勿令见妇刀瘢，姑知之，妇之怨，姑在不茹荤。姑殁，忍食猪肝，妇抱素心从姑，黄泉地上有儿，姑不死地下有妇，姑见怜姑，怜妇悚嘱，后嗣毋以酒食奠坟前。"（清）曾道唯修，葛荫南纂：《光绪寿州志》，江苏古籍出版社1998年版，第549页。

带回家中喂养。春去夏来，小蛇逐渐痊愈，于是将小蛇放回了大自然。之后，梅生多次参加科举考试，都名落孙山。一日，梅生在大街上闲逛，见众人围着看告示，自己也围了上去，原来是皇太后身染重病，御医束手无策，皇上于是榜告天下，悬赏谁如果可以治好皇太后的病，封官加爵。梅生心想，我要是有灵丹妙药多好啊，这么多年考试也没成功，想起来不免伤感起来。梅生走着走着，不知不觉来到八公山下，突然狂风大作，一条巨蟒出现在他眼前，梅生大惊。这时蟒蛇讲话了："梅相公别怕，我是你救的小蛇，今天我要报答你。"梅生想起自己曾救过一条小蛇，心情平静了一些，蟒蛇说："皇太后病重，你从我腹中割下一块心肝，可治好太后的病。"梅生犹豫片刻，半信半疑，蟒蛇道："但割无妨。"梅生于是持刀钻入大蟒腹中割下一块心肝，急忙离去，第二天到县衙揭了皇榜，进京为太后治病去了。梅生进京用蛇肝治好了皇太后的病。梅生被皇上封为宰相，皇帝让其回乡祭祖，梅生耀武扬威回乡，沿途大小官员无不夹道欢迎，他想起了自己以前穷困潦倒的生活，如今锦衣玉食，真是一朝富贵，转念想，现在的荣华富贵都会逝去，自己要是可以长生不老多好？于是他想到再向蟒蛇割一块心肝，以备日后生病用。回乡后第二天，梅生就去丛林中寻找蟒蛇。遇到蟒蛇后，梅生向蟒蛇说明了自己的来意，蟒蛇听后明白了梅生的意思，但念其曾救过自己的命，只得忍痛让其再割一刀。于是，梅生钻进蛇腹，但他试图割下蟒蛇全部心肝，蟒蛇疼痛无比，浑身抽搐，在地上打滚，用力把嘴一闭，梅生也身葬蛇腹。这就是"人心不足蛇吞相（象）"的由来。

"人心不足蛇吞象"作为劝世名言，首出《山海经·海内南经》："巴蛇食象，三岁而出其骨。"后世流传多个版本，但其反对贪得无厌，过分索取，劝人知足常乐和做事安守本分的宗旨是一致的。"人心不足蛇吞象"其蕴含在生活中的"中庸"观念教育了一代又一代寿春人，对正确引导人们社会生活仍具有非常重要的意义。

二 乐天安命

历史上，寿春镇居民以耕种为业，但生产力水平低下，生产技术落后，天灾人祸不断，居民虽辛劳一生，"终岁勤动，无游惰纷华之习，城内空隙处，多凿井灌畦，以种菜蔬，桔槔之声，时接于耳"①，可能只能糊口而已，同时，人们生活在狭小的范围内，追求经济利益、物质享受的客观经济条件一直没有形成，加之在我国贪求财富与追求肉体的快感得不到社会的赞赏和鼓励，所以只能产生"小富即安""知足常乐"的观念。② 现在，古镇人口多，满足基本生活消费需求大，为居民提供了一些就业机会，各类店铺、地摊、排档等，这些就业机会多为服务业、劳动密集型行业，技术含量低、自足性较强、客源基本固定，居民养家糊口可以，但是发财致富较难。

寿春人容易知足，他们不太挑剔，没有太多的抱怨，只要有吃有喝，有安定的环境，一份可以糊口的工作，就觉得很幸福了，从来不愿意冒险。古镇人安贫、乐天，人们以比较积极的心态面对生活。比如，遭遇自然灾害或者战乱，居民心理上可以承受，对于社会秩序的维持具有重要作用。2003年8月份，寿春古镇遭遇洪涝，洪水堵住城门，居民出行只能靠小木船，但镇内居民生活依旧，许多居民逛街的逛街，玩的玩，完全没有洪水来袭的恐慌。反而由于洪水，居民无法出城，亲朋好友有了空闲时间，得以有机会相邀去吃大排档，据说当时南北大街道路两旁全是开大排档的临时摊位，居民吃完排档，到城墙上溜一溜，看看城外的洪水，不亦乐乎。总之，乐天安命的观念，反映了寿春古镇人在对待人与自然、人与人关系时的态度。镇内居民并没有因为水灾影响到生活，他们幸福感强，并不是说当地居民没有进取心，更多的是指他们面对灾难时表现出来的坚韧。

现代社会是一个复杂、剧烈变迁的社会，古镇不同社会群体、个人面对复杂多变的社会环境，大都表现出积极乐观的态度。但也不能忽视社会适应过程中，出现的一些影响居民幸福指数的问题。如：当地居民虽然勤俭节约，但部分居民仍生活困难。居民贫富差异的扩

---

① （清）曾道唯修，葛荫南纂：《光绪寿州志》，江苏古籍出版社1998年版，第45页。
② 戴茂堂、江畅：《传统价值观念与当代中国》，湖北人民出版社2001年版，第37页。

大，引起群众的不满，也对当地干群关系造成很大影响。部分居民在社会适应过程中，将遇到的困境和不如意，统统归结到政府不作为上。他们利用各种机会，进行上访，表达自身的诉求。

寿春古镇文化塑造着古镇人的基本特点、文化观念和生活方式，使得他们成为古镇文化的创造者和塑造者，使古镇文化世代传递或传承。"乐天安命"的观念影响着人们的生活观和工作观。寿春镇居民在选择工作时，不仅仅以收入多少为衡量标准，更多的是以工作环境的清闲与否，以工作纪律的随意性为标准，工作性质的相对稳定，对于那些工作环境相对较累，工作纪律强的工作，则很少从事。所以当地居民大多安土重迁，在本地选择一些摊位或熟人的旅店、餐馆打工，边工作边聊天，轻松愉快。在古镇狭小的范围内，人们的居住格局、生活环境、工作态度都促进了人们之间的互动，熟人组成的社会环境，具有广泛的人际交集，可以产生共同的话题，"东家长李家短"，使得与其他社会生活相对隔离，呈现出一种"内卷化"。

第三节　尚节义

气节大义，是检验灵魂的试金石。古镇人尚节义，五代十国时期，寿春属南唐所辖，南唐靖淮军节度使刘仁赡奉命在此镇守。但后周一直想吞并南唐，而寿春则是后周征伐南唐的首取之地。显德三年（956），周世宗柴荣兴师南征，大军将寿春城团团围住。"围之数重，以方舟载炮，自淝河中流击其城，又束巨竹数十万竿，上施版屋，号为'竹龙'，载甲士以攻之，又决其水砦入于淝河。"但由于刘仁赡治军有方，周军"攻之百端，自正月至于四月不能下，而岁大暑，霖雨弥旬，周兵营寨水深数尺，淮、淝暴涨，炮舟竹龙皆飘南岸，为景兵所焚，周兵多死。"[1] 没有办法，周世宗不得不暂缓对南唐进攻，六月，周世宗领兵返朝，留李重进等继续围困寿春，一时，后周在江淮

---

[1] 欧阳修：《新五代史》卷32，中华书局1974年版，第351页。

间的兵力大大削弱，同时后周李重进与张永德两军又互相猜疑、互不配合。而南唐则派元帅齐王景达率军驻扎紫金山下，与城中互为犄角，实力大增。此时，刘仁赡屡请出战，但都没有得到准许，于是愤惋成疾。显德四年（957），周世宗再次围攻寿春城，周军第一天就"连破数寨，斩获数千，断其来路，贼军首尾不相救，是夜，贼将朱元、朱仁裕、孙璘各举寨来降，降其众万余人"①。第二天，周军尽陷诸寨，杀获甚众，擒"大将建州节度使许文缜、前湖南节度使边镐，其余党沿流东奔，帝自率亲骑沿淮北岸追贼，驰二百余里，至镇淮军，杀获数千人，夺战舰粮船数百艘，钱帛器仗不可胜数"②。当时，南唐君臣皆震慑，"奉表称臣，愿割土地、输贡赋，以效诚款"，唯独刘仁赡坚守寿春，周军久攻不下。至后周围困寿春已经一年多，城中粮食短缺，百姓饿死者甚众，援军也被击败，刘仁赡又病重，城内守军气势受到创伤。刘仁赡的儿子崇谏趁其父病重，与诸将计划出城投降，刘仁赡知道后，命令斩首示众，诸将劝说，但仍亲至刑场，将崇谏腰斩示众。士兵们无不感泣，愿以死守。后人就此事曾做七言诗："义发孤城赖一心，辕门斩子定三军，可怜生死淮流断，长使英雄泪满襟"，咏赞刘仁赡"辕门斩子"的悲壮。后刘仁赡病情日重，意识已不清醒，其副使孙羽诈为刘仁赡书，投降，刘仁赡当日病逝。周世宗遣使节前往吊祭，追封刘仁赡为"彭城郡王"，任命其子崇赞为怀州刺史，复其军曰"忠正军"，以旌仁赡之节。李景闻刘仁赡卒，亦"追赠太师"。寿春城百姓为纪念刘仁赡，在城内建"忠显庙"，每年供奉香火，以表崇敬。庙内碑记："公为唐臣，竟力战守，劳效良多……城陷以死，生抗国难，死勤王事，夫妇忠节，诚罕与俦在，其臣仕虽僭伪之朝，然忠于所事，有死无贰，赫然可称，至于成败利钝则天也。"③

---

① （宋）薛居正：《旧五代史》卷117，中华书局1976年版，第1556页。
② （宋）薛居正：《旧五代史》卷117，中华书局1976年版，第1557页。
③ （清）曾道唯修，葛荫南纂：《光绪寿州志》，江苏古籍出版社1998年版，第68页。

第七章 寿春镇居民的幸福价值观念　　167

寿春古镇地方居民尚节义，表现出极大的爱国热情，楚为秦所灭后，散居各地流亡的楚人，将他们的村落改为"郢"，比如："余家郢子"、"邸家大郢"、"曹家郢"、"袁家大郢"、"方郢"、"陈大郢"、"陶郢"、"朱郢"、"古堆郢"、"刘家大郢"、"张老郢"、"张郢"（众兴镇）、"梁郢"、"戴郢"、"龚郢"、"张郢"（茶庵镇）、"楼郢"、"刘大郢"、"磨盘郢"、"乔家大郢"、"张家北郢"、"松树郢"、"大房郢"、"黄大郢"、"孙郢"、"沈上郢"、"金家大郢"、"瓦房郢"、"牌坊郢"、"杨洲郢"、"方郢子"等等。苗沛霖两次攻陷寿春城，"寿之人，独能见危授命，多气节之士，即下至妇人、孺子、乡曲、市井之徒，亦莫不徒手冒白刃，相持于倾危之中，慷慨激烈，蹈死不辱"[1]。

男人尚节义，女人亦如此。历史上国家和社会要求妇女从一而终，大肆推崇贞节观念，特别是宋元以后，"饿死事小，失节事大"的观念不断强化。与男人相比，女人更注重自己的节操，一些女子没有结婚即为夫君守寡或者殉节，对于贞节烈女、烈妇《光绪寿州志》多有记载。如："钱瑞聘妻府尹俞化鹏曾孙女，早丧父母，与兄镰，寄育舅氏家，许聘同里钱有录次子瑞，乾隆六十年（1795）八月一日，女在外家，闻钱氏子讣，涕泣绝粒，勺水不入口者，数日舅与兄弟劝之不死，曰愿往钱家守贞，八月六日，舅与兄弟送至钱家，抚棺悲恸，血泪交迸，舅与兄弟去，是夕投缳死，时年二十，钱氏合葬之。""李士璜聘妻吴氏，年十七，夫故，闻讣绝粒；杨存仁聘妻赵氏，年十七，夫故，闻讣绝粒。"[2]

苗沛霖叛乱期间，孙家泰全家皆死，其妾因独居而幸免于难，后守节以终，受到表彰。"妾姓费，河南人，美而有才，擅武勇，其父拳师也。当同治元年（1862）春，钦差大臣胜保率大军解颍州之围，气张甚。闻费氏之美，遣人往劫之，费闻，枕戈以待。胜使至，谓之

---

[1]（清）曾道唯修，葛荫南纂：《光绪寿州志》，江苏古籍出版社1998年版，第105页。
[2]（清）曾道唯修，葛荫南纂：《光绪寿州志》，江苏古籍出版社1998年版，第387页。

曰：大帅左右岂少姬侍，而必辱及未亡人，何也？如不利免，我将挟刃以往，俾伏尸二人，流血五步，其勿悔。使者股栗归报，胜乃罢。费得守节以终，抚一子为后，膺四品封。故称之曰'费恭人'云。"[1]

当地居民对气节之士充满敬意，对变节者多有反感之意。苗沛霖三次反清，两次反太平天国和捻军，可谓首鼠两端，反复无常，最后死于乱军中也为当地人所不齿。

当地居民尚节义，表现出强烈的爱国主义热情。抗日战争时期，寿县三次沦陷，当地居民抗日救国气氛高涨，同仇敌忾，自发武装起来进行对敌斗争，参与抗战，保家卫国，有力地打击了日寇的嚣张气焰。解放战争时期，寿春镇居民积极参加。现在，爱国主义始终是当地居民激昂的主旋律，人们坚守岗位，真诚奉献，不辞辛劳，奋发图强，实现了自己的幸福。当然，居民中也有血气方刚，心有大我，至诚报国者，他们表现出了极大的激情。如：寿州勇士周旭，1993年曾骑摩托车经八省、三直辖市为申奥加油助威。1997年，为庆祝香港回归，周旭单骑赴深圳，送驻港部队进港，并在两臂上刺"迎港归、雪国耻"六字纪念。2005年6月，抗日战争胜利60周年，周旭又单骑走访地道战、白洋淀等抗战圣地，拜访抗日英雄小兵张嘎原型赵波老前辈。寿州勇士周旭等人的爱国主义情怀，是我们共同的价值准则和道德内涵，激发了人们的爱国热情，人民群众的获得感幸福感安全感不断提升。

---

[1] 小横香室主人撰：《清朝野史大观》（第2册），中央编译出版社2009年版，第869页。

第八章　寿春古镇居民价值观念的文化生境和评估

第一节　寿春古镇价值观念的文化生境

潘光旦先生指出："一个民族的形成，离不开三个因素，生物的遗传、地理的环境、文化的遗业，这三个因素之间，遗传最为基本，其次是环境，又其次是文化，同时这三个因素绘成一个两等边的三角形，两等边就分别代表环境与文化，第三条边为遗传，生物学家成为'生命的三角'。"① 价值观念作为人类认知的一种，其产生同样受遗传、环境、文化三个因素的影响，但其侧重在产生价值观念的文化生境中。文化生境是"指某一个体、种群或群落的社会环境、生存空间和工作条件，乃生物生活的空间和其中全部生态因子的总和"②。

一　"橘生淮南则为橘，生于淮北则为枳"

春秋末年，晏子使楚，楚王请缚一人，指盗者为齐人，欲辱晏子。晏子与楚王机辩，以橘对："橘生淮南则为橘，生于淮北则为枳，叶徒相似，其实味不同，所以然者何？水土异也。今民生长于齐不盗，入楚则盗，得无楚之水土使民善盗耶？"楚王反自取其辱。晏子机智地道出千古名言，指出了水土对人的行为观念的影响，淮

---

① 潘光旦：《民族特性与民族卫生》，北京大学出版社2010年版，第26页。
② 安学斌：《民族文化传承人的历史价值与当代生境》，《云南民族大学学报》2007年第6期。

河南北文化差异的客观存在。唐宋以降,淮河成为公认的南北文化的界线,虽然明代,官方科举取士则以长江为界,长江成为官方规定的南北界线,但是现代地理学兴起后,秦岭—淮河成为公认的南北自然地理的分界线,实际上也是人文地理的分界线。"秦岭—淮河以南和长江以北"地区,成为文化互动的"前沿",南北文化在此交流碰撞、互动变迁,形成了具有过渡性、多元性、融合性的"文化走廊",但南北居民观念并不因秦岭—淮河的分割而具有"绝对"异质性。

学者们研究发现,地理环境对人的价值观念的形成有一定影响,生长于同一地区、同一民族的人,往往具有共同的价值观念,如:暖湿宜人的河湖、海滨地区,因气候湿润,景色秀丽,万物生机勃勃,易使人触景生情,这里的居民往往多愁善感,机智敏捷;山区居民,因地广人稀、空旷,便养成了说话声音大、处事率直、待人诚恳的性格;而寒冷地区,因室外活动时间较少,人们多数时间是在一个不大的空间内与人相处,因而有较强的耐力和自制力。①

寿春镇居民价值观念的形成受到当地自然生态环境的影响。古镇地处华北、华中气候区的中间地带,属亚热带季风气候,周边多湖泊河汊、水网密布,而河流的冲积平原和湖泊内的旱地多辟为耕地,土地肥沃,灌溉方便,适宜农作物生长,同时,河流湖泊内多产鱼虾,居民多从事农耕和捕鱼。但由于旧时生产技术落后,生产力水平低下,居民生活相对贫困,尤其随着人口增多,一些人不得不将"城内空隙处,多凿井灌畦,以种菜蔬",甚至今天北门和护城河的许多地方仍被居民开荒种菜。城内人口多,为发展商业提供了机会,一些商贩挑着货物从一个市场到另一个市场或走街串巷叫卖,工作比较辛劳,但太平年月可以糊口。

然而,寿春镇是一个天灾人祸不断的地区。从公元前178年至

---

① 唐前编著:《美的世界》,四川人民出版社1994年版,第239—240页。

第八章　寿春古镇居民价值观念的文化生境和评估　　171

1987年，只史书中记载的自然灾害就多达379次（表8-1①），洪涝几乎两年一遇，中涝三至四年一遇，大涝约五年一遇，水灾之后，旱灾、风灾、蝗灾、雹灾等频繁交替，同时，战争频仍。社会心理学认为社会情境通过各种直接与间接的渠道对人产生影响，个人对社会要求的认识与掌握可能是积极的、主动的、自觉的，也可能是消极的、不自觉的、被动的，也就是说个人的社会化有时是有意识、有目的地进行的，有时是无意识、潜移默化地进行的。社会化是在一定社会环境的影响下，不管个人喜欢还是不喜欢，总是会在他身上实现的，个体的社会化、体现了社会的特点和时代的风貌。② 居民在家庭、社会中，将价值观念"传播"或"复制"给他们周边的人或下一代，如果这些人没有机会走出小镇，抑或没有接受高等教育的话，他整个生活的标杆，可能就是他接触到的周围的人，因此价值观念一代代地传播下去。历史上，当地居民既没有一个可以安居乐业的外部环境，也没有提供追求物质享受的经济条件，反而在这种背景下，居民形成了"小富即安"和"知足常乐"的观念。③ 小农业生产或小摊贩，受到自然环境和社会环境影响比较大，具有不稳定性，灾难中的居民常常表现出对未来的迷茫和失望，于是遇到丰收年月居民则感恩戴德，容易知足，感谢神灵和祖先的庇佑，遇到灾荒年月，则以为是神灵和祖先惩罚，祈求保佑，所以民俗宗教比较发达。灾害和战乱较多，使当地民风劲悍，遇到灾害多落草为寇，"万历元年（1573），淮凤二府饥民多为盗"④。生活环境的不稳定性，缺少安全感，容易养成"先饱后饥""穷身子富嘴"，不留恒产，积累意识薄弱的观念。

---

① 寿县地方志编纂委员会编：《寿县志》，黄山书社1996年版，第85页。
② 行龙、杨念群主编：《区域社会史比较研究》，社会科学文献出版社2006年版，第172页。
③ 戴茂堂、江畅：《传统价值观念与当代中国》，湖北人民出版社2001年版，第37页。
④ （清）席芑、张肇扬纂修：《乾隆寿州志》，清乾隆三十二年（1767）刻本，卷十一灾祥八，第497页。

表 8-1　　　　　　　　寿春镇历史上发生的灾害

编号	灾情	发生次数	比例（%）
1	水灾	184	48.6
2	旱灾	65	17.2
3	饥荒灾	35	9.2
4	蝗灾	27	7.1
5	地震	19	5
6	风灾	16	4.2
7	雪灾	8	2.1
8	雹灾	8	2.1
9	火灾	5	1.3
10	霜灾	2	0.5
11	雾灾	2	0.5
12	虫灾	4	1.1
13	冰灾	4	1.1
	合计	379	

每个朝代选择都城或其他政治中心时，大多选择交通要冲、易守难攻之地；该地区可以辐射周边地区，控制管辖领土；物产丰饶或漕运发达，保证有足够的粮食，满足居民的生活。寿春镇四面环水，东为淝水、西为寿西湖湖区、北为淮河、南为护城河，现在城内西北、东北仍多为湿地，周边农业发达，曾四次被定为都城，其他时期，也多作为州城或县城中心，这是寿春镇的荣耀。现在寿春镇，仍为当地县政府所在地。施坚雅指出："中国农村市场包括基层集镇、中间集镇和中心集镇。基层集镇指'一种农村市场，它满足了农民家庭所有正常的贸易需求'。中间市场，它在'商品和劳务向上、下两方的垂直流动中都处于中间地位'；中心市场'在流通网络中处于战略性地位，有重要的批发功能，一方面，是为了接受输入商品并将其分散到它的下属区域去；另一方面，为了收集地方产品并将其输往其他中心

第八章　寿春古镇居民价值观念的文化生境和评估　　173

市场或更高一级的都市中心'。"① 寿春镇在周边地区的商品流通网络中，处于中心市场的地位，可谓中心的经济职能和行政地位相一致，城内人与城外人相比，生活方便，地域上表现出一定的优势。灾害年月，洪水常常淹不到城内，战争来了有时躲在城内可能会逃过一劫，但对于生活在古镇周边的城外人来讲，发生战争、水灾他们首当其冲，只得向城内逃命，投奔亲戚或流浪街头。和平年代，城外人进入城内，为城里人既带来了机遇，也带来了竞争，有时可能演变成潜在的威胁，因此在与城外人交往过程中，造成城内人存在优越性甚至给人"欺生"的感觉。

　　寿春镇"北阻涂山，南抗灵岳名川，四带有重险之固，是以楚人东迁，遂宅寿春，徐邳东海亦足成御，且漕运四通无患空乏"②，战略位置要冲，为兵家必争之地，一有战事则受到波及，于是居民家家习弓刀以自卫。如：清末，捻军大起义③时，当地群众则自发组织起来，进行抵抗。苗沛霖即是此时办团练，抵抗捻军起家的，后苗沛霖势力壮大，开始割据一方，杀害官员，滋扰寿州，而当地居民"下至妇人、孺子、乡曲、市井之徒，亦莫不徒手冒白刃，相持于倾危之中，慷慨激烈，蹈死不辱"，多气节之士。地理位置重要，必然也是屯兵重镇，尤其是明清以来，屯兵更多，对当地民风也有重要影响。"激湍所冲，气多剽悍，名山作镇，势倍沉雄，户以慷慨相高，人以激昂自重。"④ 明初，朱元璋以寿州地处要冲，为临濠之屏障，置安丰卫，驻军寿州。其后改安丰卫为安丰守备千户所，洪武十三年（1380）又

---

　　① [美]施坚雅：《中国农村的市场与社会结构》，史建云等译，中国社会科学出版社1998年版，第6—7页。
　　② （清）曾道唯修，葛荫南纂：《光绪寿州志》，江苏古籍出版社1998年版，第31页。
　　③ 捻军聚众打劫，行侠仗义，受到一定范围内百姓拥护，但是其也具有很大的破坏性，捻军所到之处，能掠走的则掠走，掠不走的则烧掉，听话的群众带走，不听话的群众则砍头，因此也遭到淮河流域百姓的顽强抵抗。因抵抗捻军而牺牲的僧格林沁也受百姓爱戴，建立庙堂供奉。
　　④ （清）曾道唯修，葛荫南纂：《光绪寿州志》，江苏古籍出版社1998年版，第73页。

改为寿州卫，卫署设在州城西，隶于中军都督府，军士约五六千人，这些士兵平时驻防、屯田、运漕，战时出征。清初，撤卫所，择要冲设营驻兵。顺治二年（1645），寿春营设副将一员，驻寿州，统步战兵 155 名、马战兵 240 名、守兵 569 名、战马 280 匹。乾隆二年（1737），改寿春营为寿春镇总兵署，总署设在今三中，共设七营，左、中、右三营的主要防地为寿州，后撤销左营，保留中、右营，游击、都司、守备、千总等署俱在城内，古城四门与游坊巷、小隅头、梁家拐、州署后共设营房八处，环列于总兵署周围。民国时期，这里也长期屯兵。这些士兵一些与当地居民结婚，一些在战争后散落民间。

屯兵和战争对当地居民生活的影响表现在：当地一些街道多以与军事有关命名，如游坊巷、营房巷；语言上，也有一些与驻兵有关，如出差叫作"发兵"；曾经在军营流行的"皮条"游戏，至今仍受到群众喜爱。"皮条"，军旗游戏的一种，棋盘为横六和竖六条线段相交而成，棋子可以是五子棋的黑白子，也可以是石块和木棒，游戏规则是游戏双方按先后顺序下棋，在下棋过程中要尽力摆出三极（横三竖三）、四极（横四竖四）、五极（横四竖四）、六极（对角线）或城堡，摆出一个三极或四极或城堡，对方棋子则被吃掉一个，摆成五极和六极或极与城堡的结合对方棋子则被吃掉两个，至于吃掉哪个棋子，则由对手随便选择，但不能选择对方已经成极和组成城堡的棋子，其他棋子则可以随便被拿掉，拿掉棋子的地方换成其他有别于下棋双方的标示物，等到棋子摆满棋盘时，拿掉标示物，开始走棋，走棋双方也是尽力走出极或城堡，吃掉对方棋子，一直到对方棋子被吃光或认输为止。对于"皮条"游戏，当地群众编写了一个顺口溜，生动地描写了下"皮条"的人："老头打老头，画上方格子，置上砖头子，乐此也不疲，玩到味酣处，二人顶嘴子，你踹我一脚，我打你一拳，儿孙忙劝阻，不敢帮倒忙。"[1] 生存环境的恶劣、战争的滋扰和当

---

[1] 当地顺口溜。

第八章　寿春古镇居民价值观念的文化生境和评估

地长期的屯兵，都为当地民风劲悍、勇而好斗奠定了基础。

二　观乎人文，以化成天下

（一）"吴头楚尾"

公元前684年至前682年，楚国灭息，为楚国向东发展，占领淮河流域打下了基础。周文公五年（即楚穆王四年，公元前622年）秋，楚灭六；冬，灭蓼，疆域伸展到安徽六安东北的淠河中游。接下来，楚国讨伐"群舒"各部，据徐旭生先生考证，"群舒""应为淮南丘陵以北，今霍邱或寿县境内"①。楚国东部疆域扩展到淮河中游南岸，并使吴、越服从楚国。公元前584年吴国进攻州来（今安徽凤台县），吴始伐楚，伐巢，伐徐，而此时楚国东境已发展到州来、巢（今六安市东北）、徐（今安徽泗县一带）。楚威王七年（公元前333年），楚国打败越国，淮南地尽归楚国，楚国版图一时"西起大巴山、巫山、武陵山，东至大海，南起五岭，北至汝、颖、沂、泗，囊括了长江中下游以及支流众多的淮水流域"②。公元前241年，楚考烈王徙都寿春，寿春城作为楚国的最后都城，是楚文化最后的集中表现地。楚国统治寿春长达300多年，对"当地政治、经济、军事、文化、水利、城市建设、商业、交通、青铜器的冶炼与铸造都有很大的影响"③。风俗上，楚人迷信鬼神，信鬼、畏鬼、敬鬼。《汉书·地理志》："楚人信巫鬼"，造成历史上寿春古镇巫风比较浓烈。如：当地风俗正月十九日，妇女将炒米撒在墙壁隐蔽之处，引蜈蚣、蛇、蝎等毒虫出来，俗称'咒百虫'；五月初五日，居民家贴天师符，妇女簪艾虎，小孩系五色缕，可避鬼怪，免病瘟。丧葬习俗中，人死后，当地居民认为必须过孟婆亭，吃孟婆汤，为了不喝孟婆汤，在装殓时，

---

① 徐旭生：《中国古史的传说时代》，科学出版社1960年版，第176页。
② 张正明：《楚史》，湖北教育出版社1995年版，第290页。
③ 详情参见刘和惠《楚文化的东渐》，湖北教育出版社1995年版；高有德《楚文化在寿地的影响与发展》，载寿县政协文史资料委员会编《寿县文史资料》（第三辑），内部资料，1990年，第271—274页。

包一包茶叶加些土灰放入死者手中,即可避免。三日后,死者有上"望乡台"之说,而此时家人不要哭泣。因为死者不知自己已经死去,等上了"望乡台",就知道自己变成了鬼,如果哭泣,死者就会更加悲痛。人死后,为了防止遭到野鬼戏弄,准备一些金帛等,去庙宇或佛殿焚烧,然后在死者出殡时,将灰散开,行贿于饿鬼。楚文化的东渐,更使楚人"筚路蓝缕"的进取精神、"抚夷属夏"的开放精神、"鸣将惊人"的创造精神和"深固难徙"的爱国精神等民族精神深入人心。现在寿春镇周边有许多村庄取名"郢"。如"程郢""罗家郢""下朱郢""戴家郢子""瓦房郢子""钱郢子""梁郢子""老江郢""康郢子"等总计有 50 多个"郢"①,则是楚亡后,人们不忘故国,纷纷将所在村落改为"郢",沿袭至今。寿春素有"吴头楚尾"之称,"历史上虽曾被吴国统治,但时间比较短,在文化方面没起什么作用"②。

(二) 儒家文化潜移默化

儒家文化是中国传统文化的核心,有的学者甚至将儒家文化称为传统文化。儒家思想历史上被统治者奉为正统思想,坚持贵贱尊卑,亲疏各有其礼,主张以道德去感化人,在长期的发展过程中形成了包括孝、弟(悌)、忠、恕、礼、知、勇、恭、宽、信、敏、惠等内容的思想。儒学作为一种处世哲学,对人们的世界观、人生观、价值观有着重要影响,要求社会中的每个人都要扮演好自己的角色。作为皇上,要圣明、重德性、施仁政、爱民如子;作为大臣,要忠君报国、鞠躬尽瘁、敢言直谏、克己复礼;为人父母,要勤俭持家、父严母慈、养育子女、家庭和睦。身为子女,要吃苦耐劳、孝敬长辈、文明礼貌、饱读诗书、光宗耀祖;为人丈夫,要勇于担当、教妻教子、协

---

① 古镇附近村庄取"郢"作为村名,以至于发展到今天,"郢"字演绎出"住家、村落"的意思。比如:磨盘郢,因村形似磨盘;柳树郢,因村内多柳树;旗杆郢,因村内有旗杆。

② 寿县政协文史资料委员会编:《寿县文史资料》(第三辑),内部资料,1990 年,第 272 页。

第八章　寿春古镇居民价值观念的文化生境和评估　　177

调好家庭关系；作为妻子要恪尽妇道，孝顺公婆，相夫教子；作为农民，要老实本分、务勤务俭、安土重迁；作为商人，要讲诚信、重义轻利、取财有度。①

历史上，寿春古镇儒学发达，建有孔庙、州学、开办科考，是当地的文化中心，附近名儒辈出。"朝出耕，夜归读古人书，尽日不得息，入厨具甘旨，上堂问起居"的"贤者之孝"董召南；"配食宗庙，为世名相"的吕夷简、"东莱先生"吕本中、"鼎立为世师"的理学大家吕祖谦②、"爱国志士"方震孺、"盛世醇良"孙蟠、"帝师"孙家鼐、"鬼才"刘之治等，他们的故事和事迹在古镇广泛流传，推动了寿春儒学的发展，儒家思想观念深入人心。另外，古镇地方多名胜古迹，来此可以"过淮王之旧垒，吊廉公之故墓，访诸葛诞之陈躅，考徐世勣之遗功，念垣崇祖之前规，景刘仁赡之壮节，莫不发怀古之深思"，同时，风气刚劲，人尚节义，宦游者咸择居于此。古代的文人学士如李白、韦应物、韩愈、刘禹锡、李绅、王安石、苏轼、徐贲都曾来此寻幽觅胜，留下了许多名篇佳作。如李白的《白毫子歌》："淮南小山白毫子，乃在淮南小山里；夜卧松下云，朝飡石中髓；小山连绵向江开，碧峰巉岩渌水回；余配白毫子，独酌流霞杯；拂花弄琴坐青苔，绿萝树下春风来；南窗萧飒松声起；凭崖一听清心耳；可得见，未得亲；八公携手五云去，空余桂树愁杀人。"《送张遥之寿阳幕府》："寿阳信天险，天险横荆关；苻坚百万众，遥阻八公山；不假筑长城，大贤在其间；战夫若熊虎，破敌有余闲；张子勇且英，少轻卫霍俦；投躯紫髯将，千里望风颜；勖尔效才略，功成衣锦还。"当地儒学的发展和名家寄居于此，促进了当地教育发展，文辞并行，人人爱慕学问，能诗善联。

儒家文化对寿春镇价值观念的形成产生积极影响的同时，还具有

---

① 王敦琴：《张謇文化性格中传统文化之烙印》，《江南大学学报》2007 年第 2 期。
② 学人多称吕祖谦伯祖吕本中（1084—1145）为"东莱先生"，称他为"小东莱先生"，但到了后世，一般也称吕祖谦为"东莱先生"，所以"东莱先生"为其祖孙两人称号，需要认真辨别。

一定的消极影响。寿春镇居民观念上相对有些传统，当地居民习惯于用历史的眼光看待现实问题，有一些因循而守旧，重守成轻创新，重节流而不重开源，安土重迁，穷家难舍，畏惧闯荡的观念根深蒂固。

当然寿春镇居民价值观念的形成，除了有楚文化、儒家文化的影响外，佛道思想对当地居民价值观念也有很深的影响，尤其是对当地居民的俗信观念影响较大，由于前文论述俗信观念时，比较详尽，此处就不再赘述。

三 时变——当前社会转型的背景和古镇居民的社会结构

社会结构是指一个国家或地区占有一定资源、机会的社会成员的组成方式及其关系格局，包含城乡结构、家庭结构、人口结构、就业结构、消费结构、收入分配结构、社会组织结构、区域结构、社会阶层结构等若干重要子结构。社会转型指社会从传统型向现代型的转变，或者说由传统型社会向现代型社会转型的过程，具体指从农业的、乡村的、封闭的半封闭的传统型社会向工业的、城镇的、开放的现代型社会的转型。[1] 我国传统社会是以小农经济为基础的，人们世世代代生活在一起，小农经济的脆弱性，使农民为了生存，要在家族的庇护下才能生产，又由于小农经济不能为国家权力机构的运行提供足够的经济支持，造成乡土社会秩序主要靠家庭、家族维持社会秩序，从而形成了"家是小国、国是大家、爱家即爱国、家国一体、家国同构"的社会结构。这种社会结构至今对居民的生活观念有着很大影响。比如：寿春当地宗族意识的复兴，家族观念的强化，大修祠堂、族谱等其他宗亲活动的举办，以及家族势力在处理地区事务中的体现。同时，家国同构的基础是以血缘关系建立起来的宗法制度，这种制度脱胎于氏族制度，氏族社会的图腾崇拜和鬼神崇拜与宗法制度的血缘观念相结合，发展成为祖先崇拜，成为日常生活中的"民约"。

---

[1] 郑杭生等：《当代中国社会结构和社会关系研究》，首都师范大学出版社1997年版，第19页。

近代以来，随着西方国家观念的传入，我国家国同构的社会结构受到冲击，新兴国家观念开始形成，但是传统社会结构仍影响着居民的价值观念。

社会转型期，我国的社会结构优化，中间收入阶层出现，私营企业地位提高，但也出现企业倒闭和破产，居民失业使他们沦为新的弱势群体，与主流社会渐渐疏远。根据我在民主社区的田野调查，民主社区的许多小摊贩、服务员、临时工多为下岗职工和菜农，下岗职工年龄大多在 40 岁以上，教育水平 66.7% 为初中及以下水平，之前从事的工作多为劳动密集型，技术含量低，而现在的就业机会需要教育水平高，技术水平先进，造成他们的社会适应能力相对较差，他们中大部分人已很难回到社会的主导产业中去，但他们大多有退休金、养老保险等，未来相对有保障，造成一些人再就业积极性不高，处于"等退休"的闲散状态。而民主社区的菜农，随着古镇内人口的增多，城市化的推动，一些土地被征收，建设公共设施，如：寿县博物馆和其前面的广场建设，使很多菜农失去土地，另一些土地被自建住宅或由于政府的限制不允许建房，但被夹在建筑物之间采光差、人为破坏严重，收成少，一些菜农不得不抛荒，从事一些边缘性行业，以维持日常的生活。寿春镇人口多，人口流动大，服务业需求大，从事一些饮食、商店、运输行业，收入可以满足日常生活需要，但从业人员多，竞争激烈，富裕较难，加之餐饮业、洗浴等服务业的发达，对当地居民消费价值观念的影响，造成古镇发展过程中的围城效应。

第二节　社会价值观念评估

一　主位与客位的彷徨

人类学家根据对文化理解的立场，将其分为"主位"和"客位"研究。"主位"研究是指研究者尽可能地以当地人的立场去理解文化，通过听取报道人所反映的当地人对事物的认知和观点来发现和描述特定的语言或文化模式;"主位"研究将当地提供情况的人放在更重要的位置,将报道人的描述和认知作为文本分析的最终判断。"客位"研究是研究者以外来观察者的角度去理解文化,以"外来的"或"异域的"标准对研究对象行为的原因和结果进行解释,用比较的和历史的观点看待民族志材料,试图寻找由观察者所确定的文化模式。

我在研究过程中尽量熟悉寿春人的价值观念体系、分类系统,通过深入的参与观察,理解他们的价值观念、话语及意义,克服由于自身文化差异造成的理解偏差。学术研究不仅仅是为了"文本"的呈现,更重要的是在文本基础上进行延展。所以,从社会发展的角度对寿春镇居民价值观念进行反思也具有合理性。价值观念对人的行为具有意识和潜意识的影响,这些影响既有积极的也有消极的。比如:价值观念中的"建设家乡、为家乡"的观念,乐于助人,拾金不昧,重义轻利,劳动致富,重视教育,热爱休闲娱乐,知足常乐等观念,对当地构建和谐社会有积极意义,居民幸福指数高,教育发达,日常生活注重休闲,锻炼了身体,有益身心,与时下社会的浮躁与不安,形成了强烈的对比。毋庸置疑,职业价值观念中的"官本位""安土重迁",财产观念中的"挖松土""缺少进取心";消费过程的"穷身子富嘴""好酒成风""无事小神仙",居民交往观念的"欺生""劲悍好斗""安天乐命""闲着"的幸福观念等影响着当地居民的生活,在行为上表现为"懒惰""好斗""缺少进取心"等,居民能动性不够,造成当地经济发展缓慢,居民生活水平得不到改善,城内基础设施建设滞后,城市面貌破败,反过来又进一步阻碍了当地的发展,造成"围城效应"。

在此,我并不是对寿春镇居民价值观念或国民性的批判,也不是对其"劣根性"的揭示。因为国民性批判"一般都是强者对弱者的卑贱化建构、歧视性描述与否定性评价,通过这种反复不断的负面言说,让弱者认清自己的弱者地位,更驯良地服务于强者即批判者的利益需求"①，而我既不是所谓的"强者"，寿春镇居民也不是"弱者"，我也无意服务于所谓的"强者"。正如本书导言中所讲："寿春镇居民多为明朝山东济宁移民，而我的家乡则为山东济宁，且来自山东农村，熟悉小城镇生活，在寿春镇的所见所闻，可以产生共鸣，使我对家乡人的价值观念有一定的'文化自觉'。"费孝通先生讲"文化自觉"的最高境界"各美其美、美人之美、美美与共、天下大同"。所以，我主要从历史、地理的角度，研究寿春人在当地文化中是如何形成自己的价值观念的，对价值观念的表现进行描述和研究，即是对社会转型期乡土中国居民价值观念的反思和自觉。

二 变迁与固守

寿春古镇居民价值观念是不断变迁的，通过梳理史料我们可以略知一二。《寿州图经》记载："其俗尚武，稍习文辞，务俭勤农，知慕孝行。"②《寿州图经》不知何人撰写，据《中国古方志考》记载："图经之名，仿于东汉，至唐宋遂成为地方志通称……宋代修《太平寰宇记》时多有参考唐代及以前图经。"③南朝梁萧统编著《文选》时，多引《雍州图经》《宣城郡图经》，而《雍州图经》在隋朝时佚散，但所注所引各条，皆言地理，而未及人物。"《寿州图经》亦属此种地理书，成书时间也当在唐代以前。"④ 同时，古人编写方志一般按照时间先后列举各朝地理志对风俗的记载，将《寿州图经》置于《太平寰宇记》前，可见《寿州图经》应成书于北宋前，《寿州图经》记载当时寿春地居民尚武习俗，居民稍习文辞，文化事业不是太繁盛，生活中撙节勤劳。北宋太平年间的《太平寰宇记》记载：当地

---

① 摩罗：《中国的疼痛——国民性批判与文化政治学困境》，复旦大学出版社2011年版，第3页。
② （清）曾道唯修，葛荫南纂：《光绪寿州志》，江苏古籍出版社1998年版，第44页。
③ 张国淦编著：《中国古方志考》，中华书局1962年版，第2—3页。
④ 寿县地方志编纂委员会编：《寿县志·前志》，黄山书社1996年版。

"山川风气刚劲，故习俗尚朴，民力耕桑，性率真直，人尚节义，其食粳稻，其衣绤布"①，此时，寿春当地风俗变化不是太大，也可推断《寿州图经》编写年代离《太平寰宇记》编写年代不远。

后成书于南宋理宗嘉熙三年（1239）的《方舆胜览》记载寿春："俗慕学问，才产文武"，此时寿春当地居民已经由稍习文辞变迁为仰慕学问，当地文臣武将辈出，甚至发明了世界上最原始的步枪——突火枪。"开庆元年（1259），寿春府……又造突火枪，以巨竹为筒，内安子窠，如烧放，焰绝然后子窠发出，如炮声，远闻百五十余步。"②《嘉靖寿州志》记载"其民质实，力穑而勤，江表尝恃其人，以扼兵冲"③，并记录此句为马祖常所评论。查马祖常，生于元世祖至元十六年，宋祥兴二年（1279），卒于惠宗至元四年（1338），历任翰林直学士、礼部尚书、参议中书省事、江南行台中丞、御史中丞、枢密副使等职，曾在淮南构筑别业，名石田山房，教授四书五经，寿州学宫修建时，曾做碑记。《寿州孔子庙碑记》部分碑文为："泰定元年（1324），东平岳复，经历安丰路事，相路学孔子庙皆不称，思所以大而新之，告其长属，罔不乐成大者，割财小者，奏力咸出名姓，以来就功。二年（1325），总管拜降君上谒庙，又先发帑入会钱，遣学正及生员二人，作雅乐、诸品于吴中。于是安丰路学祠，事先圣先师庙位，乐器秩有序列矣。""安丰，楚东境，州来之郊，其土广沃，其物阜大，其民质实，力穑而勤，宋失国南播，江表尝恃其人，以拒兵冲，故百年间人俗犷悍，当是时，虽有聪明俊秀之资，生于其乡，无师以传业，无友以讲习，士固不得称于世，岂非吾侪之罪哉。"④ 概览以上碑文我们可知，寿州志所记马祖常对寿州的评价，应为教授官许士渊所评价，而此时的寿春人质实，由于百年间战争不

---

① 绤，读作 Shi，粗厚似布的丝织物。
② （元）脱脱等：《宋史》卷197，中华书局2000年版，第3290页。
③ （明）栗永禄纂修：《嘉靖寿州志》，上海古籍书店1963年版，第28页。
④ （清）曾道唯修，葛荫南纂：《光绪寿州志》，江苏古籍出版社1998年版，第101页。

第八章 寿春古镇居民价值观念的文化生境和评估　183

断,性格变得犷悍,文化传承也受到影响。

明正统、弘治年间修的志书记载:"山川风气刚劲,故习俗直朴,民力耕桑,少戆①无文。"嘉靖朝将寿州地区的风俗进行了分类综合,"曰孝行,曰节义,曰质朴,固可嘉也,而曰勇悍,曰轻生,曰好争,亦可恻也"。历经康雍乾②三朝修成的《江南通志》记载:"淮南着美,风流所被,文词并兴",此时寿春承平已久,人民安居乐业,文教兴盛,名流辈出,文风逐渐形成。以至于到了清乾隆中期,当时编写的《寿州志》记载,当时的旧家大族子弟多以读书为业,农民多勤奋耕田,商业也渐渐发展起来。但是当地居民"劲悍"的观念没有改变,"一言不合,则投箸而起"。民国时期张仁福先生讲"寿州(今安徽寿县一带)淮南之地,人多躁急,剽悍勇敢,轻进取,地气使之然也"③。而现阶段当地居民价值观念仍表现出"躁急""穷身子富嘴""安土重迁""轻进取"等观念的"固守"。价值观念作为一种文化现象,具有相对独立性和自身发展规律,价值观念是由历史形成的,必然会表现出一种历史惯性,价值观念的变迁也是如此。正如美国社会学家奥格本(William F. Ogburn)所言:"在物质技术和制度文化的变迁中,存在着思想文化的滞后性。"④

但必须清醒地认识到,文化变迁是文化发展的恒久定律,对于价值观念的变迁而言,它是随社会的变迁而变迁的。从内部因素看,文化间的接触、传播等是变迁的主要原因;从外部环境来看,古镇社会关系和社会结构的变动、人口的增减和自然环境的变化等都是引起观念变迁的重要因素。现阶段网络、大众传媒的普及,信息的快速传播,居民素质的提高,商业的发达,流动人口的增多,社会阶层的重新分化整合,政府政策的引导,西方价值观念的冲

---

① 读作 Gàng,傻,愣,鲁莽。
② 乾隆元年成书。
③ 鲁迅等:《北人与南人》(上),中国人事出版社 1997 年版,第 44 页。
④ W. Ogburn, *On Culture and Social Change: Selected Paper*, Chicago University Press, 1964.

击，都对古镇价值观念的变迁带来了机遇和挑战，但价值观念自身变迁过程中表现出来的固守，又影响了价值观念变迁的速度和规模。所以，价值观念的变迁是一个长期的过程，对价值观念的研究要作长时段的考察。

结　　论

　　围城效应（The Fortress Besieged Effect）源于钱锺书先生的小说《围城》，作者通过主人公方鸿渐与几位知识女性的情感纠葛，展现了那个时代知识分子的困惑："被围困的城堡，城外的人想冲出去，城里的人想逃出来。"寿春镇的城墙好似一个"分界线"，将当地居民与城外居民分开，当战争和水灾来临时，它为城内居民提供了暂时的安全保障，形成一个"孤岛"；然而城内相对的安宁，也使城外的人们纷纷想进去，成为争夺的对象，于是战争频现，城内生活并不如理想中宁静，一些人又想走出城。但战争一过，城内物质丰富，交通发达，就业机会多，生活方便，水灾的威胁小，又使人萌生"进城"的思想，进进出出的"循环往复"。经过历史的累积形成了现在古镇地域狭小、人口多、拥挤不堪的局面，当地的发展越来越受到"古镇"的影响，地下的文物、城内和城外的分布、打造古镇旅游开发等，既提供了契机，也带来了挑战。

　　"围城效应"不仅仅指物理空间上的"进进出出"，更指"围城"对当地价值观念的影响。生活在一定自然环境、生存空间的人们，其价值观念会明显带有一定的地域特色，"橘生淮南则为橘，生于淮北则为枳"；寿春古镇文化的累积，又为价值观念的形成和发展提供了丰厚的土壤，"吴头楚尾"，儒家文化的浸润，使当地价值观念既有楚文化的特色，更体现了蔚为大观的儒家文化传统；处于社会转型期的寿春古镇价值观念，既体现了时代的"围城"，传统与现代的激烈碰撞，又表现出东方价值观念与西方价值观念的冲突。这些都造成寿春镇价值观念与其他地域的价值观念表现出一定的"异质性"，成为区别"他者"和认同"自我"的标识，而生活其间的居民的价值观念因具有很强的"同质性"，使价值观念的社会影响力具有"示范效应"和"催化剂"作用，也使产生于此的价值观念变迁过程中表现出很强的"固守性"。

"围城效应"的另一个组成部分，是价值观念对当地居民行为产生的"围城"影响。人们的社会行为受到社会情景、个人感情、价值观念等因素的影响，因此并不是全部行为都由价值观念支配，但人们的社会行为体现一定的价值观念，社会价值观念对居民的社会行为也有一定的影响。居民安土重迁的观念，在职业的选择上表现出"想出去工作，出去又想回来"的两难，"官本位"和"金本位"观念使居民在"体制内"和"体制外"就业中倾向于"官本位"；与职业价值观念紧密相连的财产观念和消费观念，在居民生活影响过程中既表现出"穷身子富嘴""挖松土""俗慕学问""浮生偷得半日闲"等寿春镇的特性，又具有"乐善好施""重义轻利""勤俭节约"等社会一般性。"城内"与"城外"、"生人"和"熟人"的区分，以及乡土社会的"无讼"与资源有限、战争造成的"民悍而好争斗"，都为全面了解寿春古镇价值观念提供了全新视角。寿春镇多元宗教沿着当地居民的生活脉络，服务于人们的生活，形成了俗信观念，俗信观念又强化了当地居民的"抱娃娃"习俗和祖先崇拜、鬼神崇拜的观念。幸福观念作为居民生活的目标和人生追求，是居民最高级的需求，不仅影响着其他价值观念，而且体现了一个地区的文化模式。

寿春镇作为社会转型期的一个典型，人们已经享受到现代文明带来的便利，但是寿春镇居民的价值观念却依然固守存在，其价值观念具有普遍性、传承性、过渡性。以职业观念和消费观念为例。职业观念上，古镇居民承受着社会变革和城市化带来的冲击，部分人抓住机会向外流动成功了，他们多为年轻、有知识的居民，具有较为先进的价值观念，使他们能够适应城市生活，在城市定居下来，也有部分居民受价值观念的影响流动后又回到古镇；但寿春镇更多的是因年龄、知识水平、社会适应等因素造成的无力流动和没有流动的居民，他们生活在小镇内受当地价值观念的影响，成为当地价值观念的载体，他们停留在传统的社会里面，迷茫地看着周围发生的变化，这些载体通过家庭教育和社会教育将价值观念"传播"或"复制"给他们周边的人或下一代，如果这些人没有机会走出小镇，抑或没有接受高等教育的话，他整个生活的标杆，可能就是他接触到的周围的人，因此价值观念一代代地传播下去，表现为观念的固守。这些固守的价值观念，进一步影响居民的生活。因此，对于寿春古镇来讲，脱贫致富的过程也是转变思想观念的过程。

消费观念上，由于时代原因，寿春镇居民长期以来处于省吃俭用的"低消费"状态，与此对应的是国家层面的"低福利"，居民生活较为困难，但当时居民之间差距不大，人们比较容易满足。现阶段，随着东西方交流的增多，西方价值观念的传入，高消费带来了经济的腾飞，国家也通过扩大内需，促进居民消费，推动经济发展，与此同时，试图通过提高居民生活保障，完善福利制度，改善居民生活，但由于我国社会主义初级阶段的国情，消费调动了居民的消费欲望，但微薄的收入无法满足他们的欲望，福利制度滞后，"高消费、高福利"的目标和思路被"高消费、低福利"的现实所替代，造成现阶段社会问题骤增，社会风险增大，社会信任度降低，社会公平度下降，社会满足感趋弱，人们的生活实践和心理承受力受到挑战。

寿春镇作为淮河流域的一个小镇，其价值观念又表现出一定的特殊性。淮河水患和寿春古镇区位为兵家必争之地，天灾人祸频繁，土地虽肥沃，但居民仍缺少安居乐业的外部环境和经济条件，频繁的灾难和不稳定性，造成当地民风劲悍，好勇斗狠，同时激发了居民"穷身子富嘴"，不留恒产，积累意识薄弱，"小富即安""知足常乐"的观念。

总之，寿春镇居民价值观念体现的传统与现代观念在时序上是延续的，东方和西方价值观念在空间上是相对的。寿春古镇价值观念既包含促进当地社会发展的合理因素，又受地域影响表现出一定的滞后性。因此，客观认识价值观念，有利于对地区发展的价值观念加以传承和发扬,对于阻碍社会发展和居民社会适应的价值观念要勇于移风易俗。所以,坚守我们的价值体系,坚守我们的核心价值观,就要抛弃落后的传统观念,引导传统价值观念与社会主义核心价值观相适应,发挥传统价值观念的积极作用,为社会主义现代化建设提供价值支撑和精神动力。

参考文献

一　古籍类

《光绪凤台县志》。

《光绪寿州志》。

《嘉靖寿州志》。

《乾隆寿州志》。

二　著作类

柏杨：《丑陋的中国人》，人民文学出版社2008年版。

柏杨：《酱缸震荡》，人民文学出版社2008年版。

柏杨：《我们要活得有尊严》，人民文学出版社2008年版。

柏杨：《中国人史纲（第五版）》，山西出版集团、山西人民出版社2008年版。

陈柏峰、郭俊霞：《农民生活及其价值世界：皖北李圩村调查》，山东人民出版社2009年版。

陈章龙、周莉：《价值观研究》，南京师范大学出版社2004年版。

楚渔：《中国人的思维批判：导致中国落后的根本原因是传统的思维模式》，人民出版社2010年版。

杜齐才：《价值与价值观念》，广东人民出版社1987年版。

方敦寿编：《风俗风情》，安徽人民出版社2009年版。

费孝通：《论人类学与文化自觉》，华夏出版社2004年版。

冯建国：《差异与共生：多元文化下学生生活方式与价值观教育》，四川教育出版社 2010 年版。

黄淑娉、龚佩华：《文化人类学理论方法研究》，广东高等教育出版社 2004 年版。

黄希庭、张进辅、李红等：《当代中国青年价值观与教育》，四川教育出版社 1994 年版。

教军章：《中国近代国民性问题研究的理论视阈及其价值》，中国社会科学出版社 2008 年版。

金元浦：《文化研究：理论与实践》，河南大学出版社 2004 年版。

赖功欧：《人文价值取向的现代转换》，江西人民出版社 2005 年版。

兰久富：《社会转型时期的价值观念》，北京师范大学出版社 1999 年版。

乐锋：《理性与躁动——关于青年价值观的思考》，学林出版社 2002 年版。

李德顺：《价值论》，中国人民大学出版社 1987 年版。

李亦园、杨国枢主编：《中国人的性格》，江苏教育出版社 2006 年版。

梁孝：《社会科学中的价值问题研究》，中央民族大学出版社 2009 年版。

刘济良：《价值观教育》，教育科学出版社 2007 年版。

鲁迅：《论中国人的国民性（鲁迅卷）》，长江文艺出版社 2008 年版。

陆学艺主编：《当代中国社会阶层研究报告》，社会科学文献出版社 2002 年版。

孟堃：《古寿春漫话》，黄山书社 1989 年版。

孟堃：《寿州故事传说》，黄山书社 1991 年版。

闵学勤：《城市人的理性化与现代化———一项关于城市人行为与观念变迁的实证比较研究》，南京大学出版社 2004 年版。

欧阳康佳主编：《文化反思与价值建构：全球化与民族精神》，人民出版社 2009 年版。

潘维、廉思主编：《中国社会价值观变迁 30 年（1978—2008）》，中国社会科学出版社 2008 年版。

潘维、玛雅主编：《聚焦当代中国价值观》，生活·读书·新知三联书店 2008 年版。

寿县地方志编纂委员会编：《寿县志》，黄山书社 1992 年版。

寿县地名办公室编：《安徽省寿县地名录》，内部资料，1991 年。

司马云杰：《文化价值论——关于文化建构价值意识的学说》，陕西出版社 2003 年版。

苏希圣编：《文史辑存》，安徽人民出版社 2009 年版。

孙嘉明：《观念代差——转型社会的背景（1991—1994）》，上海社会科学院出版社 1997 年版。

王铭铭：《走在乡土上：历史人类学札记》，中国人民大学出版社 2003 年版。

王玉樑：《价值哲学新探》，陕西人民教育出版社 1993 年版。

文崇一、萧新煌主编：《中国人：观念与行为》，江苏教育出版社 2006 年版。

吴来苏、安云风：《中国传统伦理思想评介》，首都师范大学出版社 2002 年版。

夏建中：《文化人类学理论学派——文化历史的研究》，中国人民大学出版社 1997 年版。

谢立中：《当代中国社会变迁导论》，河北大学出版社 2000 年版。

杨德广、晏开利主编：《中国当代大学生价值观研究》，上海教育出版社 1998 年版。

杨国枢、陆洛编：《中国人的自我：心理学的分析》，重庆大学出版社 2009 年版。

杨国枢主编：《中国人的价值观——社会科学观点》，台北：桂冠图书股份有限公司 1994 年版。

杨国枢、黄光国、杨中芳主编：《华人本土心理学（上、下）》，重庆大学出版社 2008 年版。

杨国枢主编：《中国人的心理》，江苏教育出版社 2006 年版。

杨美惠：《礼物、关系学与国家：中国人际关系与主体性建构》，江苏人民出版社 2009 年版。

杨中芳：《如何研究中国人：心理学研究本土化论文集》，重庆大学出版社 2009 年版。

杨中芳主编：《中国人的人际关系、情感与信任——一个人际交往的观点》，台北：远流出版事业股份有限公司 2001 年版。

叶光辉、杨国枢：《中国人的孝道：心理学的分析》，重庆大学出版社 2009 年版。

余祖光主编：《工作价值观教育的创新与实践》，海洋出版社 2010 年版。

袁贵仁：《价值学引论》，北京师范大学出版社 1991 年版。

袁洪亮：《人的现代化——中国近代国民性改造思想研究》，人民出版社 2005 年版。

翟学伟：《人情、面子与权力的再生产》，北京大学出版社 2005 年版。

张德昭：《深度的人文关怀：环境伦理的内在价值范畴研究》，中国社会科学出版社 2006 年版。

张宏杰：《中国人的性格历程》，陕西师范大学出版社 2008 年版。

张雯：《明星的诞生：女伶与近代上海社会》，济南出版社 2019 年版。

张亚松等主编：《东方人性格地图》，山东画报出版社 2005 年版。

赵丙祥：《心有旁骛：历史人类学五论》，民族出版社 2008 年版。

赵德兴等：《社会转型期西北少数民族居民价值观的嬗变》，人民出版社 2007 年版。

赵孟营总执笔：《跨入现代之门：当代中国的社会价值观报告》，北京师范大学出版社 2008 年版。

丛振：《敦煌游艺文化研究》，中国社会科学出版社 2019 年版。

郑杭生、李强等：《当代中国社会结构和社会关系研究》，首都师范大学出版社 1997 年版。

中国人民政治协商会议寿县委员会文史资料研究委员会编辑：《寿县文史资料》，三辑，内部发行。

周晓虹：《传统与变迁：江浙农民的社会心理及其近代以来的嬗变》，

上海：生活·读书·新知三联书店 1998 年版。

周星、于惠芳主编：《民间社会的组织主体与价值表述》，北京大学出版社 2010 年版。

邹千江：《冲突与转化：中国社会价值的现代性演变》，中国传媒大学出版社 2008 年版。

［奥］弗洛伊德：《弗洛伊德心理哲学》，杨韶刚等译，九州出版社 2003 年版。

［德］恩斯特·卡西尔：《人论》，甘阳译，上海译文出版社 1985 年版。

［德］马克斯·韦伯：《新教伦理与资本主义精神》，于晓、陈维纲等译，陕西师范大学出版社 2006 年版。

［法］阿历克西·德·托克维尔：《论美国的民主》，董果良译，商务印书馆 1988 年版。

［法］列维·布留尔：《原始思维》，丁由译，商务印书馆 1983 年版。

［法］列维·施特劳斯：《结构人类学——巫术·宗教·艺术·神话》，陆晓禾、黄锡光等译，文化艺术出版社 1989 年版。

［法］让·斯托策尔：《当代欧洲人的价值观念》，陆象淦译，社会科学文献出版社 1988 年版。

［美］T. 帕森斯：《社会行动的结构》，张明德、夏翼南、彭刚译，译林出版社 2003 年版。

［美］阿罗：《社会选择与个人价值》，丁建峰译，上海人民出版社 2010 年版。

［美］彼得·伯格·托马斯·卢克曼：《现实的社会构建》，汪涌译，北京大学出版社 2009 年版。

［美］宾克莱：《理想的冲突——西方社会中变化着的价值观念》，马元德等译，商务印书馆 1986 年版。

［美］波普诺：《社会学》，李强等译，中国人民大学出版社 2003 年版。

［美］亨廷顿、哈里森主编：《文化的重要作用价值观如何影响人类

进步》，程克雄译，新华出版社 2010 年版。

［美］克利福德·吉尔兹：《文化的解释》，纳日碧力戈等译，上海人民出版社 1999 年版。

［美］鲁思·本尼迪克特：《菊与刀：日本文化的类型》，吕万和、熊达云、王智新译，商务印书馆 1990 年版。

［美］鲁思·本尼迪克特：《文化模式》，何锡章译，华夏出版社 1987 年版。

［美］罗伯特·C. 尤林：《理解文化：从人类学和社会理论视角》，何国强译，北京大学出版社 2005 年版。

［美］玛格丽特·米德：《萨摩亚人的成年：为西方文明所作的原始人类的青年心理研究》，周晓虹、李姚军、刘婧译，商务印书馆 2008 年版。

［美］玛格丽特·米德：《三个原始部落的性别与气质》，宋践等译，浙江人民出版社 1988 年版。

［美］梅格·惠特曼、汉密尔顿：《价值观的力量》，吴振阳等译，机械工业出版社 2010 年版。

［美］欧文·戈夫曼：《日常生活中自我呈现》，冯钢译，北京大学出版社 2008 年版。

［美］热罗姆·班德主编：《价值的未来》，周云帆译，社会科学文献出版社 2006 年版。

［美］许烺光：《美国人与中国人：两种生活方式比较》，彭凯平、刘文静等译，华夏出版社 1989 年版。

［美］许烺光：《祖荫下：中国乡村的亲属，人格与社会流动》，王芃、徐隆德译，南天书局 2001 年版。

［美］亚瑟·亨·史密斯：《中国人的德行》，陈新峰译，金城出版社 2005 年版。

［美］阎云翔：《礼物的流动——一个中国村庄中的互惠原则与社会网络》，李放春、刘瑜译，上海人民出版社 2000 年版。

［日］内山完造、渡边秀方、原惣兵卫：《中国人的劣根和优根》，尤

炳圻、高明、吴藻溪译，江西人民出版社 2009 年版。

［日］千石保：《日本的高中生》，海豚出版社 2001 年版。

［日］上野千鹤子：《近代家庭的形成和终结》，吴咏梅译，商务印书馆 2004 年版。

［日］狭间直树：《日本早期的亚洲主义》，张雯译，北京大学出版社 2017 年版。

［日］中根千枝：《未开的脸与文明的脸》，麻国庆、张辉黎译，山东画报出版社 2001 年版。

［日］作用启一：《价值社会学》，宋金文、边静译，商务印书馆 2004 年版。

三 论文类

陈立春：《中西方个体价值观念的冲突与融合》，《兰州学刊》2003 年第 2 期。

董志凯：《市场经济发展与价值观念变化》，《社会学研究》1995 年第 4 期。

范鹏：《中国传统价值系统与现代价值观念重建》，《社科纵横》1995 年第 6 期。

冯军：《价值观念在经济全球化背景下的趋同与多元化发展辨析》，《湖北大学学报》2001 年第 9 期。

韩庆祥：《寻求当代中国发展的合理的价值观念》，《中共杭州市委党校学报》2001 年第 1 期。

何中华：《价值观念当代转换的哲学审视》，《人文杂志》1996 年第 1 期。

胡皓：《人类价值观念体系的构成及其演进》，《江西社会科学》2002 年第 4 期。

江畅：《论价值观念现代化的中国特色》，《人文杂志》2004 年第 2 期。

景店文：《中国现阶段的社会转型与价值观体系的建构》，硕士学位论文，安徽师范大学，2007年。

兰久富：《价值观念冲突的深层意蕴》，《人文杂志》1996年第2期。

李德顺：《当前价值观的走向》，《新华文摘》2004年第1期。

李德顺：《以人为本的价值观》，《哲学原理》2004年第9期。

李德顺等：《全球背景下的价值冲突与人文精神（笔谈）》，《哲学原理》2003年第1期。

李钢：《社会转型刍议》，《北京邮电大学学报》2001年第1期。

李连科：《对价值观念变革的评估》，《中国社会科学》1994年第3期。

刘世明：《中国特色社会主义价值观念体系的基本内容》，《道德与文明》1995年第2期。

栾改云：《市场经济和价值观念》，《江西社会科学》1994年第4期。

罗玉达：《论社会转型期的主导价值观建构》，《社会学》（人大复印资料）1997年第5期。

马惠萍：《经济全球化与当代中国价值观的现实选择》，《哲学原理》2003年第9期。

钱亚梅：《当代中国社会转型期价值观念的嬗变与建构》，硕士学位论文，广西师范大学，2002年。

石义斌：《价值观念问题研究述要》，《桂海论丛》2000年第12期。

孙安忠：《我国社会转型期人的价值观重塑》，硕士学位论文，山东师范大学，2007年。

孙民：《论当代中国社会转型期价值观念转型》，硕士学位论文，华侨大学，2006年。

唐志龙：《当代中国价值观的冲突及其调适》，《哲学原理》2004年第4期。

汪信硕：《全球化中的价值认同与价值观冲突》，《哲学原理》2003年第3期。

王玉梁：《市场经济与价值观念变革》，《学术界》1994年第1期。

魏素琳：《中西传统价值观念比较》，《湖北大学学报》2001年第

5 期。

吴光章:《社会转型期价值观念的冲突及其调适》,《哲学原理》2004年第 2 期。

阎志刚:《社会转型与转型中的社会问题》,《社会学（人大复印资料）》1996 年第 6 期。

杨桂华:《市场经济与社会的价值观念》,《理论与现代化》1994 年第 5 期。

杨蕾:《社会转型期传统人生价值观的现代重建》,硕士学位论文,陕西师范大学,2007 年。

杨宜音:《社会心理领域的价值观研究述要》,《中国社会科学》1998 年第 2 期。

张青兰:《社会结构变迁与人格的现代转型》,《人文杂志》2004 年第 2 期。

赵兴良:《价值观念变革的内涵》,《江西社会科学》1994 年第 10 期。

郑升旭、吴金文:《市场经济提条件下的价值观念与社会风气》,《学术研究》1994 年第 4 期。

庄穆:《从人性的角度分析价值观念的社会作用》,《现代哲学》2001 年第 3 期。

四 英文文献

D. I. Kertzer. Mkeller, Janet Dixon Keller, *Cognition and Tool Use*, Cambridge University Press, 1996.

Knapp. S. D., *The Contemporary Thesaurus of Science Terms and Synonyms*, The Orgy Press, 1993.

Kuhlman. M., Marshello. F., "Individual Differences in Game Motivation as Moderators of Preprogrammed Strategy Effects in Prisoner's Dilemma", *Journal of Personality and Social Psychology*, 1975, (5).

Magill. F. N., *International Encyclopedia of Sociology*, Salem Press Inc, 1995.

Rochg Samuelsond, "Effects of Environmental Uncertainty and Social Value Orientation in Resource Dilemmas", *Organizational Behavior and Human Decision Process*, 1997, (3).

Rokeach M., *The Nature of Human Values*, New York: Free Press, 1993.

Rokeach M., *Understanding Human Values*, New York: Free Press, 1979.

附录 A　寿春镇居民价值观念调查部分问卷

您好！我是中南民族大学的博士研究生，为了解寿春镇百姓生活的价值观念，特设计此问卷，希望听取您的宝贵意见，该问卷只用于研究，不会对您产生任何不利影响。麻烦您抽出宝贵的时间，填写这个问卷，每题仅选一个答案，请在所选的选项前打"√"。非常感谢您对我调查的合作与帮助。

1. 请问您的性别：（1）男（2）女
2. 请问您的年龄：
（1）20 岁以下（2）20—29 岁（3）30—39 岁（4）40—49 岁（5）50—59 岁（6）60 岁以上
3. 请问您的文化程度：
（1）小学及以下（2）初中（3）高中、中专或技校（4）大专或本科（5）硕士及以上
4. 您在县城生活了多久了：
（1）1 年以下（2）1—5 年（3）5—10 年（4）10 年以上
5. 您认为自己是：（1）城市人（2）农村人（3）既不是城市人也不是农村人（4）既是城市人也是农村人
6. 您现在（或退休前）在哪里工作：（1）古镇内（2）外地
7. 请问您有没有外出打工经历：（1）没有，一直在县城内（2）出去过，后来又回来了（3）长期在外打工（4）想出去闯闯，还没出去

8. 请问您的月薪：

（1）500 元以下 （2）500—999 元 （3）1000—1499 元 （4）1500 元及以上

9. 您每月用于休闲娱乐活动（如打牌、健身、旅游、KTV）的平均费用是多少？

（1）基本不参加付费项目 （2）50 元以下 （3）50—100 元 （4）100—200 元 （5）200 元以上

10. 您每天用于休闲娱乐活动（如看电视、打牌、洗澡、健身、KTV）的平均时间是多少？

（1）很忙，几乎没有时间娱乐 （2）1—3 小时 （3）3—5 个小时 （4）5 个小时以上

11. 您平时和那些人交往比较多？（1）亲戚或老乡 （2）朋友 （3）投缘的人 （4）领导

12. 亲戚和朋友相比较，您个人认为那种人容易交往？

（1）朋友 （2）亲戚 （3）都好交往 （4）都不容易交往

13. 您觉得和朋友或亲戚交往存在的问题是什么？

（1）来往花费多，经济压力大 （2）见面太多，时间有限 （3）要帮忙事情多，但能力有限 （4）朋友之间差距大

14. 您觉得你生活的幸福吗？（1）幸福 （2）一般 （3）不幸福 （4）不好说

15. 您怎么理解幸福？（请将你的理解写在下面）_____

再次感谢您的合作与帮助，谢谢！

附录 B：寿县清真寺所镶嵌碑刻[1]

一 清真回教遵民夫总局章程公议送葬细目[2]

钦加运同衔赏戴花翎、特授寿州正堂、安徽抚提部院营务处赵

给示勒石事案，据仁和、留犊两坊董事秉称：缘城内回教送葬之事，已由民夫总局秉陈在案，生等遵章妥办，合教感激。惟详细章程尚未申明，恐积久或有更易，复致行多不便。生等谨将回教送葬细目粘单，上呈公恳备案赏批，勒石以垂永远等情，并粘呈章程到州。据此除批示外，合行给示勒石为此，示仰回教绅商、士民及夫目、民夫人等一体知悉。自示之后，该民夫等遇有回教送丧等事务，各遵照后开章程办理。如有需索情事，查出定予革究，决不姑宽切切，特示！

计开章程：

清真回教遵民夫总局章程公议送葬细目：

一回教送葬以清洁为重要之事，约集回教义夫轮派送葬，以遵守清真教规为宗旨。

一于送葬义夫外，另举四人为首领，专于轮派，同人送葬经手交送葬差费及收清真寺日捐等事。

一送葬由首领四人按序轮派，凡该派者临时纵有他事，不得借口推诿。

---

[1] 此附录在校对过程中得到了王顼的大力支持。
[2] 此碑位于寿县清真寺二门左侧。

一凡定于何时送葬，丧家务于前一日知会送葬首领，送葬首领随即知会同人，早为预备，万一时值炎天，不能延候，丧家亦必先十点钟，关说明白，以免贻误。

一凡该派送葬之人既由首领知会，即行到寺沐浴，丧家极贫、次贫者送柴两捆，用闵铺者送柴四捆，交与寺内水房，送葬之人一概不出澡钱。

一凡极贫之家用竹笆为葬具者，送葬之人，概尽义务，不取分文。

一凡用支木架者，照该派义夫人数开钱，每名由丧家开钱一百文。

一凡用闵铺者，无论上户、中户、下户照该派义夫人数开钱，每名由丧家开钱一百五十文。

一凡用闵铺者，无论上户、中户、下户除按开该派义夫外，丧家敬备铜元二百六十枚，交清真寺账房，由账房开条，经送葬首领送交民夫总局以帮差费。

一凡茔地在十里以外者，由丧家酌情加川资。

光绪三十四年十二月立

二　王长安捐义田碑记[①]

尝闻民之有祖，犹木之有本，水之有源也。培其本者叶茂，裕其源者流长，欲子孙繁衍报本，凡始其庶几哉。长安自先世移居寿城，历有年所矣，虽祖若宗之祀，期在无忘，而第恐岁义或疎，弗克终始而如一，为永远计，祀产不可或无也，故谨将自置西巷子之田十一亩，捐入城内清真寺在位伊玛目、小学经营，随时权存，亦作每年忌日诵经、祭扫之费，随位不随人，庶族吾宗历从而香烟弗替乎，后之

---

① 此碑位于清真寺二门右侧。

人有志，嗣而续之，扩而充之，是又王长安之所厚望也。

掌教李阿訇，讳如康；梅阿訇，讳映川；梅阿訇，讳文明；梅阿訇，讳文材；梅阿訇，讳文贤；董事，陶双迁、朱天庆、马山□、赵元禄、张德运、李家俊。

父讳迁茂，生十月十四日，忌日元月十五。

母氏黄，生十二月二十三，忌日十月初二。

子长安、长福、侄长贵、长槐、祖侄长松、□□□□。

计开：田地大小五块，共十一亩，坐落南关坊西巷子，随位不随人，佃户米长山。

大清光绪四年六月初一日　江克文刻

三　寿春留犊坊创建[①]

清真寺，历有年所兵焚后，虽未至□行毁坏。然犹恐渐及凋零，岁修补葺之费，在所必需，师长前纵未能嘉肴毕具。然亦应疏食常存朝食夕飧之谋，更所必计，俊与森踌躇已久，畅捐款项，购买城内力田、坊市房一所，日收租息，以作每年瓦木等费。又买城外九里沟田地一分，岁收籽粒，以为中学教长等用，胥归寺内问事者，轮流经管，日久月长，庶几寺之修造有资，师之饮食得所，勒石注名，为永远之计云尔。谨将畅捐房产坐落地方开列于左：

计开：购力田坊市房计八间，又九里沟田地计四石五斗。

朱淮森　朱淮俊公立
大清光绪八年春月下浣日

[①] 此碑位于清真寺二门右侧第三件。

四　朱大全义田碑记

　　盖闻古之所谓不朽者，太上立德，其次立功，全不敢以功德自若也，窃愿近于功德者，勉力而为之，全承祖父遗业，见先人好善乐施□□□于心。今立衣食粗足，同亲族愿将九里□大庄种，拨出五石，四至圩亩，另开捐入清真寺设立小学□□后生□□延□师薪水之费，又念看寺师别无资助，于是田所入□□，十分出二以助寺师□施之□田即公田不与朱姓相干，两田□师转师□□□□□□□□□不□□□□事不得徇私，即我本族亦不□□施主□□□□□□□□□之□□□□□□□不□□功德自居，□□□□□□□□□□□□□移□□是□□□□□事之。君子是为记。

□□□□□□□□立间
大清嘉庆四年四月上浣之吉

五　李国生愿捐义房碑记

　　呜呼！百年亦易尽之质，惟事之近于功德，者可以不朽，生幼失怙，恃贫争□物兄弟折居，后半生辛勤，年近七旬，乃稍有衣食，生子三元，不幸夭亡，晨每夕膳，谁为馨洁，春露秋霜，望绝怵惕，因念设学传□经功德不小心。窃慕之愿将自置瓦草房一所共十六间，坐落清淮坊，捐入清真寺，以为延师传□经之所，门面招租，供其薪水，受其事者，每逢忌日为祖父母暨父母并予夫妇虔诵天经，祭扫坟墓，虽不能安享于生前，庶不至馁而于死后也。然学有定师，无穴惧，有品学者居之，师长不得久占，乡老不得侵吞，我亲房人等亦不得借口生端，世世相衍，谅予苦衷，庶此举亦可以不朽，更有望于后之君子。是为记！

计开：

同师长：赵光世、梅志清、陶崑、梅崇山

乡老：赵履端、朱轶伦、马云端、朱虞详、陶见辉、□双旭、许作圣、朱邦彦、□大年

亲：梅朝相、王英、赵洪、许培林、王仁、陶志、陶大顕、朱克明、许永年

兄国　仝立石
乾隆五十一年八月十三日立

六　陶洪苍愿捐义田

流芳百世

陶洪苍愿捐义田碑记

且吾教之道，原本于天，率于性为健，顺五常之德，而无高远，难行之事也。然事虽庸常，而理宾深徽，苟非掌教为之提撕，警觉于其间，则茧茧之珉善，不知劝恶，无不知儆是。

掌教者宣扬主命，继圣之统，而为一方之木铎也，其为功大矣，夫乐善不倦，固其性成而糊口，无资□其情任，予先兄监生洪锦久有捐施之心，以为薪水之费，何图志未成，而赴召地下，予甚悲之，遂谨承此志，刻不敢忘，今特将经。

予：自置二契田，七十四亩，大小三十二块，庄房五间，坐落西陡涧，其田四至沟塘，使承俱有红契可凭，捐入清真寺内，为掌教三人供给之资，自捐之后，田随位转。掌教不得霸占，董事、乡老不得侵吞，即我后嗣，□不得过问，敢云好善乐施，苟死者优生，生者不愧其言，则所获多矣，凡有同志者，当共勉焉，是为记。

每年应完、裕六

官银三钱零五厘保一五

官银乙钱九分

敬

同亲族：朱希文、常佳祥、冉贵封、王荣端、马魁、赵履端、陈定国、柏大勇、赵有仁、白祝三、许松年、王之襄、杨克明、朱元□、许春林、朱鸣玉、李凤文、常□□

堂兄：洪度

堂侄：□□□、□□□、□□唐、□□言、□登俊、□□□、□□□、孙登秀、登俊、登杰。侄孙登科、登□。仝见。

龙飞大清乾隆四十九年二月二十一日　敬

七　捐施清真寺义学碑记

……

大清道光五年岁次乙酉

八　许如苞义房碑记

且乐施之道不一，有因己而成者，有因人而成者。今许如苞父子具亡，遗孙三岁，外祖朱维昭抚养，不幸早夭，所有产业，伊侄大贵官业。维昭念外孙幼亡情苦，劝捐买力田坊，坐西朝东，瓦市房二间，价银四十四千，施入清真寺以作掌教薪水之费，每逢七月主麻，念经达救，随位不随人，予等恐代远年远，勒石永远。

亲族：朱维昭、许清瑞

咸丰五年菊月立

九　张明亮捐田产碑记

立施约人张明亮，今将自置前六五粮田一分，约种五石，庄房五间，前后围沟，随宅在地砖石、树木、林廊、门窗、户壁、石磙一条，一并在内，同孙张东祥商量明白，情愿施与清真寺三掌教管业，言明逢亮生日、死忌，务必念经达救。自施之后，即系寺内公物，不于张姓相干，掌教子孙不得视为己有，施主后人亦不得过问，惟后来身应掌教者，接绪享之，恳乞寺内乡老公用照料，其回赐予亮相同马，亮恐日远年淹，特勒碑以志不朽耳。

坐落东陡涧坊，代前六五官银四钱四分，地六块田十垎，树木大小二十八株，门二付。

祖灿如，生日腊月十四日。

祖母杨氏，生日正月十二日。

父子杰，生日二月初四日。

母赵氏，生日五月十三日。

张明亮，生日九月二十六日。

妻赵氏，生日腊月二十三日，周年九月十三日。

凭乡老白双旭、王景文、朱三元、马云朋、朱希文、王位千、许应魁、赵迁梁、常玉

清乾隆□□□□□初一日立施约永远存照

十　边氏施田碑记

盖闻财者天下之功利也，而率欲私据之安矣。（边）浩先君谨杨公，幼奉祖东尹公庭训，力披典坟。后以家计稍艰，徙商买业。浩率竭力负荷，遂得薄有资产，枸棘园坊田地五十亩，庄房三间。是父手价当□王姓者，父于寿终时嘱浩曰：尔两祖常有济物愿，惜力不从心，予劳苦半生无多德，能必以枸棘园之地，施入清真寺以备公用，汝其善体吾意焉，浩稍知诗书，曷敢违命，嗣后此田籽粒尽归寺有，迨王姓赎田，即以其价或买田房入寺公应，嗟夫！人寿几何，没世徒悲，为子孙计，绵远不数传而尽归乌有者，可胜感哉！惟公之人者，

庶几不朽耳，此固先君之志，浩敬承之，是为记。

乾隆四十六年正月上浣吉日立

十一　朱宗美同子有文，孙可立、可观、可传、可义愿捐寺房碑记

从来经学为万善之根，而幼学乃授受之始，余辛勤一世，幸蒙主眷，衣食粗足，然衰老渐至，来日苦少，与其积累为眼前之虚华，何苦捐施作身后之实济，今有用价一百三十两买到陶姓市瓦房坐落十字街西，坐南朝北，门面两间。后一间情愿捐施与清真寺幼学为学师薪水之资，至后来更换学师以及此房招租，惟张国华、朱守信、朱邦彦经管，是房有定，而师无定也，且享其利者，溯其本。日后每逢余夫妇周年名纪之期，学师务期应开天经，不得遗忘，以失口唤。自施之后，此房即系公物，不与本人相干，今欲有凭，特为勒石，以志不朽。

大清乾隆三十一年正月

十二　（乾隆五十年六月）大学生员陶汉文捐义田碑记

立施约陶汉文同子大有大和父将自己获□地两段，计种四亩，愿施于清真寺看守寺内之人，行犁耕种，收获籽粒，嗣后日久年远，此地随位不随人，今同寺内乡老交清，在陶姓不得过问，亦不与外人相干，立此施约，勒石永远存照！

马云鹏、王同人、朱瑞□
朱列五、王□千、王□□
大清乾隆五十年六月初三日立石

十三　（乾隆四十一年正月）大学生员陶汉文捐义田碑记

　　掌教有教门之引领，凡属守宇下，宜无不输将而敬酬之。闻天方国禄养奉辛与中土之有职位者同，诚以遵主命，宣正教，准诸治人食人之义，道固然也。吾寿掌教一衣，既无廪禄，亦无粟入，虽其乐天知命，断不以世昧累心，但出而勤之教诲，入而虑人口只饥寒，德不获报，咎将谁归于。予蒙主上洪恩，兼受先人教训，勤俭持家，粗有衣食，闻古人之乐善好施者，心窃慕之，生子六人，各有分业，尚余毕家店，日约种八十亩为愚夫妇养老，具是余辛苦半生所得，仅止于此，呜呼！世之人但知私诸已者为所得，焉知公诸人者尤为所得，聊但知传于子孙者，为其世守焉，知施诸正道者乃足云世守。即敬将此八十亩之田，捐入清真寺为三掌教之所取资，大师长者，同位有定，而人无定，此天边亦从位而不从人，嗣后布种分收一任掌教经管，凡我后人，俱不得过而问焉，本田庶房六间、门三对，应完官银后十五九钱五分三厘本军银六钱。恐日久年远，无可执据，不惟立有施约，复勒石志之。

　　计开：东西长沟一道，老坟门田三坵，东头水塘二口，大路西杨家坟一块，场屋地一块，五波塘下田十七坵，场西房地一块，小园口田七坵，地两块，田一坵，湾庄户地一块，北边方地一块，梅家场边田一坵，大路边秧沟四段，石磜一条，共四十二块。

　　同亲族：李国升、王同仁、朱鸣岐、朱东祥、朱瑞征、李同谦、边佩明、朱希光、边如纲、王绍曾、朱列五、李官、陶覆中、李纲、陶同寿、陶大显、陶吕。

大清乾隆四十一年正月朔五吉　建

十四　施房入清真寺碑记

　　盈天地间，皆道也。无人不宜有之，亦无地不可行之。私所有而不行者，固非有所待；而后行者，则无非。某等九人，壮年结契，陶子纯修倡其首，各输金多寡不等，买南门内市瓦房四间，取租以为善施。事方成而陶子伦遂亡矣。越数年，陶子纯修、边子习孔、边子成章皆相继而亡。凡取租以施之善事者，皆朱子宗美经理之。继而宗美亦亡，伤哉！老或委卸此已事也。其房之北两间已施入寺内开小学，有定而师无定焉。今议将南两间房租，为寺中开斋点心之费，且失饮食之微也，似无关于重轻。但斋月者，所以忍性而动，心谨守。是月之人，日忍饥渴于朝夕，晦可食矣。又以朝恭摄其神，苟不为之稍厌，其欲将人性乘而导，心亦为之不宁，此开斋点心之所以不可少也。嗟乎！共事九人，至今而仅存其四，感慨条系之矣。然拾此犹幸吾人之不私所有也，更未举事之不作有待也，庶几于道有合耳，是为序。

朱以临、陶莫文、李心持、赵寅章　仝立
乾隆四十二年十月

十五　李国升施房碑记

予房之所以成，与房之所以独，其辛苦始末，已备勒房米□府内矣。所以者，代远年淹，予皇恐不能副耳，今志定此房付寺内二者师乾，掌房随师转，师以位移，因得寻先人诸嫂，暨予夫妇与子生日、忌辰，阅到右俾受事者，每逢其日处诵天经，扫坟墓不负予望用徒石于房僻，庶触目而不忘。

计开：祖玉继，生十月十八，忌二月初六。

大兄国梁，生□□□，忌□□□。

二兄国中，生□□□，忌□□□。

三兄国□，生□□□，忌□□□。

祖母白氏，生三月初六，忌五月初三。

父凡佑，生九月二十七，忌十二月初四。

母白氏，生十二月初四，忌十月十二日。

国升，生十一月初五。

妇月氏，生于正月二十一。

子□□□，媳陶氏□□□□。

十六　谢赓扬捐地碑记

立施约人直隶六安谢赓扬今将三契，愿当李习周等田地，约种三石有零，田价共足钱一百零四千，每年纳租八石，情愿施与寿州清真寺内帮助阿衡学堂之费，倘寺内无学，许将此租帮附修寺，不与别项相干，日后李姓回赎价银，存贮公中，另制别产，以资公用，务期董事、乡老上下交贷清白，不得稍有私弊，为此勒石，以为后照。

三契内代官银划八十文。

凭寿县乡老王桂林、陶定美、许应魁、边宝杨、边文龙、赵履端、朱绍穆、陶兴猷、朱玉麟。

大清乾隆五十六年三月十二日立

十七　梅阿訇坟地记

阿訇者，西域有道德者之称，犹华言大人、先生者也。阿洪名天贵，号善修行二。世为本城人，自其远祖及其祖考，掌教本寺传十余世。阿訇兄弟三人，长天保，季天德，习西域经籍，并以道著乡里，阿訇负笈远方，得游可信米老阿訇之门，故深得西圣心传也，性至孝，笃友爱，好为利物济人事。迨其壮年，即传道都门，历数十载，成者如林，岁获修金千余缗，随得随散，或劝其为子孙计。笑曰：吾不能遗若辈以良田，但遗砚田与心田耳，其风概如此。吾等念其渐衰，迎回本寺主讲，就以娱老，又历十余年矣，而其松柏之性，老而愈坚，洵不朽人也。

子侄映岫、晖、映川辈皆能宗经明道，善继家风。

云阿洪生于乾隆四十一年正月初一日，卒于咸丰七年闰五月二十八日，享年八十二岁，寿终正寝。吾等或谊切友朋，或情深师弟，能不与梁木哲人之辈乎。因其先茔无穴，爰从众议，葬于□城之南一里许，俾吾等便于拜扫也，地即寺内学田，乾隆间陶馨如捐入者，划用一亩余。嗣后此地即为阿訇兄弟三家墓□，任其世用，梅氏别支不得滥入，他姓师长、乡老人等不得借口侵用寺地。此举也，以阿洪有奇特之行，吾等受其德惠最深，思所以报之也，事涉于寺，故勒石寺中，以为记。

教下阁郡末亲：柏长远、王长庆、满高发、许清瑞、朱廷梁、王元兴、朱福全、赵元龙、赵元标、柏长茂、陶怀忠、朱保义、边芳、朱家浩、王长春、杨得山、陶金扬、边恩厚、陶家瑾、朱天祥、朱家良。

仝建立

时在咸丰七年六月下浣吉旦同里杨楚渔书

十八　劝捐产入寺碑

从来捐产入寺，所以助师长令劝善也。须助劝善之举，有出于己志者，有出于先人之志，而后人继述之者。先父武翼大夫讳凤仪，字西藩，乾隆甲子科孝廉，历任贵州清江协标右营游府谢公车后□职，欲置房产一所捐入清真寺，得收租息，以为往来客师资粮、扉履之备，何图志未成而先大人已。□世矣。余窃伤怀，□起继成其事，而苦于力之不逮，幸族侄朱讳素兴，余善闻其事而慨然，王氏列己不惜竭心力，费唇齿劝捐于同邑，好善诸君立得捐资九十千余，附钱四十五千□成钱。□□二十五缗，价买力田、坊市、瓦房三间，□厦一间捐入清真寺，当立寺内，买约以公□善并□□我后人觊觎之心意。区区之善不足以志也久矣，然而窃喜先人未逮之志，论得而卒成之，而又幸族侄朱常兴同邑诸君子矣，均有以助余也，是用勒石碑碣，永垂不朽！

朱希□壹千五百，朱□正壹千，朱庆云壹千，梅桂元伍百，许正国贰千，陶士珍伍百，王岐壹千，朱耀德伍百，陶士春伍百，柏长茂贰千，柏长隆贰千，李凤德贰千，常□山壹千，柏永春肆百，马得标壹千，边□洪伍百，李凤彩伍百，朱克明壹千，郝凌云肆百，张振清伍百，李□龙伍百，李众叁拾千，柏永安陆千陆百，朱正林贰千，王凤魁贰千，常□林贰千，朱□年贰千，陶□□贰千，王金玉壹千肆百，马洪亮壹千贰百，张恺□叁千，李方贤壹千，陶怀德壹千，马得胜陆千陆百。

朱□撰文并书丹

道光十二年二月吉旦　朱锦江同诸亲友立石

十九　寺典事碑

署寿州正堂加五级记录五次杨，为勒石永禁以昭寺典事，窃念国民居住内地，历经□远，户籍繁衍，各安□业，□世居□省深悉教规要款，惟□教□□天事帝为根本，而言者道德，所行者忠信，惟广仁心以乐施，予于儒道相为表里，及□寿邑，闻回民中亦有以有余而周□之，以好善而捐产入公者，乡耆秉公董理，延师传道，讲明经学，束修实出于此文，亦我国家教育百年之报，诚盛事也。距世远年湮，后人不类有陶馨如之侄孙陶连告佃人朱七，捐租不□，而董事士民□轶伦、张寅辉等告连串佃，觊觎愿产，当堂凡明连曲无辞，本应按律究惩，姑念事属善行，从宽免罪，勒石禁革，嗣后凡系愿产，惟择贤而有德者董其事，倘有管理不公，以及施主族人妄行图霸，许□寺□董事指名告禀，□凭究治为□，勒石永禁以息争端，以昭寺典，庶上帝鉴，临保护安康永享无既。

乾隆三十八年三月二十日建立

二十　寿郡张寅辉愿捐义田碑记

当稽之往古以来亦安有不朽之物哉！太上立德，其次立言，其次立功，未易企己，而或竭一身之精力，行为子孙计，长久不转□，而又消痕于亡，何有者则，又未免于太愚，予幼承父训，稍知教规，自乎用价良五□□□，买左五伍籽田一分，约种百有余亩，坐落圣佛寺杨家凹，官业已久，因念本城清真寺讲师传到学堂中，一切公用，尚多不给。自揣年迈，维持为难，愿将此田施入寺内，以作师长薪水之费，听从执事乡老昭官。以予辛苦半生，勤俭自持，主上慈悯，得有此田，并非祖遗之产。凡系子侄不得争论，而师长后人亦不得占为己有，夫此田也，虽不敢妄云不朽，然辨理诚善传留。自永较之艰难，得之淫佚□之者，应有间耳，是为记。

计开：

田大小三十□□坵□地大小十块，庄房九间，私大塘一口田木俱全，左五伍□粮钱，津贴在外。

凭亲族：

边□□、□怀□、朱占□、赵□□、□□贤、□□□、□□□、陶延英、□林朝、胞弟荣辉、王杰、满魁生。

胞侄：国忠、国华、国彩、国珍。仝见

大清乾隆四十三年十二月立碑

二十一　朱级三捐田地碑记

清宣统辛亥夏五，朱级三先生，因放振施粥，传染时疫，病革时嘱□，侧□□□□自置，坐落东陵涧坊田地一份，大小二十二块，约种九石三斗有零，捐入城内清真寺，专于岁修大殿，每年收入项下提钱四十串文，交家书为先人忌日开经，暨祭扫坟墓之用，又以自置坐落二十铺坊田地一份，大小六十三块，约种二十三石有零，捐入清真寺内之中文义塾，每年收入为贫寒子弟读书经费。

　　级三故后，米氏谨遵遗嘱书券，捐田并将该两份原买田地文契两张送交寺内经理，永远保存寺内。同人等接收此两份田地，公议岁修之，田地九石三斗，公推公正乡耆两人，公同经理，每年收入即遵照捐券，按午秋二季，两次共提四十串文，交施主后裔为开经祭扫之费外，每年逢斋月提钱两串文在大殿开经，为级三祈增冥福，余款专修大殿，不作别用。义塾之田地，二十三石，归校长经理，每年五月初七日由该田地收入项下，提钱两串文在大殿开经，作级三先生纪念。溯级三之祖父，辅尧先生，字羡德，笃信宗教，身体力行，好善之名，传播遐迩。级三之伯父，全安先生，字子美，航海朝阿剌伯，游嘿底纳，住满克两年，归来杖履康强，岸然道貌。级三之父全贵，字和斋，奉教极虔，尤注意寺内大殿，级三仰承先志，慨捐田地，注重大殿岁修，兼顾贫寒子弟、大殿暨义塾，不朽！级三不朽！级三之祖若父不朽！是为记。

中华民国二年吉月谷旦

后　　记

此书是在我的博士论文的基础上修改而成的，从2009年11月开始在寿春镇进行田野调查，过去了十年。十年不至于沧海桑田，但足以让一个青涩的学生褪去稚嫩，有了些许生活的感悟。博士论文出版在即，也勾起了读书期间的许多回忆，其中的酸甜苦辣，都已成为过去，但有些人、有些事注定刻骨铭心。

前几天，看了网络上流传的《收到了导师的邮件，但我早已不做学术》，感慨良多，"江湖远，山水长"，毕业几年，也与文章作者遇到了类似的问题，越来越"胆怯"地和老师联系，与之前有点"新闻"则"骚扰"老师形成鲜明对比，好在经常在网络上"人肉"老师，关注老师的动态，寻找下心灵的慰藉。

感谢老师这么多年的不离不弃，一如既往地呵护，工作、学习上"答疑解惑"，指点迷津。读万卷书不如行万里路，行万里路不如得一名师指点。很幸运，我不仅得到名师指点，还是两位名师，我的硕士生导师潘洪钢先生和博士生导师许宪隆先生，他们孜孜不倦的教诲，事无巨细的关心，使我成为学术道路上的"幸福人"。

感谢我的硕士生导师潘洪钢研究员，指引我报考博士，在他的推荐下，我考取了中南民族大学的博士。认识潘老师十多年来，一直关心我的学业和生活，问寒问暖。每个人的成长过程和生活经历不同，都会遇到很多无奈和困惑。每当我迷茫或情绪低落时，经潘老师指点，则会重拾精神，继续前行。感谢潘老师给我力量。

攻读博士学位期间,许老师安排我做他的助管,手把手地教我做人做事,使我学到了很多之前没有接触过的社会教育,也改掉了一些坏毛病;许老师还为我提供许多机会外出调研,既开阔了我的视野,也丰富了知识,为我以后的生活和工作奠定了基础。博士论文田野点是许老师家乡,他每次回寿春探亲回来后,都找机会将自己回家的经历和感受讲给我听,进一步充实和丰富我的田野调查,也提升了我的研究。博士论文从选题到定稿都凝聚着许老师的心血和智慧,跟随许老师求学的三年,处处充满了感动和温暖。博士毕业后,因各种原因远离了寿春镇研究,博士论文也一直束之高阁,经过新型城镇化建设、棚改,寿春镇面貌已经发生了很大的变化,论文中涉及的部分内容也略显"陈旧",正如克罗齐所言,"对历史的每一次思索在思索的当时永远是足够的,而对后来则永远是不够的",好在还有作为一份"史料"的价值。现在才明白,许老师多次催促将论文修改、出版的前瞻性和良苦用心,我才后知后觉"学术一阵子,婚姻一辈子"的"残酷"现实。论文出版在即,许老师对论文修改又提出了许多修改建议,更是百忙之中提起画龙点睛之笔为本书作序。惭愧的是,我的研究水平相较八年前进展甚少。总之,感谢两位老师父亲般的关爱和呵护,有师如两位,我欲何求?

感谢读书期间的同学和师门师兄师姐师弟师妹们,大家互相帮助,互相砥砺,度过了一段难忘的岁月。感谢田野调查期间,给予我无私帮助的李家景、支磊等寿县人民。感谢工作以来,聊城大学和山东女子学院的领导、同事的支持和帮助。感谢资深编辑田文老师提出了许多宝贵的修改意见,才使本书得以顺利出版。

生活从来都不容易,也没有救世主,要想获得人性的幸福,只有靠自己努力或别人替你负重前行。感谢我的家人的支持和鼓励,替我分担了很多责任,让我能够坚持"自我",让我"胜任"自己的角色,生活不易,且行且珍惜。最后祝愿我的儿子——郭亚东健康成长，快乐幸福。

每个人都活在自己的世界里面，心安理得。时间和实践都是检验真理的标准。

郭福亮

2019 年 12 月 30 日